广东农工商职业技术学院学术专著出版基金资助

JIEMA GAOZHI YUANXIAO GUOJIHUA TANSUO CHUANGXIN

解码高职院校国际化探索创新

杨群祥 著

广东高等教育出版社
Guangdong Higher Education Press
·广州·

图书在版编目（CIP）数据

解码高职院校国际化探索创新/杨群祥著．—广州：广东高等教育出版社，2020.8

ISBN 978-7-5361-6787-2

Ⅰ．①解…　Ⅱ．①杨…　Ⅲ．①高等职业教育-国际化-研究-中国　Ⅳ．①G718.5

中国版本图书馆CIP数据核字（2020）第108331号

JIEMA GAOZHI YUANXIAO GUOJIHUA TANSUO CHUANGXIN

出版发行	广东高等教育出版社 地址：广州市天河区林和西横路 邮政编码：510500　电话：（020）87551597 http://www.gdgjs.com.cn
印　　刷	广州市穗彩印务有限公司
开　　本	787毫米×1 092毫米　1/16
印　　张	18.25
字　　数	342千
版　　次	2020年8月第1版
印　　次	2020年8月第1次印刷
定　　价	58.00元

序　一

为贯彻落实中共中央办公厅、国务院办公厅印发的《关于做好新时期教育对外开放工作的若干意见》和国家发展改革委、外交部、商务部经国务院授权发布的《推动共建丝绸之路经济带和21世纪海上丝绸之路的愿景与行动》等文件精神，2016年7月，教育部印发了《推进共建“一带一路”教育行动》（以下简称《教育行动》）。《教育行动》强调，推进共建“丝绸之路经济带”和“21世纪海上丝绸之路”（以下简称“一带一路”），为推动区域教育大开放、大交流、大融合提供了大契机。《教育行动》明确指出，要“推进‘一带一路’优质教育资源共享”；“共商共建区域性职业教育资历框架”“探索建立沿线各国教师专业发展标准”“探索开展多种形式的境外合作办学，合作设立职业院校、培训中心，合作开发教学资源和项目，开展多层次职业教育和培训”，“中国倡导沿线各国建立教育共同体，聚力推进共建‘一带一路’，首先需要中国教育领域和社会各界率先垂范、积极行动”。《教育行动》明确要求，“各级学校有序前行。各级各类学校秉承‘己欲立而立人’的中国传统，有序与沿线各国学校扩大合作交流，整合优质资源走出去，选择优质资源引进来，兼容并包、互学互鉴，共同提升教育国际化水平和服务共建‘一带一路’能力”。

广东省是中国内地与“一带一路”沿线国家经贸合作量最大、人文交流最密切的省份之一。一直以来，广东省致力于推动教育对外开放与交流合作，不断拓展、巩固与不同国家和地区的教育交流合作。2015年，广东省政府在全国率先颁布《广东省参与建设“一带一路”的实施方案》，要求“加强与沿线国家在文化、科技、教育、医疗、体育等领域的交流合作”。广东省教育厅以《教育行动》为使命，紧密对接国家总体布局和粤港澳大湾区规划，发挥广东区位优势和地方特色，制定《推进共建“一带一路”教育行动计划（2018—2020）》，提出要进一步加强与“一带一路”沿线国家教育交流合作，扩大人文交流，加强人才培养，增进相互理解；开展更大范围、更高水平、更深层次的人文交流，不断推进沿线各国民心相通；发挥职业教育优势，鼓励职业院校向沿线国家提供优质教育资源，建立海外职业技术教育基地，开展职业技能培训、企业实习、学生交换与学历教育，为走出去的中国企业联合培养高素质的本土化技术技能人才。在布局和推进职业教育服务“一带一路”建设方面，广东省教育厅积极搭建对话交流平台，支持由广东轻工职业技术学院牵头、省内66所高职院校及5所境外高校、多家境内外知名企业联合组成了“广东省‘一带一路’职业教育联盟”，旨在推动职业院校与企业走出国门，建立与“一带一路”沿线各国教育政策信息交流通报机制，互鉴先进教育经验，共享优质教育资源，开展人才培养、培训、科研、学术等方面交流与合作，为“一带一路”建设提供人才与科技支撑，助力打造“一带一路”沿线国家和地区的职业教育共同体。

职业教育与普通教育是两种不同的教育类型，具有同等重要地位。高职院校是职业教育的重要组成部分，并发挥着骨干引领作用，特别是在国际化办学探索创新方面，近年来涌现出许多典型案例，也积累了很多宝贵经验。《解码高职院校国际化探索创新》一书就是对广东乃至全国高职院校国际化办学发展的极好的回顾与展现。我与本书作者杨群祥教授是近30年的老朋友，见证他作为学者的快速成长，也见证他先后作为广东农工商职业技术学院（以下简称“农工商学院”）的院长和党委书记，带领全体教职员工实现了学院的跨越式发展，特别是新校区的建设与创新，成为广东乃至全国高职院校国际化办学的典型示范。足足20年的探索实践，农工商学院以服务国家战略和产业需要为己任，充分把握广东改革开放前沿区位优势和“走出去”机遇，紧紧依托农垦产业特性，以前瞻性的国际化视野率先实施国际化办学治校战略，从学习与借鉴、引进与吸收，到交流与合作、创新与服务，再到目前的研制国际标准与输出职业教育品牌，国际化办学从请进来到走出去，连续两年获得了全国高职高专院校“国际影响力50强”的荣誉。作者结合多年实践探索与研究，提出“高职院校走向国际化是必要的。高职院校的国际化必须按照国际职业教育资源配置规律，依托自身办学特色或专业优势，与产业发展结合，主动服务企业，才能真正‘走出去’并走得更高、更实、更远”。

倡议“一带一路”建设，从愿景到具体行动走过了7年时间，得到世界各国的大力支持和积极参与，并在共建人类命运共同体方面取得了可喜的成就。而“一带一路”不仅是“路”，更是“道”，文化是最核心、最本质的互联互通，而且“一带一路”建设需要人文先行。正如本书作者在文中所述，“尽管‘一带一路’发展是以商贸、经济、产品、服务作为核心，但可以肯定，‘一带一路’建设最基础的、先行的、并且能够更为持续深入地为之服务的应该还是教育、科技、文化领域的交流合作”，“中国高职院校要守初心、敢担当，以‘一带一路’沿线国家地区特别是东盟国家为重点区域，优选国际化项目，积极开展国际交流与合作”，同时预判，中国高职院校国际化的发展将促使“中国职业教育成为世界职业教育高地”，等等。这些真知灼见，不仅是农工商学院国际化办学发展的概貌、历程与经验总结，更是作者思想智慧、教育情怀和办学治校策略的集中呈现。而这些理论认识、思想观念、战略举措和实践成效是值得书写的，也是值得借鉴的。由此也进一步说明出版《解码高职院校国际化探索创新》一书是极具意义的。感谢作者为职业教育国际化办学所做的探索与共享，也期盼本书能够为高职院校开展国际化办学提供有益参考。

广东省教育厅副厅长

2020 年 5 月 1 日

序　二

随着劳动力市场国际化程度的不断提高，技术技能人才的全球性流动与迁徙已然成为不可避免的潮流与趋势。各国纷纷把提升职业教育国际化水平和国际竞争力，作为应对金融危机、支撑实体经济发展的战略选择。德国将培养全球视野和全球责任意识作为职业学校的重要使命，美国自 2006 年起就开始实施以国际化为重点的社区学院项目。我国职业教育国际化进程也不断加快，特别是把国际化视为职业教育现代化的重要一环后，国家及地方政策法规都将国际化列入职业教育发展计划中。在国家层面，2014 年《国务院关于加快发展现代职业教育的决定》（国发〔2014〕19 号）指出："完善中外合作机制，支持职业院校引进国（境）外高水平专家和优质教育资源，鼓励中外职业院校教师互派、学生互换。"2014 年 6 月教育部等六部门发布的《现代职业教育体系建设规划（2014—2020 年）》中明确提出，有计划地学习和引进国际先进、成熟适用的人才培养标准、专业课程、教材体系和数字化教育资源，实施跟踪和赶超战略，鼓励职业院校与国外高水平院校建立一对一合作关系。在地方层面，广东、浙江、北京、上海、江苏等地纷纷将国际化作为职业教育下一阶段的主攻目标。江苏在新近启动的高等职业教育卓越计划中就提出，所有高职院校至少与国外一所知名院校建立稳定的合作关系，建设 30 个高职层次中外合作办学示范专业，推进高职院校专业课程与国际通用职业资格证书衔接。

我国职业教育国际化水平和国际竞争力的提升，需要重点把握好三对关系。一是把握好"适应规则"与"制定规则"的关系。在职业教育国际化过程中，不仅关注单向的适应国际标准与规则的过程，也要在适应中创新形成具有自身特色的"中国"标准与规则。二是把握好"引进来"与"走出去"的关系，除了继续引入国际社会优质的职业教育资源外，还要通过"走出去"，服务"一带一路"倡议和国际产能合作，传播中国职业教育的特色经验，提升中国职业教育的世界声誉和影响力。三是把握好“顶层设计”与“基层创新”的关系，在政府从顶层设计层面对职业教育国际化开展统筹布局的基础上，不能忽略广大职业院校自身在国际化发展上的需求和创造力。《解码高职院校国际化探索创新》一书，就是以我国当前大力推进的高职教育国际化为背景，以广东农工商职业技术学院20年国际化办学进程为主线，以理顺上述职业教育国际化的三对关系为切入点，开展的体现高职院校国际化办学原生态及创新路径的研究。

全书以职业教育国际化为背景，以教育国际化相关理论为依据，在充分解读《国家中长期教育改革和发展规划纲要（2010—2020年）》、《国家高等职业教育发展规划（2016—2020年）》、《广东省人民政府关于创建现代职业教育综合改革试点省的意见》（粤府〔2015〕12号）等关于“职业教育国际交流与合作”基本原则、主要目标定位的基础上，厘清对高职院校国际化的内涵、目标、指标体系、路径等相关命题的认识，并以农工商学院国际化办学为例，分别从办学理念国际化、专业课程国际化、教师培养国际化、学生培养国际化、社会服务国际化、标准体系国际化等六个维度进行高职院校国际化梳理解码。整体而言，全书有如下三个特点：一是该书在充分分析我国经济发展对东盟国家辐射带动作用的同时，提出国内优质职业教育资源向东盟国家流动的必要性、可能性，及农工商学院面向东盟制定具有中国特色标准与规则的策略，较好地分析并处理了“适应规则”与“制定规则”的关系；二是该书分析了农工商学院从“请进来”的涉外项目培训、德国“双元制”项目、英国BTEC证书项目，发展到“走出去”的职业教育标准体系及其优质教育资源输出的全过程，通过探索出一种“服务产业走出去”的高职院校国际化范式，将高职院校的国际化与产业发展的全球化相结合，把握好“引进来”与“走出去”的关系；三是该书在遵循国家、省推进职业教育国际化的思路、规划及布局基础上，基于农工商学院不同发展阶段的特征和需求，细化高职院校国际化的探索方向和具体路径，并及时总结基层的创新经验，形成规律性认识。

我与作者相识于2011年。杨群祥书记是国家教育行政学院“全国高职院校领导干部研修班”首批（戏称“黄埔一期”）学员，我有幸担任总班主任，与110名高职书记和校长朝夕相处一个月，友谊弥足珍贵。其中，对杨书记印象格外深刻：作者十分珍惜难得的学习机会和平台，认真倾听、深度思考，积极交流发言，并先后参加了部长、司长面对面座谈会及全国人大调研组座谈会等，学习期间5份作业都悉数公开刊发，体现出一名高职院校主要领导有思想、肯担当、善治校的品质和风范。反映在本书，不仅思路清晰、体例鲜活，而且观点鲜明，在遵循国家顶层设计的基础上，充分体现出基层创新的理念。比如，“高职院校的国际化不是简单的对外合作，而是包含着教育理念、校园文化、人才培养模式、专业标准、课程体系、教学方法、师资队伍、实训基地和毕业生就（创）业等领域，是全过程全方位的国际性的深度融合”，“高职院校凭借自身专业优势、主动服务产业的同时，要积极利用国际教育资源要素来开展职业教育实践活动，才能持续地推进自身的国际化进程”，等等。应该说，该书既不同于关注职业教育国际化理论的学术性专著，又不同于基于某一职业院校国际化办学实践的纯粹案例分析，将国家推进职业教育国际化的顶层设计与农工商学院国际化办学实践相结合，是本书的魅力和特色所在。读者通过书中农工商学院国际化办学历程，可以了解我国职业教育国际化的发展趋势；也可以通过我国职业教育国际化发展的顶层设计，更好地了解农工商学院不同时期、不同阶段国际化发展的重点与方向。该书能够对我国高职院校开展教育国际化提供相关经验，也能为教育乃至国家政府管理部门提供决策参考。

国家教育行政学院学术委员会主任，
职业教育研究中心主任

2020 年 5 月 20 日

目录

第一章
高职院校国际化概述

高职院校是实施高等职业教育的主体。因此，解码高职院校国际化必须建立在对高等教育国际化、高职教育国际化分析的基础上。笔者从事高职教育管理20年、高职院校国际化研究与实践20年。从思考粤港高等教育合作与国际化办学、作为教务处长被选派赴德国“F + U”职业教育中心学习、策划学生赴德国实习方案，到具体操盘英国BTEC（Business & Technology Education Council，英国商业与技术教育委员会）证书项目，再到提出服务企业走出去，开设东南亚语种课程、组织骨干教师赴海外企业挂职锻炼、开辟学生赴东南亚地区实习基地、创设东南亚地区学习中心和东南亚研究所，以及策划组建职业教育专业国际组织、争取承担职业教育国际标准研制等，并与团队坚定不移走国际化办学之路，形成了独特的“农工商模式”。

第一节　中国高职院校国际化办学的相关命题解析

高职院校国际化办学，既有宏观环境因素，也有微观条件影响。这里主要分析所涉及的政策导向、理论解析、个体样本和实践思考启发等。

一、政策导向

高职院校开展职业教育的办学历史普遍在20年左右。对于只有20年类型教育经历的高职院校谈国际化办学是不是让人感觉“急了点”“快了些”？笔者素来不这样认为！这恰是高职院校个性的展现！高职院校对政策的高强执行力以及由于“先天不足”而倒逼自身，形成了“爱折腾”的群体！对于国家、地区和行业的政策导向，尽管没有类似于普通高等教育的政策支持，但行动是必须的。

1. 中国经济发展与东盟国家合作的辐射带动

作为世界上最大的发展中国家，中国经济实力及综合国力水平在近几十年时间里得到了长足的发展，经济实力不断攀升，经济增长速度持续加速，这些都使中国经济成为世界各国关注的焦点。中国和东盟既是唇齿相依、患难与共的好邻居，又是平等互利、合作共赢的好伙伴，2010 年 1 月 1 日，中国－东盟自由贸易区（以下简称“自贸区”）正式全面启动，标志着中国、东盟合作关系提升到了一个新阶段。自贸区建成后，东盟和中国的贸易占到世界贸易的 13%，成为一个涵盖 11 个国家、19 亿人口、GDP 达 6 万亿美元的巨大经济体，是目前世界人口最多的自贸区，也是发展中国家间最大的自贸区。2011 年 10 月 21 日，时任中国国务院总理温家宝曾说：“中国的发展将给东盟带来机遇，东盟的繁荣也符合中国的利益。”中国和东盟建立对话关系 20 年来，双边贸易额年均增长 20% 以上，目前已接近 3 000 亿美元。与此同时，中国企业对东盟的投资也呈现快速增长的态势，迄今累计已达 135 亿美元。中国经济发展对东盟国家经济的带动作用，从双边贸易投资不断攀升的数字足以证明。资本、生产要素在全球范围内的自由流动和优化配置必将带来教育要素的流动与整合，在中国经济发展对东盟形成辐射的同时，中国先进的教育资源要素也具备向东盟国家流动的可能性，并在文化、教育、技术、法律等各个领域对东盟形成巨大的影响。

2. “一带一路”倡议下的教育先行

“一带一路”是 2013 年由中国国家主席习近平提出来的国家级合作倡议。“一带一路”是“丝绸之路经济带”和“21 世纪海上丝绸之路”的简称。它是指中国主动地发展与沿线国家的经济合作伙伴关系，共同打造政治互信、经济融合、文化包容的利益共同体、命运共同体和责任共同体。笔者认为，尽管表象看“一带一路”是以商贸、经济、产品、服务作为核心，但其最基础的、先行的应该还是教育、科技、文化领域的内容，体现在三个方面：一是与相关国家的科技合作。通过建立海外科教基地，将中国的先进科技平台从国内真正移植到相关发展中国家去。二是优质职业教育资源输出。正如《广东省人民政府关于创建现代职业教育综合改革试点省的意见》（粤府〔2015〕12 号）提出的，实施职业教育“走出去”战略，积极向港澳、东南亚等地区输出我省优质职业教育资源，加强对外交流合作。支持国家示范职业院校主动参与中资企业境外员工的人才培养、职工培训、技术技能提升等工作。支持职业院校增加接收境外留学生，提升我省职业教育国际竞争力和影响力。三是社会服务国际化。相关产业发展到哪，围绕该产业的社会服务也应跟到哪。东盟国家是“一带一路”倡议中的重要门户，从“一带一路”倡议可以看出，中国高职教育走向东南亚、面向东南亚开展国际交流与合作具有重要意义。

新闻链接 1

广东省“一带一路”职业教育联盟 2019 年度活动在农工商学院举行

广东省教育厅副厅长朱超华致辞

2019 年 12 月 20 日，广东省“一带一路”职业教育联盟 2019 年度活动顺利举行。广东省教育厅副厅长朱超华博士，广东省“一带一路”职业教育联盟理事长、广东轻工职业技术学院校长卢坤建教授，中国－东盟边境职业教育联盟理事长李卫东研究员，西门子（中国）有限公司高级副总裁兼南区总经理商慧杰和广东农工商职业技术学院校长杜方敏教授等来自国内外高校及知名企业的 166 名专家学者、企业家，共同探讨“一带一路”沿线国家和地区职业教育合作与创新发展。朱超华在致辞中说，近年来广东职业教育主动服务“一带一路”倡议，配合中国企业“走出去”战略，不断深化与“一带一路”沿线国家和地区的合作与交流。职业教育事关个人就业、经济发展、社会稳定，有利于促进互利共赢，且沿线国家对于高素质技能人才需求巨大，是与沿线国家开展教育合作的最佳切入点。他希望广东省各职业院校相互学习国内外兄弟院校的先进经验，继续提升自身办学水平，更好地服务“一带一路”建设。广东省教育厅将继续支持和参与“一带一路”职业教育合作发展，积极搭建对话交流平台，为打造“一带一路”沿线国家和地区职业教育共同体做出新的更大贡献。杜方敏介绍了广东农工商职业技术学院充分发挥行业院校办学优势，依托农垦海外企业，相继在泰国、柬埔寨、马来西亚等国家建立学习中心和实践基地，成为服务海外企业的开拓者。学院将以本次活动为契机，继续深化与沿线国家务实合作，扩大职教合作“朋友圈”，在服务“一带一路”建设上贡献“农工商”智慧和方案。卢坤建汇报广东省“一带一路”职业教育联盟 2018—2019 年的工作成果。据介绍，联盟成立以来，各成员单位新增中外合作办学项目 1 个；在建或筹备分校（学院）5 个，新建或筹备培训中心 9 个；

研制国际（专业）标准7个；赴境外交流学生人数达330人，接收国外学历留学生人数达98人，培训短期留学生人数达937人；服务中国企业“走出去”开展技能培训达15 464人日。联盟成员单位不断发展壮大，2019年成员单位数量达92家，其中包括66所广东高职院校。

农工商学院党委副书记熊焰代表学校和柬泰技能发展学院签约合作

活动还举行广东省教育厅和西门子（中国）有限公司、广东农工商职业技术学院和柬泰技能发展学院等多个合作项目的签约仪式。活动将全面推动广东高职院校国际化交流与合作水平。

（来源：农工商学院新闻网，2019年12月23日，有删减）

3. 建设粤港澳大湾区的内在要求

2019年2月，中共中央、国务院印发实施《粤港澳大湾区发展规划纲要》，这是在改革开放40年基础上更大格局的战略部署。粤港澳大湾区是“一带一路”的重要门户和桥梁，将深入实施创新驱动发展战略，深化粤港澳创新合作，集聚国际创新资源，建设国际科技协同创新中心，构建开放型区域协同创新共同体，建设宜居宜业宜游的优质生活圈等，特别是明确要“打造教育和人才高地”，推动教育合作发展。支持粤港澳高校合作办学，鼓励联合共建优势学科、实验室和研究中心；推进粤港澳职业教育在招生就业、培养培训、师生交流、技能竞赛等方面的合作，创新内地与港澳合作办学方式，支持各类职业教育实训基地交流合作，共建一批特色职业教育园区等。

4. 密集的职业教育文件指向高职院校必须担当“国际能交流”

2014年，国务院发布《关于加快发展现代职业教育的决定》《现代职业教育体系建设规划（2014—2020年）》等系列政策，做出了加快发展现代职业教育的战略部署。文件强调，高等职业教育具有职业教育和高等教育的双重属性，在建设现代职业教育体系、优化高等教育结构与布局中有举足轻重的作用。随后，教育部发布了《高等职业教育创新发展行动计划（2015—2018年）》（简称“三年行动计划”），具体部署了高等职业教育发展的65个任务、22个项目，同时进行细化分工，目的是以任务引领、项目拉动，激发高职院校内生发展动力。强调要进一步集聚优质职业教育资源，推动高等职业院校特色化创新发展，从根本上提高职业教育吸引力和贡献力，其中对高职院校国际化发展提出三点要求。

（1）引进境外优质资源。加强与信誉良好的国际组织、跨国企业以及职业教育发达国家开展交流与合作，探索中外合作办学的新途径、新模式。支持专科高等职业院校学习和引进国际先进成熟适用的职业标准、专业课程、教材体系和数字化教育资源；选择类型相同、专业相近的国（境）外高水平院校联合开发课程，共建专业、实验室或实训基地，建立教师交流、学生交换、学分互认等合作关系；申办聘请外国专家（文教类）许可、举办高水平中外合作办学项目和机构。

（2）支持优质产能“走出去”。配合国家“一带一路”倡议，助力优质产能走出去，扩大与“一带一路”沿线国家的职业教育合作。主动发掘和服务“走出去”企业的需求，培养具有国际视野、通晓国际规则的技术技能人才和中国企业海外生产经营需要的本土人才。支持专科高等职业院校将国际先进工艺流程、产品标准、技术标准、服务标准、管理方法等引入教学内容；与积极拓展国际业务的大型企业联合办学，共建国际化人才培养基地；发挥专科高等职业院校专业优势，配合“走出去”企业面向当地员工开展技术技能培训和学历职业教育。

（3）扩大职业教育国际影响。广泛参与国际职业教育合作与发展。加强与职业教育发达国家的政策对话，探索对发展中国家开展职业教育援助的渠道和政策。积极参与职业教育国际标准与规则的研究制定，开发与之对应的专业标准和课程体系，扩大国际话语权、增强国家软实力。提高高等职业院校专业教师的外语交流能力，鼓励示范性和沿边地区高等职业院校利用学校品牌和专业优势吸引境外学生来华学习，并不断扩大规模；支持专科高等职业院校到国（境）外办学，为周边国家培养熟悉中华传统文化且当地经济发展亟须的技术技能人才。推进全国职业院校技能大赛国际化。

2019 年 1 月被誉为“职业教育的又一个春天”，国务院印发《国家职业教育改革实施方案》（国发〔2019〕4 号，简称“职教 20 条”）。“职教 20 条”明确指出，职业教育与普通教育是两种不同教育类型，具有同等重要地位。“职教 20 条”提出“一个体系”“两项政策”“三个转变”“四个试点”“五个标准”“六项具体目标”以及“11 项举措”等，集中一点就是要“大幅提升新时代职业教育现代化水平，为促进经济社会发展和提高国家竞争力提供优质人才资源支撑”。

正是以上政策因素的多重作用，高职院校主动担当、主动作为，落实国家重大战略部署，助力和支撑现代产业体系发展，与国家战略同向同行、与产业发展同频共振中，充分发挥职业教育骨干、引领作用，在国际化交流与合作领域做出许多创新之举。从调查研究结果看，也正是这一时期开始，高职院校掀起了海外办学的浪潮。

延伸阅读1

国务院关于印发国家职业教育改革实施方案的通知

国发〔2019〕4号

各省、自治区、直辖市人民政府，国务院各部委、各直属机构：

现将《国家职业教育改革实施方案》印发给你们，请认真贯彻执行。

国务院

2019年1月24日

《国家职业教育改革实施方案》（简称“职教20条”）指出：

到2022年，职业院校教学条件基本达标，一大批普通本科高等学校向应用型转变，建设50所高水平高等职业学校和150个骨干专业（群）。建成覆盖大部分行业领域、具有国际先进水平的中国职业教育标准体系。

深化复合型技术技能人才培养培训模式改革，借鉴国际职业教育培训普遍做法，制订工作方案和具体管理办法，启动1+X证书制度试点工作。

借鉴“双元制”等模式，总结现代学徒制和企业新型学徒制试点经验，校企共同研究制定人才培养方案，及时将新技术、新工艺、新规范纳入教学标准和教学内容，强化学生实习实训。

积极吸引企业和社会力量参与，指导各地各校借鉴德国、日本、瑞士等国家经验，探索创新实训基地运营模式。

二、理论形成

1. 高职院校国际化的内涵界定

解码高职院校国际化，首先需要界定什么是高职院校国际化。而对高职院校国际化的内涵解读则需要从高等教育国际化说起。事实上，高等教育国际化的提法由来已久，但对其含义却有众多的解释。

阿勒姆（Arum）和瓦特（Water）基于对美国在过去 30 年中使用的概念和定义的分析，认为高等教育国际化包括三种主要因素：一是课程的国际内容，二是与培训和研究有关的学者和学生的国际流动，三是国际技术援助与合作计划。为此，他们给出的高等教育国际化的定义是“与国际研究、国际教育交流与技术合作有关的各种活动、计划和服务”①。

奈特（Knight）趋向于过程的观点，认为国际化是将“国际的维度”（international dimension）整合到高等学校的教学、研究和服务等诸项功能中的“过程”。所谓的“国际维度”主要指国际的、跨文化的、全球的观念。②

威特（Wit）认为阿勒姆和瓦特的定义过于美国化，而奈特的定义则局限于学校。威特赞成国际化是“过程”的观点，“通过这一过程，使教育沿着更加国际化的方向发展”③。

加拿大大学与学院联合会认为，“没有简单的、唯一的或无所不包的关于大学国际化的定义。它是多种多样的活动，目的在于提供一种真正融入全球意识环境中的教育经验。”

上述有关高等教育国际化的定义各有不同的侧重点，如果把这些定义综合起来加以考察，可以显现出四种不同的界定高等教育国际化的角度或方法。

（1）活动方法。这种方法是从各种各样的具体活动出发来描述高等教育国际化。这些活动主要包括课程的改革、人员的国际交流、技术援助、合作研究等。美国的阿勒姆和瓦特使用的就是这种方法。这是以往描述界定高等教育国际化使用的最广泛的方法。

（2）能力方法。这种方法是从培育发展学生、教师和其他雇员的新技能、态度和知识的角度来界定国际化。它侧重的是人而不是学术活动或组织管理方面的问题。加拿大的大不列颠哥伦比亚国际教育理事会专家小组基本持有这种方法。

（3）精神气质方法。这种方法侧重的是在那些注重和支持跨文化的、国际的观点和首创性的大学和学院中，形成发展国际的精神气质与文化氛围。哈若瑞持有的基本是这种方法。

（4）过程方法。这种方法把国际化看作是将国际的维度或观念融入高等学校的各主要功能之中的过程。

由此可知，高等教育国际化是个多维度、多视角的进程，应注重从活动、过程、能力、精神等方面加以全面理解。目前学界较为公认的概念是，

①②③ 陈学飞．高等教育国际化：从历史到理论策略［J］．上海高教研究，1997（11）．

奈特 1993 年提出的“把国际维度或跨文化维度整合进高等学校的教育、科研和服务功能的过程”。然而，也有学者指出，这个定义没有给出高等教育国际化这一过程的目的，即高等教育国际化自身不仅仅是一个目标，更是一个重要的途径，它促使高等教育首先发展成为具有国际化标准，其次形成开放的、能主动对全球化环境做出应答的体系。因此，在奈特定义的基础上，国内学者金帷等提出了一个本土化的高等教育国际化概念，即“为了提升高等教育的国际竞争力和国际声誉，高等院校在国家政策支持下采取核心—系统的策略模式，将国际化维度融入高等院校的教学、科研与管理中的系统过程”。该定义将中国高等教育国际化的动因和目标归为提升大学的国际竞争力和国际声誉，因而较好地弥补了奈特定义的不足。笔者研究思考后颇为认同这一观点，认为高等教育国际化与大学个体国际化是不同概念，高等教育国际化实施的主体是大学院校，把国际化维度放置大学院校内部系统考量更符合高职院校国际化这一命题，并以此作为解码高职院校国际化的理论依据。

在高等教育国际化的基础上，国内一些学者也提出了高职教育国际化的概念，如杨旭辉提出的“高职教育资源在世界范围内尤其是国家与国家之间按市场规则的合理流动，是一种依靠市场这只看不见的手所进行的资源配置活动”①；孙芳仲等提出的“作为我国高等职业教育面向世界的办学过程，容纳世界先进的职业教育资源的一个活动过程，也是我国的职业教育融入世界国际职业教育的一个过程”②；陈保荣提出的“高等职业院校依据国际公认的课程标准，运用科学合理的教学手段，培养具有国际视野和在国际范围内通用的技能人才，是一个综合而又完整的教育过程，强调对培养对象——人的塑造和激发，使之趋向于合乎共同标准的教育活动”③；赵龙祥提出的“是指一个国家高职教育以国内化甚至区域化为基础和前提，面向国际发展的、动态的、渐进的过程，是把国际的、跨民族的、跨文化的、全球的观念融合到高职教育教学、科研和服务诸功能中的过程”；等等。上述定义从不同角度对高职教育国际化特点进行了说明，如高职教育国际化的内涵是“如何将国际维度整合进高职院校的办学、育人及社会服务过程”；高职教育国际化的实质是“市场规则下教育资源的合理流动与配置，是办学资源的跨国

---

① 杨旭辉. 高职教育国际化：内涵、标准与策略 [J]. 中国高教研究，2006 (12).

② 孙芳仲，林若红. 高职教育国际化发展策略探析 [J]. 闽西职业技术学院学报，2006 (9).

③ 陈保荣. 我国高等职业教育国际化发展及对策研究 [J]. 职教论坛，2012 (1).

流动和办学经验的国际分享”；高职教育国际化的目标是“培养具有国际视野和在国际范围内通用的技能人才”；高职教育国际化的内容包括“观念、机构、课程、合作办学、科研合作、师生交流”等6个层面，既要从活动的视角关注课程内容国际化、教师视野国际化、研究内容国际化，又要从过程、能力、精神等视角加以关注。

高职院校是实施高职教育国际化战略的主体。已有研究表明，世界范围内高等教育旺盛需求、财政困境及经济发展的多样性已成为高职教育国际化的重要推手，相应的，高职院校国际化的主要诱因包括追求经济利益、延揽国际人才、开展文化传播等；高职院校国际化的方式更为多样，不仅表现为人员的流动，而且开始涉及高等教育的内部层次——教育项目和院校层次的跨国流动，海外分校、合作办学、公司型大学、国际职业培训公司等新的教育形式也孕育而生。

综上所述文献分析，结合近20年高职院校国际化办学的探索创新，笔者认为高职院校国际化是基于国际视野条件下，依据经济全球化并充分利用国际教育资源要素来自觉开展职业教育活动，目的是培养具有国际视野、通晓国际规则的技术技能人才，提升国际竞争力和国际声誉。

2. 审视高职院校国际化需要深刻把握职业教育国际化要义

职业教育与普通教育是同等重要但不同类型的两种教育，肩负着各自特定的任务和使命。因此理解与把握高职院校国际化的内涵，也有必要厘清职业教育国际化要义。

（1）职业教育国际化不同于普通教育国际化。人们对“教育国际化”的理解，实际上是对“普通教育国际化”的理解，并非是“职业教育国际化”的理解，“教育的国际化”不宜直接移植于“职业教育”领域。其一，对“教育”国际化的理解，尚建立在说文解字基础之上。认为“国际”即“国与国之间”的、跨越了国家“地界”的、突出在于“际”的认识。依此，出国留学、引进国外教育资源等，就已经实现了“国际化”。其二，基于上述，有学者认为，教育的国际化还有“单向”和“双向”之分。进而又将单向度的国际化，划分为内向型的国际化和外向型的国际化。21世纪以来，中国引进了德国、英国、澳大利亚等国际多种教学理念和模式，就简单以为中国的教育也已经实现了“国际化”。其三，当人们发现中国引进国外优秀教育资源之后，与世界教育水平仍旧存在着较大的差距时，又有学者提出，国际化包括了观念和战略规划的国际化、机构设置的国际化、教学内容和课程设置的国际化、师生结构与流动的国际化、教学设施等基础条件的国际化、科研水平和成果交流的国际化以及中外合作办学水平等，甚至还包括了被三大检索所收录的论文数量等，将国际化定义为难以攀缘、遥不可及的全方位“一流化”的事情。这种意义上的国际化，对于职业教育而言，就变成了遥遥无期的愿望。

（2）职业教育是更适宜走向国际化的教育类型。研究发现，人们之所以在“国与国之间”的层面上来理解教育的国际化，并十分谨慎地使用“国际化”这一概念，意在与另一个“全球化”的概念区分开来。对于“全球化”，人们习惯上用于经济发展与生态环境领域；而对于“国际化”，则用于教育和跨文化的企业竞争战略领域。其理由是，“全球化”所强调的是在全球范围内建立起的一种超越国家和区域限制、排除了政治与文化差异的统一标准，其目标指向的是全球的模式化、标准化、现代化；而国际化，则主要表现为不同文化和价值观念的国与国之间的交流与借鉴，不涉及世界范围统一的模式和价值观。进而认为，教育只能实现“国际化”而不能实现“全球化”。

研究还发现，人们之所以形成这种认识，是因为教育国际化的研究者所关注的是“教育”而非职业教育，关注者更多地是来自于普通高等教育的研究者，是从带有浓厚的文化和价值观念的视角来思考教育的国际化的，并未将职业教育从教育中剥离出来，没有考虑到职业教育的特殊性。

职业教育是一种特殊的教育类型。如果将“文化”与“知识”进行严格地划分，“文化”是一个大概念，是涉及价值观的概念；而认识范畴的“知识”，则是与价值无关的。而职业教育，它所倾向的不是“文化教育”，所面对的主要是职业领域的操作性知识和技能。这种知识技能是“以物为本”，具有客观性、科学性、专业性，几乎不涉及文化和价值观念的输入与输出。从这个意义上讲，职业教育是比其他教育更容易实现国际化的教育类型。

（3）职业教育国际化核心在于它是“全球化”意义上的国际化。“教育的国际化”，只不过是一个习惯性用语，在不同的环境应有着不同的含义。当我们讨论职业教育领域国际化之时，它实际所包含的是不同于“教育国际化”的，是与经济的全球化密切相连的概念：一是侧重于职业领域的操作性知识和技能，具有“无国界性”“通行性”，从这个意义上讲不涉及价值观念问题；二是肩负“培养具有国际竞争力的技术技能人才”的使命。“国际竞争力”不应是“国与国”之间的“际”意义上的概念，而应是全球范围无国界的概念。从这个意义上讲，“职业教育”的国际化，并非学界所称的“教育”的国际化概念，而是“现代化”“标准化”“先进性”意义上的概念。

（4）职业教育国际化的核心任务是培养“一流”技术技能人才。职业教育的国际化，并非全方位的“一流化”，而应当是人才培养及其专业、课程、证书的全球化、通行化、标准化、现代化，是普适性、公认性、先进性，而不是方方面面的高不可攀的学术问题。按照《教育部关于深化职业教育教学改革　全面提高人才培养质量的若干意见》（征求意见稿）的提法：“建设一批世界一流的高职院校和骨干专业”“扩大国际交流与合作”。我国政府是将“一流”和“国际化”联系在一起的。“一流”高职教育、“一流”高职院校，核心是出“一流人才”，而“一流人才”应体现为在全球范围内被“认可”、能“通行”，且具有国际竞争力，核心是拥有世界上被“认同”“认可”的专业、课程、证书，能够培养在世界范围内被“认同”“认可”、具有竞争力的学生的课程体系。其起点是课程，其落脚点是学生。其主要相关因素涉及专业标准、课程体系、课程内容、教学模式、教学方法、评价标准与评价体系，而非图书资料、科研水平、高层次论文数量等其他外显性、从属性的、非职业教育国际化的核心因素。换言之，职业教育的国际化，反映的是能够培养被认可的学生的一种教育水平。

（5）职业教育国际化概念需要经得住实践检验。任何一种概念，都不应当是纯粹的逻辑推导和理论归纳，它还应当在实践中得到验证并不断完善，特别是应接受“经济全球化”这样一个大环境的检验。人们探索“教育”的国际化之路虽然很早，但普遍意识到“职业教育”应当走国际化之路并大范围地展开探索，则是在新世纪之交的中国职业教育第二次大发展之时。其动因是：改革开放的进一步扩大，跨国公司的投资和外资企业的涌进，使地方经济得到了快速发展，而能够适应这一发展并参与国际竞争的技术技能人才，则出现了大范围的空缺，这就迫使职业教育国际化，以更好地“服务地方经济建设”和适应世界经济的发展。这个时期的国际化，从本质上讲，是狭义的、单向度的、内向型的国际化，表现为国外优质教育资源的引进，目的在于提升“国内”职业教育的教学质量，为“地方”经济发展服务。

这种意义上的职业教育国际化，无疑是当时特定背景之下“服务地方经济建设”的职业教育国际化含义，并没有将职业院校置于国际竞争的“大风大浪”之现实沙场之中。“一带一路”倡议和经济发展的现实，已经在呼唤跟随中国企业的跨国经营而走出去的职业教育。在这一新的历史时期，职业教育必须接受“一带一路”倡议下的实战检验，既需要“请进来”，更需要“走出去”。这正是需要我们用实践来回答的问题，也是本书研究探索的使命所在。

3. 高职院校国际化的理论运用

高职院校属高等教育层次、职业教育范畴。高职院校国际化探索创新，还涉及教育共生理论、产业耦合理论和系统理论等相关理论运用。

（1）教育共生理论。所谓共生，原本指的是“不同种属基于某种特定的联结而形成共同生存、协同进化的关系并实现系统均衡发展”，这是自然界的基本存在形态及一种普遍现象，蕴含了生态系统生成及演化的基本规律。从诸多研究给出的结论看，共生已经成为生态系统可持续协调发展的动力来源及基本模式，共生理论也为人类社会和组织发展的动态演化和进化创新开拓了新途径。当然，现在所说的“共生”显然已经从生物学的范畴被拓展到人类学、社会学、经济学、管理学、教育学等诸多人文社会科学领域，成为一个相对更为广义的概念，并且已从生物识别机制上升到一种社会科学认识论和方法论层面。

共生理论包含以下几个核心认知：第一，共生系统绝非若干主体的简单组合，而是相互联系着的社会多元主体结成的具有自组织特性、存在共同生存、协同演化关系的逻辑集合，这样一个集合的形态、性质和方向受到共生单元、共生模式、共生环境及由此形成的共生界面等要素的约束和影响。第二，对于一个共生系统而言，基于相互识别、彼此认知和互动互融的渐进过程，那些具有多样性、差异性、复杂性、组合性和系统性的共生单元在彼此之间会形成并稳定下来某种必然的逻辑关联，从而促进系统实现共生进化。第三，从系统复杂性角度看，共生环境的状态、参数变量的关系及其变化是共生系统演化的基本动因，也决定了共生模式即各共生单元彼此间关系和结合方式的不同，而比较理想的共生模式是多元主体之间的互惠共生，即共生单元相互依赖、协同互动和彼此获利的状态。第四，对某个特定的共生系统或共生关系而言，共生环境会呈现出正向激励、中性型、负向抑制等三种影响，前者对共生关系的培育和发展具有正向或者促进的作用，后者则会对共生关系及其活动形成明显的阻碍甚至抑制的作用，而且这种影响是随共生环境而呈动态变化的。第五，在共生系统中，能量传导或交换的载体、通道便是共生界面，这是共生关系得以形成、发展和实现稳定的基础，它不仅对共生关系起担负着协调、中介和控制的作用，也决定着共生系统能量交换效率高低及共生机制优劣，可以基于共生环境的要求而促进资源配置效能提升。

共生理论应用在职业教育国际化当中，可指教育系统内的教育本土化、教育国际化是基于某种特定的联结而形成共同生存、协同进化的关系，并共同实现教育系统均衡发展。教育本土化与教育国际化看似一对矛盾体，事实上却可以根据两者关系与结合方式的不同，形成相互依赖、协同互动和彼此获利的状态。为此，需营造一种协同教育本土化及国际化的共生环境，使共生环境呈现出一种正向激励共生关系的作用。

（2）产业耦合理论。物理学中，耦合是指两个（或两个以上的）系统或运动形式通过各种相互作用而彼此影响的现象。当系统间或系统内部要素之间配合得当、相互促进时，为良性耦合；反之，为不良耦合。耦合度就是描述系统或系统内部要素彼此相互作用影响的程度。从协同学的角度看，耦合作用和耦合程度决定了系统在达到临界区域时走向何种序与结构，或称决定了系统由无序走向有序的趋势。系统由无序走向有序的关键在于系统内部序参量之间的协同作用，它左右着系统的特征与规律，耦合度正是反映这种协同作用的度量。由此，我们可以把职业教育国际化与区域经济国际化两个系统通过各自的耦合元素彼此产生影响的程度定义为职业教育—区域经济耦合度，它的大小反映了旅游产业与区域经济两者相互协调的程度。区域经济国际化是指一个地区的经济通过生产、投资、金融和贸易，使该区域的资本、信息、技术、劳动、资源等要素超越区域界限，使地区的经济发展超越区域界限，与世界经济融为一体的过程。在我国当前大力推进“丝绸之路经济带”和“21世纪海上丝绸之路”建设的新形势下，更需要深入研究区域经济国际化。

产业耦合理论表明，职业教育国际化与区域经济国际化具有显著的耦合性特征。主要体现在：一方面，区域经济国际化对职业教育国际化水平有明确的需求，对职业教育国际化水平的提升具有较强推动作用。另一方面，职业教育国际化水平也为区域经济国际化提供了人力资源基础和保障，两者互为背景、相互作用、彼此影响。

（3）系统理论。系统论的核心思想是系统的整体观念。生物学家贝塔朗非强调，任何系统都是一个有机的整体，它不是各个部分的机械组合或简单相加，系统的整体功能是各要素在孤立状态下所没有的新质。他用亚里士多德的“整体大于部分之和”的名言来说明系统的整体性，反对那种认为要素性能好，整体性能则一定好，以局部说明整体的机械论的观点。同时认为，系统中各要素不是孤立地存在着，每个要素在系统中都处于一定的位置上，起着特定的作用。要素之间相互关联，构成了一个不可分割的整体。要素是整体中的要素，如果将要素从系统整体中割离出来，它将失去要素的作用。

系统论的基本思想就是把所研究和处理的对象，当作一个系统，分析系统的结构和功能，研究系统、要素、环境三者的相互关系和变动的规律性，并优化系统观点看问题，世界上任何事物都可以看成是一个系统，系统是普遍存在的。大至渺茫的宇宙，小至微观的原子都是系统，整个世界就是系统的集合。

高职院校国际化背后折射出的系统理论，要求我们不能孤立看待高职院校国际化进程，而是要在研究高职教育国际化进程、职业教育大系统及高等教育国际化外部环境关系的前提下，动态推进高职院校国际化进程，包括高职院校国际化进程背后的国际环境、区域产业发展状况、高职教育发展趋势，等等。

4. 高职高专院校“国际影响力50强”的主要评审指标

国际化办学评价指标是推动国际化办学的重要指南。目前，对高等教育国际化评价有多种指标体系，如《广东省高等教育国际化评价指标体系》（广东省教育厅于2009年试行）、中山大学牵头的《中国研究型大学国际化评价指标》（2009）等。但对要素构成的认识并不统一，权重分歧也较大。为了节省篇幅，下面仅以华南师范大学原校长王国健主持的广东省高等教育教学改革工程项目“广东高校中外合资办学人才培养模式探索与实践”课题研究结果为例。该项目在对中外合作办学项目院校调查的基础上，总结出了国际化观念与规划、国际化机构设置、学生结构国际化、教师结构国际化、课程国际化、科研国际化、中外合作办学等7个一级指标和18个二级指标（见表1-1）。

表1-1　高等教育国际化评价体系表

一级指标	二级指标	主要观测点	权重/%
国际化观念与规划	观念	学校的办学思想；学校领导的国际化观念；教师的国际化观念	5
	规划与政策	国际化战略规划；国际化目标；支持国际化的政策和措施	5
国际化机构设置	校级国际化事务委员会	委员会成员的构成；制度的建立；活动的开展；执行学校国际化战略规划；组织国际学术交流与合作	1.5
	院级国际化事务委员会	委员会成员的构成；制度的建立；活动的开展	1.5
	国际办公室	拓展国际教育市场，协助海外招生等	2

续上表

一级指标	二级指标	主要观测点	权重/%
学生结构国际化	留学生数占在校生数的比例	留学生数占在校生数的比例	15
	留学生来源国分布	亚洲国家；欧美国家；非洲国家等	2
	留学生专业分布	汉语；中医药；社会科学学科；理工类专业等	2
	本校到国外学习的学生占在校生数的比例	与国外高校互换学生人数占在校生数的比例	6
教师结构国际化	外籍教师	聘用海外教师和研究人员；邀请来校讲学的国外知名学者	7
	留学归国人员	在国外拿到高级学位归国的教师；在国外进修、访学归国的教师	13
课程国际化教学	原版教材的使用及双语	原版教材的使用；双语教学课程的开设	6
	外国语言及文化课程	外国语言课程开设的门类；跨国或跨地区文化的课程	6
	国际性问题课程	国际性问题课程开设情况	3
科研国际化	科研课题的国际化	课题组成员的国际化；课题资助的国际化；信息资源的国际化；科研成果发表与应用的国际化	9
	国际性学术会议	主办或承办国际性学术会议；学校教师和科研人员参与国际性学术会议	6
中外合作办学	境外合作办学	到境外与国外高校合作开办课程或学院的情况	5
	引入境外资源合作办学	在校内与国外高校合办课程或学院的情况	5

可以看出，以上评价要素构成及权重不适合评价高职院校国际化办学的水平。因此，推动高职院校国际化办学需要有针对性的指标体系作引导。

2017 年起，全国高职高专校长联席会议根据全国 1 400 多所高职高专院校的质量年报，每年举行一次“高职高专院校国际影响力 50 强”评审并为“国际影响力 50 强”院校颁发证书（见图 1－1）。“国际影响力 50 强”的评审指标凸显了高职高专院校国际化办学的特色，其主要评价指标包括国（境）外人员培训量（人日）、在校生服务“走出去”企业国（境）外实习时间（人日）、专任教师赴国（境）外指导和开展培训时间（人日）、在国（境）外专业性组织担任职务的专任教师人数（人）、开发并被国（境）外采用的专业教学标准数（个）、国（境）外技能大赛获奖数量（项）、国（境）外办学点数量（个）等七个方面。这显然不同于普通高等院校国际化评价取向。

(a)

(b)

图 1－1　广东农工商职业技术学院连续获 2017 年、2018 年“国际影响力 50 强”

三、解码个案

解码个案是为了更好地把握高职院校国际化办学的时间进程、路径、重点、方式和举措等。解码的根本遵循是《国家中长期教育改革和发展规划纲要（2010—2020 年）》《国家高等职业教育发展规划》《广东省人民政府关于创建现代职业教育综合改革试点省的意见》（粤府〔2015〕12 号，以下简称《试点省意见》）等对“职业教育国际交流与合作”的指导思想、基本原则和主要目标的定位，通过文献调研、问卷与访谈等方式，厘清对高职院校国际化的内涵、目标、指标体系、路径等核心问题的认识；以广东农工商职业技术学院（以下简称“农工商学院”）等院校国际化办学战略实施为个案，以面向东南亚开展的职业教育交流与合作为重点，在教育教学理念到社会服务等方面进行分析，为中国高职院校开展教育国际化提供相关经验，帮助高职院校应对教育国际化挑战，提升开展国际教育竞争和教育资源整合的能力，扩大国际影响力，树立国际化品牌。

解码方法以省级高职教育教学改革重点课题为抓手，以高职院校国际化20年的具体实践与思考为主线，以系列研究报告、科学总结和学术论文为佐证材料。解码既源自实践又检验于实践，是实践过程也是思考过程、研究过程。笔者采用宏观与微观相结合、个案与整体相结合、理论与实践相结合、文献查阅与实地调研相结合、独立思考与专家头脑风暴等方法手段，按照“请进来”“走出去”（重点是“走出去”）的国际化战略实施路径，分别从办学理念国际化、专业课程国际化、教师培养国际化、学生培养国际化、社会服务国际化、标准体系国际化六个维度进行解码，并遵循由面（不同类型高职院校所开展的国际化）至点（农工商学院所开展的国际化），再由点（农工商学院所开展的国际化）扩散至面（中国高职院校国际化）的方式，力图既探寻高职院校开展国际化实践的一般性规律，又能具体指导某一高职院校开展国际化。

当然，解码高职院校国际化探索创新将涉及多个维度，涉及纵看、横看和个案、整体。这样对某个问题的论述难免重复涉及，阐述时尽可能按照时序前详后略，节省篇幅。

四、实践思考归纳

高职院校国际化是理论课题更是实践问题。综合20年国际化办学思考、探索，笔者有以下几点认识。

一是高职院校国际化有特定的内涵。高职院校国际化是教育发展共同规律的体现。高职院校的国际化是基于国际视野条件下，依据经济全球化并充分利用国际教育资源要素来自觉开展职业教育活动。

二是高职院校的国际化，包含着教育理念、校园文化、人才培养模式、专业标准、课程体系、教学方法、师资队伍、实训基地和毕业生就（创）业等领域，是全过程全方位的国际性的深度融合。

三是高职院校“国际化”与“中外合作办学”“对外合作项目”是三个不同等级层次的概念，具有不同的内涵。对外合作项目（一般指校校之间师生互访交流性项目，如农工商学院与德国“F + U”职业教育中心、马来西亚砂拉越科技大学的合作项目）可以不经过地方教育主管部门备案，只要双方愿意合作，就可以举办，因而是较低层次（准确说是“较简单”）的合作；中外合作办学，当然也称“项目”，如农工商学院与英国爱德思国家学历与职业资格考试委员会合作的BTEC项目。对于中外合作办学项目，在

2018年以前，必须经省政府、省教育行政部门审批，教育部备案；自2018年起，适应教育国际化办学日趋常态化的实际需要，改由各个省教育厅审批就可以立项。也就是说，纳入中外合作办学的院校，都要经教育主管部门正式审批，由中外院校之间共同制定教学大纲、人才培养目标，共同委派教师，共同考核。它与对外合作项目相比，层次相对较高；高职院校国际化中的“化”字境界更高，不但包含了对外合作办学内容，但不仅仅如此，还是利用市场经济规律整合资源要素提升办学实力的过程。

四是与高等教育国际化相比，高职教育国际化更注重对生产经营一线技术人才的培养，因而实施路径强调了与跨国公司建立实训基地、共享技术服务、加强人才培训，加盟国际名企证书体系认证以及跨国公司对毕业生的评价等。

五是高职院校国际化必须大力推进办学理念的国际化、专业课程的国际化、教师队伍的国际化、学生培养的国际化、社会服务的国际化、标准体系的国际化。这也是评价一所高职院校国际化程度的重要指标。高职院校在国际化的进程中，积极参与职业教育认证标准与制度的制订，努力培养具有国际视野、通晓国际规则、能够参与国际事务和国际竞争的国际化技术技能人才。

六是高职院校学习、借鉴、引进、吸收国际先进教育理念是必要的，但更重要的是要在此基础上实现创新与教育输出。因此，高职院校国际化的目的是，通过“引进吸收、消化创新、传承输出”等路径，提升院校办学及人才培养的国际竞争力，进而提升院校的国际声誉，增强办学实力。

七是伴随着“人类命运共同体”构建，中国高职教育走进“一带一路”沿线国家（特别是东盟国家）是必然选择，也必须先行。而从生产要素流动规律看教育要素的流动，中国高职院校走进东盟是完全可能的，并以此作为国际化交流、输出的重点。

八是中国高职院校“走出去”必须伴随并服务国内优势产业（企业）走出去，才能走得更实、更远、更好。农工商学院国际化将继续秉承“垦区产业发展到哪里，农工商学院服务就到哪里”的理念！

第二节　中国高职院校国际化办学纵览

职业教育是深化教育改革的重要突破口，和普通教育是不同类型、同等重要的两类教育，肩负着传承技术技能，培养多样化人才，帮助学生实现更高质量的、更充分的就业创业的使命。高职院校是职业教育的重要部分，在职业教育领域发挥着骨干引领作用，虽然创设时间不长，但保持着改革创新的巨大活力。经历了"从无到有、从无序办学到规范发展、从规模扩张到内涵发展、从质量提升到特色创新、从层次教育到类型教育的发展轨迹"。回顾高职教育发展历程，可以梳理出高职院校许多条块的改革创新成就，其中国际化办学探索是一个重要方面。高职院校国际化走出了一条完全不同于普通大学国际化的路径，并在落实"一带一路"倡议行动、服务"产业走出去"、促进与东盟教育合作等方面发挥了积极的作用。

一、高职院校国际化在于内生驱动、特色发展

高等教育国际化是现代高等教育发展的必然趋势。近年来，中国高等教育国际化进程较快，取得较大的成绩，也获得了世界的普遍认可。美国加州州立大学北岭分校教育管理学教授、中国所所长苏智欣（Justine Su）认为，"近年来，中国高等教育发展很快。国际化的速度更是突飞猛进，堪称世界第一。每年我到中国不同的大学参观、开会、讲学、调研，都能看到令人惊异的变化"。许多大学国际化的愿景目标非常明确。以华中师范大学为例，提出"10% 的教师具有出国研修的经历，10% 的学生有出国学习或实践的机会，10% 的学生是国际学生，10% 的毕业生有能力在跨国公司或企业成功就业"等目标。

中国高等教育国际化的快速发展得益于国家规划与政策支持。教育部《2003—2007 年教育振兴行动计划》《国家中长期教育改革和发展规划纲要（2010—2020 年）》等文件明确了教育国际化水平的总体意见和具体举措；《中华人民共和国中外合作办学条例实施办法》《关于建立海外高层次留学人才回国工作绿色通道的意见》《关于进一步加强引进海外优秀留学人才工作的若干意见》《中央人才工作协调小组关于实施海外高层次人才引进计划的意见》《教育部贯彻落实海外高层次人才引进计划工作方案》等文件则给予高等教育国际化多个层面的政策支持。主要集中在四个方面：一是针对学

生和教师的出国留学政策；二是来华留学生政策（具体包括来华留学生招生、教育、学位、管理、奖学金政策）；三是留学人员归国政策和引进海外人才政策；四是中外合作办学政策等。反映普通高等院校国际化集中表现为三个层面：一是国家层面支持下引进高端领军人才，招收海外留学生和在海外创设孔子学院；二是校级层面广泛开展学历教育合作、学分互认、师生互访，举办国际学术会议，图 1－2 所示为杨群祥受邀参加亚太中小企业国际论坛；三是教师层面的科研项目合作和学术交流等。据 2016 年 12 月 13 日中国职业技术教育学会年会分论坛“职业教育国际化与国际竞争力”透露，截至 2016 年，全国中外合作办学机构和项目有 2 445 个，其中，本科及以上中外合作办学项目有 1 214 个，包括本科学士学位教育项目 914 个、硕士学位教育项目 206 个、博士学位教育项目 15 个。目前，全国中外合作办学在校生规模约 56 万人，其中，高等教育阶段中外合作办学在校生规模约 46 万人，高等教育中外合作办学毕业生已超过 160 万人。目前，全国中外合作办学机构、项目每年招生数超过 12 万人。面向 2030 年，未来中外合作办学已经不是中国教育的一个辅助部分，可能会成为中国未来教育的一个重要增长极。可以看出，当下普通大学国际化更多的是政府政策驱动的结果，重心与重点也都在学历教育、学术交流的国际化上。

图 1－2　2000 年 11 月 22 日，杨群祥受邀参加亚太中小企业国际论坛

反观高职院校的国际化，走出了不同于普通高等院校国际化的路径。从顶层设计到经费支持，少了来自政府方面的工作指引及政策帮扶。没有帮扶也就少了“框框”，高职院校完全是基于自身办学与特色发展的内在驱动、自我作为：因学习借鉴先进教育理念而国际化，因服务“产业走出去”而国际化，因培养通用技术技能人才而国际化等。以农工商学院为例，其地处于改革开放前沿的广州，是国务院授权省政府批准的首家管理干部学院转制而成的职业技术学院，为了适应新的办学要求、创新教育教学方法，早期参与国内名牌大学国际化项目研究、国际学术论坛等，如亚太中小企业国际论坛（见图1－2所示）；与德国“F＋U”教育集团（德国开姆尼茨工商协会转岗与继续教育机构）合作，学习“双元制”办学经验、创办校内实习公司和组织学生赴海外企业实习；应对WTO培养国际化技术技能人才需要，与英国爱德思国家学历与职业资格考试委员会合作，引进BTEC证书（即学术与职业资格证书）项目。广东农垦为了“在海外再造一个新农垦”，布局东南亚，到泰国、柬埔寨、马来西亚、老挝等国家地区种植数百万亩橡胶，建立了20多家工厂和贸易基地，成为全球橡胶全产业链最大规模的企业，学院及时提出“垦区产业发展到哪里，学院专业就服务到哪里”的理念，主动开设泰语、柬埔寨语、马来西亚语培训班，积极承担海外企业员工培训，组织师生到海外企业挂职、实习，在泰国、柬埔寨的农垦海外企业建立学习中心，与当地职业院校进行合作交流、培养当地教师等，构建了PEP（国内院校—海外企业—当地院校）机制，实现了校企“捆绑”走出去与可持续发展的高职院校国际化模式。

在国际化办学进程中，农工商学院等高职院校运用教育共生理论、系统理论和产业耦合理论等，依托专业、服务产业，探索走出一条完全不同于普通高等院校的国际化路径，创新提出并实践了“教育理念国际化、专业课程国际化、教师发展国际化、学生培养国际化、社会服务国际化、标准体系国际化”的国际化范式。高职院校国际化着力点在于办学优势、专业特色、技术技能人才培养、产业服务、教师参与技术服务与培训等。这些探索创新不仅有效提升了国际化人才培养的能力与水平，而且有效助推国内“产业走出去”。解码高职院校国际化，是院校争生存、求发展的结果，也是产教融合、校企合作深化的产物。而这种国际化发展探索创新，相较于资助招收海外留学生和在海外创设孔子学院，更为有效、更具意义。

二、高职院校国际化创新发展的主要阶段及其特征

正如前文分析，高职院校国际化是因应自身特性而独辟蹊径，其发展进程也如同其办学成长经历，呈现出明显的阶段性特征，大致已走过了四个阶段，并正向第五阶段发展。

1．学习与借鉴阶段

高职院校创办之初，面对办学如何把握首先姓“高”、其次属“职业教育属性”，防止办成“普通本科压缩版”，教师具备“双师素质”，理论教学与实践教学1∶1，专业知识“必须、够用”等一系列问题，办学管理者四

处考察、寻求答案，特别是赴欧美职业教育院校学习取经。当时的普遍观点认为，世界职业教育先进经验主要有：英国“以学生为中心”的教育理念及其以国家职业资格证书（NVQ 证书）为中心的训练模式、美国以“开放性”为主要特色的社区学院模式、德国以企业为主导的“双元制”教学模式、加拿大 CBE（competency based education）教学模式、澳大利亚 TAFE（technical and further education）模式和新加坡“教学工厂”模式等，特别是在实践教学改革建设方面都各有特色，形成了较为科学规范的体制和机制，对中国高职教育具有较好的借鉴意义。2000 年广东省教育厅率先与英国文化教育委员会合作，成立“中英职业教育合作项目指导小组”，分期分批组织省内高职院校骨干教师赴英开展“以学生为中心”的培训，组织英方教师来粤讲授、开设职业教育示范课等。随后广东白云职业学院（以下简称“白云职院”）组织赴德国学习“双元制”、广东轻工职业技术学院（以下简称“轻工职院”）学习借鉴澳大利亚 TAFE 模式，等等。也正是这一时期，奠定了高职院校的国际化视野和积极变革创新的文化个性。如今 20 年过去了，现在看来，加拿大 CBE 模式比较值得我们学习借鉴，因为它更接近于“职教 20 条”：一是加拿大的高等教育“立交桥”确保了职业院校学生与普通大学学生的学分自由转换和渠道畅通，为学生提供多次选择的机会。二是注重标准并开展专业评估。专业评估分两类：一类是年度专业评估。学校根据招生人数、学生情况、学校办学能力、市场需求、专业能力、软能力、通识教育等主要指标开展评价，并将学生对教师的评价纳入年度评价。另一类是以五年为周期的专业评估，系部要提供材料证明人才培养的过程及成果与政府的要求是一致的。三是强化市场导向，动态调整专业、课程设置。四是重视国际合作交流，与国际标准接轨，并将其作为培养全面人才的重要战略。五是教学突出能力导向和素质提升，将课程教学内容与提升学生素质紧密结合，形成完整的知识能力、素质培养的统一体。在教学中注重采取讲课、学生讨论、团队合作、学生演讲、实践操作等形式调动学生的学习积极性。六是师资队伍建设落实落细并形成长效机制。如加拿大圣力嘉学院，引进专业课教师注重有行业、企业的实践工作经历、一般要有 5 年以上的实践工作经历，并真心愿意从事教育工作，在学历上一般要求比所教学生高一个档次即可，并不一味追求高学历。这与“职教 20 条”要求“从 2019 年起，职业院校、应用型本科高校相关专业教师原则上从具有 3 年以上企业工作经历并具有高职以上学历的人员中公开招聘，特殊高技能人才（含具有高级工以上职业资格人员）可适当放宽学历要求，2020 年起基本不再从应届毕业生中招聘”是一致的。在引进所有教师时均要求上示范课，教师入职前两年要指派 2 名老教师与该教师组成3人团队，听课并进行具体指导。学院对专业教师在科研上没有硬性要求，全职教师每年一般要教6门次课，一年上课300多小时。所有教师每5年必须提供教案交给教学委员会进行评价。学校把每年的5月确定为教师培训专门月。每年每个教师要有学生、同事、教研室主任、系主任的听课评价等。此外，坚持“以学生为中心”的全员服务理念：一是要从学生的角度及其需要出发看待专业学习，进行专业设计；二是学生成功是全校所有人的职责。帮助学生成功不只是某几个部门及人员的职责，教师和员工人人有责，只有全员参与，才能实现帮助学生成功的目标。营造浓厚的让学生参与的校园文化氛围，在课外时间把教师和学生联系起来，结合学生的需要组织开展有益的校园文化活动，增加学生对学校的情感、认同感和融入感。开展如何选课、如何找工作等辅导，邀请校友返校交流等，让学生感觉到被重视。

2. 引进与吸收阶段

由于教育体制、文化背景不同，在学习借鉴欧美国家先进职业教育理念过程中，高职院校管理者和骨干教师总感觉缺少“抓手”。“以学生为中心”如何落地？2002年农工商学院成立国际交流中心，率先引进英国市场营销和计算机两个专业“BTEC（HND）证书”（以下简称“BTEC证书”或“BTEC教育模式”）项目，随后被立项为广东省省级试点项目［见《关于开展中英职业教育合作项目职业资格证书试点工作的通知》（粤教高〔2002〕120号）］。学院严格按照英方专业标准、课程体系、教学要求、学生管理和质量监控流程、内外审制度等进行教育教学改革试验，外审评估先后获得英方授予的B、B+、A等级。农工商学院是启动中外合作项目，也是引进国际职业资格证书最早的高职院校之一；农工商学院BTEC中心成为北亚及大中华地区办学规模最大、质量最好的BTEC中心，是大中华地区首家“BTEC项目师训中心”。与此同时，学院大胆引进具有海外留学或工作背景的专业教师、选送大批教师到国外访学、短期培训，目前有近三分之一的教师有海外学习、培训和工作背景；培养70多名“双语”授课的专业教师，每个专业至少开设一门“双语课”；积极推广BTEC教育模式，促进教育教学改革等，形成了一系列相关教学成果，并获省级教学成果一等奖。

3. 交流与合作阶段

尽管高职院校创办不久，但部分院校具有较好的办学特色和较强的专业基础、实训设备，有利于国际交流与合作。如广州民航职业技术学院（以下简称“民航职院”），隶属于中国民航总局，具有鲜明的航空行业特征，在全国乃至东南亚有较大影响力，人均实训设备3万多元，是重要的飞机维修技术培训基地。该院借助专业比较优势，通过合作办学与教育输出，大力开展国际交流与合作，共有5个专业、8个专业方向开展国际合作办学。例如：与加拿大圣力嘉（Seneca）文理应用学院合作举办空中乘务专业、电子工程技术专业；与加拿大卡纳多（Canadore）文理学院合作举办飞机及发动机维修、飞机结构修理、飞机电子设备维修专业等，课程学分互认，采用原版教材并由加拿大合作院校教师全英文授课，使学生不必花费巨额学费，不出国门就能享受国际化教育；与美国西敏大学进行航空港管理专业专本衔接、合作办学；招收斯里兰卡学生；推荐学生到境外就业，为港澳地区和新加坡航空业培养输送大批技术技能人才；等等。

广东食品药品职业学院利用医药类专业优势，与澳大利亚博士山学院联合举办生物制药技术、药品经营与管理学历教育项目，与英国索尔福德大学合作开办护理专业；按照“国际教育本土化，实用人才国际化”的办学理念，设定了为健康产业培养具有国际视野的“全人”作为人才培养目标，利用医药类专业的办学优势，大力拓展国际交流与合作项目；与香港职训局、澳门生产力暨科技转移中心签署合作协议，协同培养食品安全方面专业人才，“一试三证”协同培养，实现了粤港澳三地职业资格证书鉴定的历史性突破；与香港学术及职业资历评审局建立起紧密合作关系，探索建立香港地区政府教育行政机构与内地高职院校之间的定期合作交流机制。香港百本集团在该校投资成立广东食品药品职业学院香港百本健康研究中心，为师生提供实际工作任务和真实工作环境作为实训教学项目和场所等。

江苏经贸职业技术学院于2004年成立国际教育学院，一直致力于加强与国外先进应用型高校的合作，引进了一批国外先进专业、课程和教学方法，采用中外合作院校师资共同授课，满足了学生多元化的学习需求。2009年开设“海外本科直通车”项目。与澳大利亚高登职业技术学院就中方课程互认学分进行探索，起草了中方“基础会计”“财务会计分岗核算”“财务管理”等课程的英文课程描述及能力模块，解决了在中澳合作会计专业人才培养方案中澳方课程所要求课时的问题等；2013年起，招收学历教育国际留学生，先后招收来自越南、韩国、印度尼西亚等国留学生，是国内开展中外合作办学招生规模较大的高职院校。

4. 创新与服务阶段

引进学习与借鉴是手段，消化是基础，创新与服务、输出才是国际化的目的。部分高职院校利用校企合作机制进行了国际化创新。深圳职业技术学院（以下简称“深圳职院”）是国内较早实施国际化办学战略的高职院校，也是国际化程度比较高的高职院校。该校先后与英国曼彻斯特大学、美国北卡罗来纳大学彭勃克校区、德国的纽伦堡·乔治·西蒙·欧姆高等技术学校、澳大利亚巴拉瑞特大学、日本大阪高技术专门学校、韩国仁川技能大学等113所国（境）外院校建立交流合作关系。深圳职院不仅有100多位海外留学回来的教师，而且长期聘请外籍教师有25人；2004年起获教育部批准面向港澳台和国外招收境外和国外学生，方式为自主命题的形式，学制为专科和四年制。以招收港澳台学生为主，国外留学生则来自德国、韩国、日本、俄罗斯、菲律宾、韩国、加拿大、荷兰、法国、哈萨克斯坦、西班牙、巴基斯坦、芬兰、挪威等国家，平均每年有150人。注重与国际型企业合作，将先进技术标准引入专业及课程教学标准，如印刷技术专业按德国海德堡公司印前、印中、印后的生产流程设置课程体系，按照企业岗位技能和职业能力设计课程内容，校企共同开发印刷色彩等相关课程，较好地培养出国际型印刷技术技能人才。特别是该学院与世界顶级企业华为公司深度融合，先后创设华为授权培训中心、华为网络技术学院、华为信息与网络技术学院，推进课证共生共长，培养技术服务骨干，为华为公司产品走进东盟国家提供了售后服务支撑。顺德职业技术学院（以下简称“顺德职院”）联合顺峰餐饮集团，与马来西亚思特雅大学（University College Sedaya International，UCSI）合作在当地培养中餐厨师，继而在当地建立了“烹饪学院”，较好地推动中餐文化宣传及中西餐厨艺的交流。农工商学院先后承担发展中国家农业南南合作官员（见图1-3）、巴拿马农业发展、阿富汗农村政策与实践、哥伦比亚冲突后重建系列主题、南太平洋岛国热带作物生产官员等国家级援外培训班，先后接待了瓦努阿图副总理等多个国家领导、部长级官员前来考察交流。

图1-3　南南合作研修班学员考察农工商学院

新闻链接 2

瓦努阿图共和国副总理乔·纳图曼访问农工商学院

2016 年 10 月 27 日下午，以瓦努阿图共和国瓦库党代主席、政府副总理兼旅游和商务部部长乔·纳图曼为团长的该国政府议会联合考察团一行 15 人访问广东农工商职业技术学院，中共中央对外联络部七局副局长周荣国等陪同来访。该校领导杨群祥、熊焰、罗南林、黄乃文等热情接待了副总理一行。

访问期间，党委书记杨群祥向副总理乔·纳图曼等的到来表示热烈的欢迎，并向来宾介绍了该校的基本情况、特色专业、学生培养、国际交流合作、发展目标等，带领他们参观了该校增城校区的沙盘模型，实地考察了营养驿站（学生创新创业基地）、绿色食品检测实训室、热带作物温室大棚、热带作物实训农场等。

农工商学院党委书记向乔·纳图曼副总理介绍该校的基本情况

在营养驿站，来宾们品尝了学生们自己制作的牛奶小方、椒盐紫薯、杧果慕斯、麻薯、曲奇、广式月饼、鲜果汁、火龙果酒、黄酒等，纷纷竖起了大拇指；纳图曼副总理还主动邀请制作食物的学生合影留念。在考察绿色食品检测实训室时，来宾们详细了解了设备配置、技术标准和研发推广服务等情况。在热带作物温室大棚，来宾们对学生种植的观赏花卉表现出了浓厚的兴趣。在热带作物实训农场，来宾们了解了该校学生在农业技术方面开展实训的情况。考察团还乘车参观了该校的校园环境，包括热带植物标本园、花卉超市、体育馆和文化长廊。双方合影留念。

纳图曼副总理在中联部周荣国等陪同下品尝农工商学院学生制作的果品

双方在访问期间均表达了合作意愿。乔·纳图曼说，通过这次实地参观考察，感受到了该校的综合实力和品牌影响力，并对该校在服务现代农业方面开展的专业教育、实习培训等产生了浓厚兴趣，希望双方能够在科技服务农业、人才和技术培训、学校合作等方面开展交流，并积极提升交流层次、拓展合作空间。

纳图曼副总理一行考察热带作物温室大棚

瓦努阿图副总理乔·纳图曼一行的到来以及未来的合作，对该校服务“一带一路”国家合作倡议、紧跟广东农垦“走出去”，实施全过程全方位的高职教育国际化有积极作用。该校坚信，瓦努阿图国家领导人的此次到访和交流，将进一步提升该校在教育理念、专业课程、教师发展、学生培养、人员培训以及社会服务等方面的国际化水平，对进一步提升该校国际合作水准，拓展国际项目合作空间，服务国家对外战略，为实现该校“国际有影响”的发展目标，具有积极意义。

（来源：广东省教育厅新闻网站，2016 年 10 月 28 日）

5. 标准与输出阶段

标准与输出是中国高职教育国际化的成熟标志。首先，高职院校经过前期探索创新与积累，开始了职业教育输出的尝试。特别是近些年来，高职院校响应国家“一带一路”倡议和服务“产业走出去”，积极探索海外办学，推动中国职业教育走出国门，输出优质专业和教学资源。据统计，自 2012 年以来，全国有 41 所高职院校采取不同形式在海外设立了 45 个分校，其中设立最多海外分校点的是农工商学院（见表 1 – 2）。其中，无锡商业职业技术学院（以下简称“无锡商职院”）与红豆集团、柬埔寨劳工与职业培训部、西港特区公司于 2018 年 4 月，在柬埔寨合作成立西哈努克港工商学院，开展为期 4 个月至 4 年的职业教育，为当地特区培养企业管理、物流管理、信息技术、电子商务等专业技术技能人才。广东建设职业技术学院（以下简称“建设职院”）与中国有色集团合作，于 2019 年建成“赞比亚鲁班学院”，形成职业教育“校企协同海外办学”模式，是教育部职业教育“走出去”的首批试点院校。该院按照“学历教育 + 技能培训”的方式，先后派遣 10 批次、30 人次教师赴赞比亚，面向中国有色集团赞比亚本土员工开设

17 期架子工、焊工、计算机、专业汉语等技能班，培训学员 500 余人；招收建筑技术专业赞比亚留学生，已于 2019 年正式入学。

表 1－2　2012—2019 年全国职业院校海外分校名单

序号	学校名称	海外分校名称	成立时间	所在洲及国家
1	顺德职业技术学院	顺峰烹饪学院	2012 年	亚洲－马来西亚
2	重庆城市管理职业学院	柬埔寨经济管理大学职业教育中心	2012 年	亚洲－柬埔寨
3	广东农工商职业技术学院	泰国学习中心 柬埔寨学习中心	2015 年	亚洲－泰国 亚洲－柬埔寨
4	北京信息职业技术学院	埃及苏伊士运河大学分院	2015 年	非洲－埃及
5	宁波职业技术学院	中非（贝宁）职业技术培训学院	2016 年	非洲－贝宁
6	天津渤海职业技术学院	鲁班工坊	2016 年	亚洲－泰国
7	江苏海事职业技术学院	几内亚江苏海院韦立船员学院	2016 年	亚洲－几内亚
8	山东外贸职业学院	太平洋路德大学海外分校	2016 年	北美洲－美国
9	金华职业技术学院	卢旺达穆桑泽国际学院	2017 年	非洲－卢旺达
10	浙江交通职业技术学院	鲁班学校	2017 年	非洲－喀麦隆
11	浙江经济职业学院	柬创院国际教育中心	2017 年	亚洲－柬埔寨
12	柳州铁道职业技术学院	泰中轨道交通学院	2017 年	亚洲－秦国
13	广州铁路职业技术学院	亚欧高铁合作学院	2017 年	亚洲－白俄罗斯
14	深圳职业技术学院	普罗夫迪夫大学－深圳职业技术学院职业教育中心	2017 年	欧洲－保加利亚

续上表

序号	学校名称	海外分校名称	成立时间	所在洲及国家
15	柳州城市职业学院	印尼中上汽通用五菱汽车教育培训基地	2017 年	亚洲－印度尼西亚
16	山东科技职业学院	东非（乌干达）国际学院	2017 年	亚洲－乌干达
17	无锡职业技术学院	宁朗（泰国）公司人才培养基地	2017 年	亚洲－泰国
18	淄博职业学院	中国淄博职业学院－柬埔寨职业教育中心	2017 年	亚洲－柬埔寨
19	无锡商业职业技术学院	柬埔寨西哈努克港工商学院	2018 年	亚洲－柬埔寨
20	邢台职业技术学院	敏布里职业技术学院语言中心	2018 年	亚洲－柬埔寨
21	常州工程职业技术学院	缅中友好职业技术学院	2018 年	亚洲－缅甸
22	温州职业技术学院	中柬丝路学院	2018 年	亚洲－柬埔寨
23	黄河水利职业技术学院	赞比亚大禹学院	2018 年	非洲－赞比亚
24	海南职业技术学院	海职院尼泊尔分校	2018 年	亚洲－尼泊尔
25	河北软件职业技术学院	冲之学院	2018 年	亚洲－泰国
26	山东理工职业学院	山东理工职业学院澳大利亚分校、孔子六艺学堂	2018 年	大洋洲－澳大利亚 亚洲－泰国
27	福州职业技术学院	ISBAUK 学院马来西亚分校	2018 年	亚洲－马来西亚
28	福建信息职业技术学院	泰中国际学院	2018 年	亚洲－泰国

续上表

序号	学校名称	海外分校名称	成立时间	所在洲及国家
29	北京农业职业学院	北京农业职业学院泰国分院	2018 年	亚洲－泰国
30	湖南交通职业技术学院	中泰国际学院	2019 年 2 月	亚洲－泰国
31	济南工程职业技术学院	海右国际学院	2019 年 4 月	亚洲－泰国
32	番禺职业技术学院	番禺职业技术学院珠宝学院分院	2019 年 4 月	亚洲－巴基斯坦
33	贵州水利水电职业技术学院	亚龙丝路学院	2019 年 5 月	亚洲－柬埔寨
34	郑州铁路职业技术学院	詹天佑学院	2019 年 6 月	非洲－南非东开普
35	无锡职业技术学院	马来西亚管理与科学大学汉语中心、泰中罗勇机电学院	2019 年 6 月	亚洲－马来西亚 亚洲－泰国
36	重庆城市管理职业学院	中泰（重庆）国际应用技术学院	2019 年 6 月	亚洲－泰国
37	上海城建职业学院	上海城建职业学院曼谷分院	2019 年 8 月	亚洲－泰国
38	哈尔滨职业技术学院	哈尔滨职业技术学院赞比亚分院	2019 年 8 月	非洲－赞比亚
39	湖南有色金属职业技术学院	湖南有色金属职业技术学院赞比亚分院	2019 年 8 月	亚洲－赞比亚
40	广东建设职业技术学院	赞比亚分院鲁班学院	2019 年 8 月	亚洲－赞比亚
41	铜仁职业技术学院	铜仁职业技术学院老挝分院	2019 年 11 月	亚洲－老挝

（来源：摘自《职业学院境外办学大步流星！48 所海外分校吹响职校国际化办学号角》，聚焦职教，2019 年 12 月 14 日）

其次，高职院校主动承担，参与相关职业教育国际标准的研制。最具代表性的是由教育部职业技术教育中心研究所牵头承担，农工商学院、唐山工业职业技术学院等全国100多所院校参与研制完成的亚太经合组织“职业教育系统开发绿色技能”标准项目。该项目是我国21世纪以来申请到的第一个APEC职业教育项目，旨在将绿色、节能、环保、可持续发展渗透到职业教育与培训体系的全方面和全过程，以培养具有绿色技能的技术技能人才，进而促进社会的可持续发展。这是中国职业教育对亚太地区乃至世界职业教育做出的重大贡献，也是职业教育标准体系“走出去”的典范。除此之外，全国一些高职院校充分发挥自身专业优势，参与了全球行业产业相关标准的研制工作；农工商学院牵头成立全球华人营销联盟职业教育委员会，着手推动东南亚地区职业教育市场营销专业标准的开发研究。建设职院依托中国职业标准，结合赞比亚当地需求，编制教材、研制专业教学标准；为企业编制相应岗位标准、生产操作标准等，探索出“技术标准引领职业标准、职业标准引领职业教育标准”的中国标准“走出去”路径。

实践证明，高职院校通过特色国际化办学，既提升了中国职业教育的国际影响力，也促进了自身的国际化程度迈上新台阶。

案例分享1

建设赞比亚鲁班学院　践行职教“走出去”

广东建设职业技术学院与中国有色集团合作，成为教育部职业教育“走出去”的首批试点院校。四年来，建成中赞职业技术学院鲁班学院，形成职业教育“校企协同海外办学”模式，成为中国职业教育“走出去”典型案例。办学成果得到赞比亚政府、当地人民、中资企业的高度肯定，相关经验入选《2018年中国高等职业教育质量年度报告》，并在《光明日报》《中国教育报》等媒体平台上报道。

“学历教育＋技能培训”，培养本土技术技能人才。先后派遣10批次、近30人次教师赴赞，面向中国有色集团赞比亚本土员工，开设17期架子工、焊工、计算机、专业汉语等技能班，培训学员500余人；首届高职学历建筑技术专业学生于2019年正式入学。

研制教学及生产标准，弥补当地空白。依托我国职业标准，结合当地需求，编制教材、研制专业教学标准；为企业编制相应岗位标准、生产操作标准等。探索出“技术标准引领职业标准、职业标准引领职业教育标准”的中国标准“走出去”路径。

融入文化认同教育，促进民心相通。组建教学及实践经验丰富的优秀教师团队，实施“主讲+助讲”的团队教学法，培养符合中国企业海外生产经营需求的本土人才。融入中华文化认同教育，使员工认同中国企业的行为，培养符合中国企业海外生产经营需求的本土人才，为中赞民心相通、文化交融做出贡献。

2018 年“一带一路”鲁班学院研究中心成立

建设职院教师为赞比亚学员授课

第三节　农工商学院国际化办学路径

相比全国高职院校国际化进程，农工商学院既有与全国高职院校国际化探索的共性，也有自身独特的个性。农工商学院的国际化办学跨度时间长并呈现出以下几个明显特征：国际化办学尝试于“请进来”的涉外项目培训，起步于德国“双元制”教育的学习交流，成长于英国 BTEC 证书的教育合作项目，发展于亚太地区尤其是东盟国家的教育合作交流，从“请进来”到“走出去”，从教育理念国际化、专业课程国际化、学生培养国际化、教师发展国际化、社会服务国际化，再到标准体系国际化及其职业教育优质资源输出等方面，迈出探索、创新的积极步伐。

一、国际化办学尝试期

20 世纪八九十年代，随着改革开放的深入，农工商学院充分发挥地处改革开放前沿和毗邻港澳的区位优势，积极开展教育的对外合作与交流。按照农垦系统要求，先后与世界银行经济发展学院举办“外向型农业企业研习班”“世行项目分析管理研修班”“农业政策分析师资班”等进修班，来自全国11个省市农、林、水、农行及农垦等行业干部、专家学者、大专院校教师等200多人先后参加了学习；与丹麦举办中丹种子培育技术培训班；经广东省高教厅批准“与美国康辛顿大学结成姐妹学校”，与香港中文大学、美国西卡罗来纳大学等境（国）外大学开展包括教学管理人员、骨干教师和学生在内的交流活动，聘请美国西卡罗来纳大学16位博士担任客座教授等；在农场经营管理、商业企业管理、工业企业管理等全日制学历教育相关专业班中开设外向型经济管理课程，自编讲义，组织调研中外合资合作及“三来一补”经营管理典型案例，积极培养国际化经营管理人才及农垦外向型后备干部。这一阶段主要服务于改革开放的需要。

二、国际化办学起步期

进入21世纪后，为了更好地适应学院办学转型需要，学习借鉴国际先进职业教育理念、人才培养模式和教育教学方法等，农工商学院把视野推向全球，先后选派管理骨干、专业教师赴德国、英国、美国、澳大利亚、新西兰、新加坡等国和香港地区培训学习和考察交流。2001年7月起，与德国“F + U”职业教育中心合作，在全国高职院校率先开启教学管理人员培训、教师交流及学生海外实习，累计有30多批近500名师生员工赴德国学习、交流。2007年9月起选派骨干教师赴美国半岛学院进行为期一学期的培训，2015年3月选派骨干教师赴新西兰UNITEC理工学院进行为期半年的访学。据统计，学院先后选派16批40多名“双语”教师赴国外学习。此外，学院先后选派中层正职、教学管理骨干、专业负责人、优秀教师赴德国、芬兰、澳大利亚、意大利、新加坡等国参加国家留学基金管理委员会出国研修项目、省教育厅高职院校国外培训项目和学院单独组织的培训项目，内容包括职业教育与管理、办学理念与教学管理、高等教育教学教法、高职品牌专业负责人能力提升、大数据技术在现代农业生产中的应用、工业4.0背景下的绿色技能开发、职业院校校长能力提升、NYP办学理念与院校管理等专题培训，累计200多人次。

三、国际化办学成长期

事实上，国际化办学成长期与起步期的学习借鉴可以说是紧相随的。其突显在当许多职业院校还在犹豫甚至怀疑时，农工商学院已开始大胆引进了国际先进的职业资格证书及其人才培养模式。2002 年 5 月与英国爱德思国家学历及职业资格考试委员会合作，引进了 BTEC 证书项目。同年 9 月被广东省教育厅确立为中英职业教育合作试点项目。经过多年实践，农工商学院 BTEC 证书项目取得了意外收获，不仅推动校内教育教学改革，而且带动全省乃至国内高职教育的改革。国际化交流、教育质量及学生与教师的整体素质得到了大幅提高，获得国内外业界的广泛认同。“引进 BTEC 教育模式，推进高职教育教学改革”项目被教育部高职高专人才培养工作水平评估专家组认定为“创新项目”。具体将在第四章详细分析讨论。

四、国际化办学创新发展期

2007 年起，农工商学院研判自身所在行业、区位、人文优势，提出了“扩大东南亚职业教育等方面交流与影响”的目标。而广东农垦橡胶产业在东南亚地区的快速推进、高质量发展，以及“一带一路”倡议，既向农工商学院提出了新要求，也坚定了农工商学院“走出去”的信心，拓宽了国际化办学的思路：开设东南亚语种课程、成立南亚热带农业职业教育集团、组织骨干教师赴海外企业挂职锻炼、增加学生赴东南亚地区海外实习项目、创设东南亚地区学习中心和东南亚研究所等，创新推进东南亚教育合作项目；以实践个案为例，向国家部委提供“中国高职院校走进东盟国家”的政策建议等。农工商学院国际化办学发展，受到各级政府、媒体、教育主管部门和全国高职院校的广泛关注。“国际化”与“农字”成为各主流媒体对农工商学院报道的“标配热词”。这一阶段可以说主要是创新服务“产业走出去”的需要。具体将在第六章详细分析讨论。

新闻链接 3

紧跟“一带一路”倡议，推进东南亚国际项目

为了认真贯彻落实习近平总书记所提出的“一带一路”倡议，紧跟广东农垦“走出去”的发展战略，履行“垦区产业到哪里，学院服务到哪里”的历史使命。2014 年 7 月 20—27 日，广东农工商职业技术学院党委书记杨群祥教授，带领热作系、国际交流学院、外事办等骨干组成项目团队，前往泰国、柬埔寨两国推进东南亚国际项目建设。

1. 构建学院东南亚学习中心，夯实社会服务国际化项目

泰国学习中心挂牌

7月21日、27日，项目团队先后在泰国、柬埔寨举办“广东农工商职业技术学院泰国学习中心”“广东农工商职业技术学院柬埔寨学习中心”挂牌仪式，并开启了在当地为海外企业员工培训的新模式，获得广垦橡胶泰国公司总经理林荣胜、广垦沙墩公司总经理严志雄和广垦橡胶柬埔寨公司总经理李文炎等的大力支持和高度认可，认为东南亚学习中心的建设切合“在东南亚新建一个广东农垦”的发展战略。

2. 推进东南亚高校国际交流，探索学生培养合作项目

梁志坤老师为广垦泰国员工讲授橡胶加工技术

随着“一带一路”倡议及“中国－东盟教育交流”的深入，农工商学院国际交流合作的视野逐步转向东南亚地区高校及企业。项目团队分别前往宋卡王子大学、泰国博仁大学、沙墩农业职业学院等，商洽两校在教师、学生、专业技术人员培训等领域交流与合作的方式，并签署合作协议，计划开展教师访学挂职、学生互换培养及赴泰国企业顶岗实习等项目。

3. 服务广东农垦海外产业，建设东南亚实习基地群

农工商学院党委书记杨群祥等考察广垦橡胶柬埔寨种植基地

项目团队先后到泰国广垦橡胶有限公司沙墩、董里、泰南3个橡胶加工厂考察，并走访了农工商学院在此进行生产管理、市场运行、财务管理的8名实习生。此后，还对广垦国际（柬埔寨）有限公司的橡胶种植产业进行深入调研，一天驱车10多个小时前往柬埔寨东北部原始森林深处的广垦橡胶柬埔寨春丰公司，目睹了长

势喜人的112万亩橡胶树种植基地，以及年出苗100万株的广垦柬埔寨农业科技公司橡胶树育苗基地，在为垦区海外企业“跨出去”取得骄人业绩而祝贺的同时，进一步磋商了作物生产技术专业学生在柬埔寨基地进行橡胶嫁接、苗木培育，以及会计等专业学生顶岗实习的项目。

农工商学院东南亚国际项目是在广东省农垦总局、广东省广垦橡胶集团有限公司等的关怀和支持下、学院各级各部门协同创新下成功启动的，相关部门将严格按照学院党委指示的战略部署，使学院发展主动适应广东农垦经济发展，努力朝“省内一流、全国知名、东南亚有影响”的高等职业院校的目标迈进。

（来源：广东省教育厅网站，2015年10月9日，有删减）

五、国际化办学提质升级期

在教育部“三年行动计划”的引导下，结合《广东省人民政府关于创建现代职业教育综合改革试点省的意见》（粤府〔2015〕12号，以下简称《试点省意见》）的要求，农工商学院出于积极参与国际职业教育交流与合作、创造条件向东盟地区输出优质职业教育和提升职业教育国际话语权的思考，再次深化与布局国际化办学：策划组建专业教育国际组织、争取承担职业教育国际标准研制，以及通过服务“走出去”的农垦企业，与当地职业院校建立合作交流，建立校－企－校工作机制，共建共享优质职业教育资源，探索输出路径，促进国际化办学全面提质升级。具体将在第六章详细阐述。

案例分享2

积极参与国际交流，展示广东职教风采

2015年9月18—19日，由教育部和广西壮族自治区人民政府共同主办，以“合作培养人才，助推‘一带一路’”为主题的“2015中国－东盟职业教育联展暨论坛”在广西南宁举办。东盟10国代表团成员以及来自英国、法国、新西兰、韩国、东帝汶等特邀国的代表团成员，教育部有关司局领导、中国香港与台湾地区代表、各有关省（市）代表、国内70多所高校代表、职业教育专家、企业特邀代表等400余人出席了本次联展。受广东省教育厅委派，农工商学院作为广东省职业院校唯一代表，由副校

长熊焰带队，热作系陶正平主任、聂燕华老师及学生代表带着自主研发的食品及农业加工产品参加了联展。

教育部副部长鲁昕参观农工商学院展台

教育部职业教育与成人教育司巡视员等参观农工商学院展台

农工商学院学生创业创新产品吸引了领导、同行的驻足观看、品尝。教育部副部长鲁昕亲临农工商学院学生创业作品展示台，深入了解了产品制作和推广情况，对学生作品给出较高评价，勉励同学们再接再厉，创作更多、更好的产品。教育部职业教育与成人教育司巡视员王继平、广东省教育厅高教处调研员吴念香、广东省教育厅高中职处调研员吴艳玲、广西壮族自治区教育厅副书记秦敬德、泰国教育部职教委员会教育专员美兰女士等均对我院产品表达出浓厚兴趣，对我院开展的创业创新教育给予高度评价。

此外，马来西亚精英大学、泰国拉查蓬大学、印尼建国大学等东盟同行院校及我国台湾首府大学，在现场就学生创业产品开发思路及开发平台、我校学生技能培养方式等进行了经验交流，表达了开展更多形式交流的期望。

农工商学院热作系学生创新创业工作室自主开发的6件具有热带产业特色的产品参加展示评比，与参会的全国各高职院校提供的产品同场竞技。经过激烈角逐，创下了共获一等奖2个、二等奖1个、三等奖1个的佳绩。

第二章

高职院校国际化的个性分析

个性通常是讲人的个性，亦称“人格”，是反映某个具体人的一些意识倾向并与其相联系的稳定而独特的心理特征。事实上，高职院校办学国际化也有个性，而且其个性的形成与人的个性养成一样，除了基因因素外，也深深地烙上了自身办学的条件、机遇、经历、文化、视野和目标等因素。同时，高职院校国际化办学是新生事物，需要从理论准备、条件创造和能力提升着手。而农工商学院对高等教育日益国际化的思考和形成国际化办学个性，可以追溯到学院转制前对高职教育办学定位、制约因素、发展路径及对策的思考，对参与粤港澳地区教育合作的思考，对依托并服务农垦产业发展的思考和对自身办学特色的考量等。

第一节　高等职业技术教育探析①

在21世纪科学技术突飞猛进的发展和知识经济的背景下，深化高等教育改革，尤其是大力发展高等职业技术教育（目前已统一简称“高职教育”）是时代的需要。遵循“三个有利于”，即：有利于高等教育结构的调整和已有教育资源的合理利用，有利于中等教育结构的调整和中、高职业教育的相互衔接，有利于培养基层和农村需要的高层次人才。为贯彻“区域经济和科教兴国第一线服务”的指导思想，根据广东增创新优势与农工商学院发展的实际情况，将管理干部学院改制为职业技术学院，是改革、调整中的相较最优的选择，是必要而可行的，并对成人高等教育改革有重大的现实意义。

---

① 原载于《广东农工商管理干部学院学报》，1999年第3期。

一、高职教育是深化高等教育改革的需要

1. 高等职业技术教育是高等教育的重要组成部分

按照联合国教科文组织 1997 年颁布的《国际教育标准分类法》界定，高职教育的课程内容是面向实际分具体职业的，目的是让学生获得从事某个职业、行业或某类职业、行业所需的实际技能和知识，完成这一级学业的学生一般具备进入劳务市场所需的能力与资格。目前，我国教育发展水平不仅偏低，而且教育结构和体制、教育观念和方法及人才培养模式等仍不能适应国内现代化建设需要，出现经济建设急需的高层次的技能型、应用型人才的断层；数千所中职、中专学校，一百多万毕业生没有相应的院校、深造的机会来衔接。对此，中共中央国务院在《关于深化教育改革全面推进素质教育的决定》中指出："要大力发展高等职业教育，培养一大批具有必要的理论知识和较强实践能力，生产、建设、管理、服务第一线和农村急需的专门人才。"通过现有高等教育体制改革和布局结构调整，优化教育资源配置。一是对现有普通高校进行重新定位，体现"抓大放小"，国家主要抓好本科及其以上的学位教育，把专科层次及其以下的教育授权给省、市，以进一步扩大省级政府对发展高等教育的决策权、统筹权，使教育更好地适应本地区域经济的发展。二是对现有的职业大学、专科学校和独立设置的成人高校进行改革、改组和改制，发展高等职业技术院校，并从招生指标、招生对象、经费扶持、收费标准等相关政策措施来促进高职教育，从专业及学校个数的增量来加大高等职业技术教育的发展。

根据国家《高等教育法》规定的学业标准，专科教育应当使学生掌握本专业必备的基础理论、专门知识，具有从事本专业实际工作的基本技能和初步能力。它有别于本科教育追求学科理论的系统性及研究能力的培养。中国高等专科教育的目的是培养生产和工作第一线的高等应用型人才，在教学工作中强调理论知识的应用和实践动手能力的培养，其基础理论教学以应用为目的，以必须够用为度，以讲清概念、强化应用为教学重点，专业课程强调实用性和针对性，实践教学占总学时的 1/3 以上，专科教师应当具有较强的专业实践工作能力。以上是高职教育改革方向的要求。今后，普通高等专科教育将以发展高等职业技术教育为主体，一方面，国家将分期分批把现有普通专科学校的专业改革为高等职业技术教育专业；另一方面，专科学校今后新办专业主要是发展高职技术教育专业。

图 2-1　2000 年 11 月 22 日，杨群祥副教授与韩国崇实大学李永实教授进行学术交流

2. 高职教育是拓宽求学及就业市场的需要

高等教育市场具有一般市场的经济意义。由于高等教育不是义务教育，其投资者、经办者是国家或集体（私营），直接受益者是受教育者本人，其次是社会。按照“谁受益、谁负担”的基本经济原则，受教育个人或家庭承担了部分教学成本。以“交换”获取了知识，满足了欲望。当然，这个“交换”还不是等价交换。尽管如此，学生缴费上学，无论其承担多少费用，有缴费就是投入，有投入就要有回报，以较小的投入获取较大的回报是一个非常现实的经济现象。受教育者的投入回报来自于就业机会，受教育者为追求较好的就业机会，参与了高等教育市场的交换。

中国的高等教育市场有较大的潜在需求。中国人尊重教育，为了小孩能上大学，家长们宁可省吃俭用、四处借钱。改革开放后，家长们在经济上有了较大的承受能力。一些家长为中学阶段就读子女择校读书都愿意花上数万元，更何况子女上大学。据国家统计局和中国景气中心居民储蓄消费意愿调查结果表明，居民储蓄的 10% 准备用于教育支出。若按国内居民储蓄存款总额 5 万亿元测算，将有 5 000 亿元投资于教育。另据国外研究资料表明，在人均国民生产总值从 1 000 美元到 3 000 美元的发展阶段是高等教育线性上升的时期。照此推算，广东省高等教育已进入一个快速上升的时期。事实上，由于国内高等教育市场的供给严重不足，已有越来越多的家长们因望子成龙望女成凤心切，不惜每年花几万甚至几十万元的投资，送子女到国外深造。

高等教育已是现代人的普遍需求，但随着高等教育的大众化，人们将重新认识、评价现有的高等教育。因为一种东西（同一层次的高等教育）的普及，意味着这种东西的特殊意义将越来越小。换句话说，今后，因拥有某种学历而带来的荣誉将越来越微小，更多的是追求这种学历的内涵：知识的适应性和就业的机会。身怀一技，受益终生。今天的受教育者越来越关心教育所提供的就业机会，并将是否获取较好的就业机会作为择校、择专业的先决条件。新型的职业技术学院要求与工商企业界密切联系，其专业定位和课程设计要反映现代职业领域的最新状态，为学生提供优质的中学后教育和职业导向。

3. 改制为高职教育是农工商学院发展的最优选择

管理干部学院作为专科层次的学校，改制举办高等职业教育，从客观需要到自身发展都是最优选择。换句话说，高职教育是农工商学院希望所在。成人教育曾为学院创造过辉煌，为今后的发展奠定基础，继续“斷守”成人教育也不敢说就办不下去，但可以断言，至少发展空间不会再扩大，而且难有突破。走高职教育之路，除了社会需要外，还将使我们梦寐以求的“向普高发展”的构想变为现实，并有可能打通办“本科教育的路子”。调研表明，学院创建15年，坚持“难中求进，进中求优”的指导思想，不断探索，在实践中积累了较丰富的成人高等教育的教学与管理经验，建立了较完善的治校、治教、治学的规章制度和运作程序，被视为办学基础较好、有较大发展潜力，可作为省内第一批独立设置的成人高校改制为职业技术学院的院校，这是值得全院教职工庆幸、自豪的，学院党委前瞻性的思维、周密性的论证，更表明了农工商学院对高等教育事业所有的热忱与高度责任感。

二、制约高职教育发展的主要障碍

专科教育发展以高职教育为主体，致力于培养生产和工作第一线的高层次的技能型、应用型人才已得到教育界人士的普遍认同。然而目前还存在着许多障碍，制约着高职教育的发展。

障碍之一：社会认识不到位。首先，尽管在西方国家高职教育有很大的吸引力，也尽管国内的高职教育有许多创新，较能适合社会需要，但由于其产品尚未在国内人才市场上叫响，甚至连产品都未面世，因而易被人怀疑。其次，国内现有的中等教育结构中的职业高级中学与普通高级中学相比，前者比后者低、差，已成为人们固有的认知模式，两者办学层次与社会认可程度上的差异，客观上也会类推到高等职业技术教育。

障碍之二：高职教育投入大。根据发展中国家对教育成本的统计表明，高职教育专业的投入是普通高等教育专业的2.64倍。按照国内高等职业学校设置的要求，职业技术学院要配备与专业设置相适应的必要的教学仪器设备，仪器设备总值不少于1 000万元，每个专业必须在校内拥有相应的技能训练、模拟操作场所和稳定的校外实习、实践活动基地。成人高校改制为职业技术学院的跨度较大，原有的投资渠道较窄、投入较少，而地方政府又没有明确的投入。这对于一所行业办学、缺少政府投入的学院，要创办出一所有特色的职业技术学院无疑有很大的难度。

障碍之三：师资建设有一个适应过程。职业技术学院要求副高级专业技术职务以上的专任教师人数应不低于本校专任教师总数的15%，每个专业至少配备副高级专业技术职务以上的专任教师2名。从事高职教育工作的教师，不仅要有扎实的专业理论基础，也要有熟练的专业技能技术，且能做到理论与实践融会贯通地施教，即既是一个好教师又是一个合格的工程师（农艺师、经济师、工程师……）。这种学深艺高、能讲会做的“双师型”模式是高职教育教师的显著特点。成人高校自创办以来，强调了理论联系实际的教学，许多教师也来自实践部门，但毕竟与新办的高等职业技术教育模式尤其是新办的工科专业的师资要求有很大的差距，而学校也不可能大进大出地更新师资队伍。

障碍之四：招生对象的不确定性。高等职业技术教育既面向应届高中毕业生，又面向中专、中技和职中应届毕业生。各类学生报考以就业机会的大小好坏选读专业，而高考招生制度的改革又使学生要依据专长来报考。反映在报考科目上，过去每个专业只是分文史、理工、外语、艺术、体育5类招生，现在应届高中毕业生要从政治、地理、历史、化学、物理、生物6类科目中选考，应届中专、中技、职中毕业生则要从电子技术、电工、美术、会计、管理学、心理学等13类科目中选考。特别是中考、中技、职中几乎是专业应用型特色教育，教学内容、选用教材五花八门，难以应试。限制因素愈多，学生愈难报考。想读计算机应用与维护却因完全没有学过电子技术而不能报考，想报考农工商学院却因未招其准备的科目而不得不放弃。这使招生对象更加分散、更加不确定，招生宣传工作变得更加复杂。

障碍之五：就业机制滞后。按新机制、新模式运作的高职教育所培养的学生，就业完全市场化，要求举办院校要有较好的就业网络。但就目前看，成人高校普遍存在就业机制滞后的问题，既没有常设的就业指导中心，也没有专职的就业辅导员。学生毕业就业推荐工作做了一些，花了不少钱登报，但都是随机的、被动的，而且用人单位层次都比较低，专业素质要求不明显，如此下去势必影响职业技术学院知名度的提高。

三、管理干部学院改制为职业技术学院重在内涵建设

为适应科技进步与经济、社会发展的需要，国内发展高职教育走重在改革、以内涵求发展之路，这是依照中国国情提出来的，农工商学院的情况同样如此。学院举办高职教育不能另起炉灶，也不可能大兴土木，而必须立足于现有基础，充分利用现有的潜力，以内涵求发展，在创新中形成办学特色。

第一，准确定位，办出特色。高等职业教育是高中阶段教育基础上进行的一类专业教育，是职业教育的高层次，其培养目标是服务于生产一线的高层次人才。这类人才主要作用是将成熟的技术和管理规范变成实际的生产和服务。明确了高等职业教育的职业性、应用性，将有利于对学院办学进行功能定位。农工商学院培养的人才是实践实用型的，而不是理论研究型的。高等职业技术教育的学生相对于普通高校的学生来讲基础较差，但理论学习不行并不等于其他学习都不行，相反可能是动手能力很强的人才。若加以开发培养，因材施教，就有可能为各行各业培养出急需的应用型人才。根据经济和社会发展的需要以及现有的教育资源，学院应创办为以电子信息为核心，辐射农业科技、自动化、通信、商务、财经等岗位群的文理兼容的多科性的职业技术学院，并在发展高等职业技术教育中，积极探索，牢记“要有位，先要有为”，同时“有所为，有所不为”的原则，办出新的特色。

第二，专业设计实行动态管理。要创立有特色的职业技术学院，首先要有一定的重点学科、拳头专业。重点学科、拳头专业的建设需要长期的努力、稳定的发展。但任何事物的发展都不是绝对的，不变是相对的，变是绝对的。高职教育的高度市场化，要求专业设计应根据社会发展需要及时调整，即使专业名称没有变化，但在培养方向、课程设置、教学内容等方面都要灵敏地反映社会、行业发展的最新状态和实际需要。因此对高职教育的专业设计必须实行动态管理，使其具有超前性、科学性和较强的针对性。学院有必要加强专业委员会建设，有足够的人力、专业素质评估的标准、设计新专业的能力。就近期而言，宜以学院原有专业基础为依据开设专业，如计算机应用与维护、应用电子技术、会计电算化、涉外英语、市场营销策划与实务等。今后则可考虑开设电子商务、通信技术、办公自动化、家用电器维修等专业，而且不只是学历教育，还应积极开展职业技能培训业务。

第三，教学方法和手段创新。这是形成办学特色的关键。高职教育突出理论知识的应用和实践动手能力的培养。基础理论的教学以应用为目的，以必须、够用为度，重点是掌握概念、强化应用。专业课的教学则要加强针对

性、应用性。教师授课只要讲清基本理论，采用启发式教学而不搞“满堂灌”。农工商学院过去办成人专科教育，积累了不少经验，办学注重理论联系实际，注重培养应用型、复合型人才，与高职教育相近。一些教学方法，如案例教学法、角色扮演法、现场实践法和小组分析讨论法等，也是较成功的。由于案例教学法具有高度的模真性、能动性和创见性，是加强学生理论联系实际的有效教学方法，应积极推广，并建立包括选题、编写、应用、建档、教研等在内的较完整的案例教学系统。鉴于学生来源多样化，既有普通高中，又有中专、中技和职中，知识结构、水平有较大差异，应注意因材施教。学业考试以能力考核为主，常规考试与技能测试相结合。条件允许后，要推行学分制，加大办学的灵活性。

第四，加强师资队伍建设。高职教育的特点使原有的师资结构和传统的配备方式已明显不匹配。学院应以专任教师为骨干，兼、聘教师为主体，专兼聘结合，建设一支适合新模式、新机制的专业配套的、“双师型”的高素质教师队伍。要对原有教师进行调整优化，加强对中青年教师的培养，包括进修提高、转岗学习和实际操作能力训练等。高等职业教育要求教师学深艺高、能讲会做。学历是必要的，更重要的是要有直接工作体验，有较强的动手能力和解决问题能力。所以，应有计划地创造条件，鼓励专业骨干教师到实践部门挂职或兼职锻炼，掌握来自生产第一线的信息。加强与企业合作，建立重点企业技术骨干聘用网络，建立稳定的兼职教师队伍，这是办好职业技术教育的关键性工作。

第五，建立招生、就业及合作等新机制。随着招生规模的扩大，应拓宽思路。成人教育应考虑开设业余、夜大等教育形式，加大联合办学的力度；高职招生工作不能停留于一般的宣传、鼓动，应有一个深层次的突破，特别是主动与中专、中技和职中挂钩，对口招收、计划衔接，注意招考科目和专业设置的贯通与合作。事实上，这类学校也有强烈的协作愿望。这样可起到事半功倍的效果，而且令生源及其质量较为稳定；进一步创造条件实行“五年一贯制”和本科层次的高职教育；与企业“联姻”，建立一种互惠互利的供需关系。学院为企业培养、培训各类生产、技术人才，企业为学院提供人才需求信息、设备资源、实习场地和实习指导教师等。毕业生就业好坏是衡量一个学校办学水平高低的重要标志。许多成功的院校无不重视这一工作，投入了大量的人力、物力和财力，学院应设立就业指导中心，配备具有较高素质的人员，挖掘各方面的潜能，尤其是历届校友的作用，与用人单位建立广泛的联系，加强就业需求网络的建设工作，建立、完善捐赠、捐助机制，包括捐助项目的创意，接受捐赠、捐助的条例制度等。

案例分享 3

学生实习东南亚，助推产业走出去

广东农工商职业技术学院紧跟广东农垦“产业走出去”的发展步伐，履行“垦区产业发展到哪里，学院专业服务就到哪里”的历史使命，发挥办学优势资源，为垦区海外分公司和东南亚职业教育输送技术和人才资源。自 2011 年起，面向全校学生推行东南亚语种选修课程，开设了泰语、柬埔寨语、马来西亚语等课程，为学生赴东南亚海外实习奠定了语言基础；先后在泰国、柬埔寨和马来西亚等国家，建起了 1 个热带农业职业教育基地、3 个海外学习中心、12 个学生实习基地，累计为广东农垦海外企业选送了近 70 名优秀顶岗实习学生。同时，积极引导学生毕业到广东农垦海外企业建功立业。学校 2012 届作物生产技术专业优秀毕业生陈峰同学长期扎根海外，现已成长为广垦橡胶柬埔寨橡胶种植基地技术负责人。

广东农工商职业技术学院将继续紧跟我国“一带一路”发展的步伐，校企双方携手进一步建设老挝、缅甸等实习基地和学习中心，组织更多的教师和学生参与企业经营管理，为国家“一带一路”倡议实施出一分力。

学生赴泰国实习

学生赴柬埔寨实习

学生赴马来西亚实习

第二节　积极参与粤港高等教育的合作与交流[①]

香港回归，标志着中国人民洗雪了香港被侵占的百年耻辱，开创了香港和祖国内地共同发展的新纪元，同时也为广东高等教育发展带来历史性的大机遇。粤港作为同一主权国家之内的兄弟省区，如何加强合作与交流，携手并进、共同发展两地高等教育将是一个值得探索的新课题。同时，如何抓住粤港高等教育合作与交流的契机，寻找农工商学院办学发展新的增长点，亦是摆在全体师生面前值得思考的一个重要问题。

一、充分认识粤港高等教育合作与交流的必要性

广东毗邻香港，粤港关系历史悠久，无论是经济还是文化，都有千丝万缕的联系。加强粤港高等教育合作与交流，是增强民族意识，顺应区域经济发展，深化高等教育体制改革，充分发挥各自教育资源优势，推进教育面向现代化、面向世界、面向未来的必然要求，也是切实可行的举措。

1. 粤港高等教育交流与合作，是培养民族意识和爱国主义思想的客观要求

高等教育是培养经济建设人才的基地，也是培养民族意识和爱国主义思想的重要阵地。现在和今后若干年培养出来的学生是建设 21 世纪中华民族伟大事业的骨干力量。他们的思想道德、文化科学知识和身体心理素质如何，直接关系到未来中国的发展，关系到中华民族的千秋大业能否实现。骨干力量的培养，是粤港高等教育部门义不容辞的责任。但由于历史的原因，香港回归前是由英国霸占管辖，其高等教育目标具有双重性。一方面，要服从统治者的需要（放在首位），要为统治者培养人才，具体表现在长期淡化民族教育和中国历史文化教育；另一方面，又要从本港经济社会发展的具体实际出发，培养本港所需要的各种高级专门人才。如香港大学自创办之时起，就定位于为香港特权阶层培养人才，服务于港英政府及英商豪门。回归后，香港虽然实施“一国两制”“港人治港”的政策，但随着中国政府对香港恢复行使主权，客观上要求香港高等教育管理及其人才培养既要从港岛社会经济发展需要出发，又要加速强化民族意识，消除殖民统治意识。因此，对享有地缘、人缘密切关系的港岛两地高等学校，应在遵守《基本法》的前

---

① 原载于《教学与管理》，1998 年第 2 期。

提下充分发挥阵地的作用，以爱国奉献为主线，以基础道德为切入点，以合作办学、相互交流为渠道，大力开展爱国主义、集体主义、社会公德以及中华民族传统美德教育，提高师生的道德认知水平和道德实践效能，树立强烈的民族责任感。

2. 粤港高等教育合作与交流，是深化高等教育体制改革的具体要求

广东是全国高等教育体制改革的试点省，同时，“九五”期间要完成编写100种具有广东特色和国内先进水平的教材，建设300个达到国内先进水平的省级重点课程，建设500个产学结合的校外实习基地，取得20个在全国有较大影响、对提高教学质量有较大促进作用的优秀教学成果（简称“一三五二工程”），要进一步推进各种形式的联合办学，鼓励社会办学，拓展国际合作办学途径。加强粤港高等教育合作与交流，是贯彻落实“十五大”关于“要切实把教育摆在优先发展的战略地位”“要优化教育结构，加快高等教育体制改革步伐，合理配置教育资源，提高教学质量和办学效益”等精神，深化广东高等教育体制改革的重要举措。广东高等院校及主管部门应大胆尝试，创造经验，全面推进。这种合作与交流，必将拓展粤港两地高等教育发展的可选择空间，必将使我省的教育结构更加优化，教育投入更加有效，也必将推进我省高等教育体制改革和促进“一三五二工程”的实现。

3. 粤港高等教育合作与交流，是两地经济一体化的内在要求

随着香港的回归，粤港经济一体化已愈来愈明显。目前，广东引进外资中有75%来自香港，商品出口总额有50%进入香港，3万多家“三资”企业和2万多家“三来一补”企业中分别有80%和90%多由香港厂商创办；70%以上的香港制造业工场已迁入广东，产业升级依赖内地等。两地间的经济合作因香港回归祖国由过去的一般加工工业，扩展到商贸、金融、证券、基础设施、“三高”农业及高新技术产业等，由低层次的互补性合作转向较高层次的结构性合作。已有学者预测，科技合作将成为今后两地合作的主旋律。经济上的互结、互动，必然会引发教育的合作与交流；两地产业结构调整与产业升级、科技合作，迫切要求两地高等院校在人才培养培训方面共同合作、优先发展。我们必须清楚地认识到，只有实现教育，尤其是高等教育的合作与交流，两地社区间的合作与交流才是多元的、持久的。广东高等院校应充分发挥桥梁的作用，急经济所需，为社区服务，为香港的持续繁荣和内地现代化建设服务。

4. 粤港高等教育合作与交流，是我国教育面向现代化、面向世界、面向未来的必然要求

邓小平同志指出，教育要面向现代化、面向世界、面向未来。党的十五

大报告也明确提出，努力提高对外开放水平。对外开放是一项长期的基本国策。面对经济、科技全球化趋势，我们要以更加积极的姿态走向世界，完善全方位、多层次、宽领域的对外开放格局，发展开放型经济，增强国际竞争力，促进经济结构优化和国民经济素质提高。新中国成立48年的经验证明，开放是进步之良策，封闭是社会落后的病因。教育也不例外。教育，尤其是高等教育的对外开放是历史发展的必然。当今，高等教育日益国际化。其表现在科学知识无国界被越来越广泛地承认；环境、能源等问题越来越成为国际性问题；知识的传输越来越不受空间地界的限制。所以，顺应发展的潮流，高等院校就必须实行对外开放，这是时代的召唤，是教育面向世界的要求。香港高等教育及其管理有较高的国际化与现代化的水准，值得我们学习与借鉴。同时，香港高等院校可作为我省乃至全国高等院校通往世界的窗口。我们要充分利用这个窗口，吸收各国和地区高等教育发展与管理的经验，尽快与国际高等教育接轨。

5. 教育资源互补，使粤港高等教育合作与交流不仅是必要的，而且是可行的

粤港两地不仅有密切的地缘、人缘关系，更重要的是在教育资源上有极大的互补性。从总体上看，广东高等教育属内向、科研型，香港高等教育是外向、实用型。具体来说，广东高等教育办学历史较长，高教体系比较完备，学科门类比较齐全，高校基础理论教学也比较好，有较强的科研力量，注重引导学生全面发展，办学成本较低。但在管理体制、办学形式、教学与科研设备、教学实践基地和培养实际操作能力等方面有待改进。而香港高等教育的办学历史虽短，但自由港的优势和积极不干预政策，使其能较好地吸收世界高等教育发展与管理的先进经验，聚集一批具有国际影响的优秀专家学者，构建起符合市场经济体制要求的高等教育管理体制；办学与科研经费充足（仅香港科技大学1996—1997学年度的经费就超过16亿港元），拥有较现代化的教学、科研设备；师生实际操作能力、英语水平普遍较高，工业训练学院、成人业余进修中心遍布港岛，有较成熟的职业教育及其条件，学位较多，学校与国际联系较广泛，所颁授的学士、硕士和博士学位获世界各地高等院校承认等。但学科基础建设和科研力量欠缺，高等教育成本偏高（香港政府资助的大学生平均每人培养费为20.2万港元，约为广东省的十倍）。由此可见，粤港两地高等教育发展既有各自的优势，也有各自的不足，两地交织着极大的互补性，使合作与交流成为可行。图2－2所示为2003年3月，广东省教育厅高教处吴念香副处长带队到香港沙田教育学院考察交流。

图2－2　2003 年 3 月，广东省教育厅高教处吴念香副处长带队到香港沙田教育学院考察交流

二、抓住粤港高等教育合作与交流契机拓宽办学思路

党的十五大报告指出，要积极发展各种形式的职业教育和成人教育，稳步发展高等教育。结合成人高校现状，笔者认为广东农工商管理干部学院有必要对办学进行新的思考。即抓住粤港高等教育合作与交流的有利时机，以区域人才需求为导向，以现代职业体系为依据，适度发展富有特色的高等职业教育。其依据如下：

一是发展高等职业教育势在必行。现代学生越来越关心教育所提供的就业机会，将能否获取较好的就业机会，作为择校、择专业的先决条件。而高等职业院校由于与工商企业界联系密切，专业及课程设计反映了现代职业领域的最新状态，为学生提供优质的中学后教育和职业导向，毕业就业机会较大。此外经济建设和社会迫切需要技术应用、管理和服务的实用型人才，尤其是资金密集、技术密集的行业及经济发展的地区等更为迫切。顺应这一态势，日本推行了"生存能力"教育代替知识教育的职业教育变革，我国教育主管部门亦实施多项政策推动高等职业教育：改革、改组现有普通专科学校、成人高校，发展高职院校；今后一个时期，高等教育招生计划的增加部分将主要用于发展高等职业教育；高等职业教育招生对象为普通高中、各类中专、中等职业学校应届毕业生及具有高中文化的人员等，招生范围更大；实行教育经费倾斜政策，仅广东省高教厅（现在是"广东省教育厅"）每年就列出专项拨款数百万元。积极发展高等职业教育是我国教育改革与发展的重要组成部分，是实现“两个根本性”转变的客观需要。

二是成人高校现有的施展空间有限，有必要寻找发展的新增长点。成人高校一方面面对与具有绝对优势的普通高校的竞争，另一方面又面临自身点多专业窄的困扰。仅广东省就有成人高校 61 所，专业及层次乃至办学模式有雷同。学校的知名度、吸引力往往因校名及主管部门实力而定。而在这一点上，农工商学院优势不大，需要独辟蹊径、抢人先机、尽早定位。若与香港高等教育院校及专业协会、学会、考试局等合作办成人、职业类教育将是一个富有创意的机会点。因为，一来粤港地区工商企业界进入资产重组、企业转制、产业升级阶段，粤港经济行政管理部门需要业务衔接，成人教育压力陡然增大；二来先期与港方合作与交流的内地名牌大学，将退出成人学历教育、自考辅导和职业培训方面的合作（或者说让位于抢先一步、较有实力的内地成人高校），而转向本科、研究生等更高层次人才培养方面的合作。

三是农工商学院与香港中文大学等已有比较长期密切的合作关系。近几年来，学院与香港中文大学进行了学术互访、交流，尤其是农工商学院选派教师前往进修人次比较多，有一定的合作基础与经验。部分骨干教师被选派参加香港专业职业资格培训工作（见图 2－3）。必须把这种合作引向深入，提高合作层次和紧密度，把握粤港高等教育合作与交流的有利时机，以合作办学为切入点，提高综合办学实力，跻身成人高校强手之列。

图 2－3　2006 年 10 月，杨群祥教授赴香港（柴湾）专业教育学院进行营销师职业资格培训

四是交通通信条件改善，农工商学院具备了办业余或夜校的能力。现代经济社会要求人们离校不停学、学习不离岗。因而相当一部分学生选择半脱产、业余或夜校等形式学习。粤垦路开通后，农工商学院将纳入快节奏的都市圈，因而应拓宽办学路子，学历教育与非学历教育并举，以脱产学历教育为主，适当扩大自考辅导及业余学历教育或夜校（培训）等，以充分利用现有教育资源，提高办学效益。

此外，以农工商学院现有的办学格局及经验，已具备举办高等职业教育的条件。多年来，农工商学院坚持以改革求质量，以质量促发展，从严治校、从严治教、从严治学，总结了一套培养复合型实用人才的经验，成功举办了多期世界银行项目、全国工商管理等培训班。可以说，农工商学院目前的办学已经是高等职业教育的一部分。

三、开展粤港高等教育合作与交流的对策

与香港高等院校及相关机构合作，适度发展高等职业教育是农工商学院应有的办学思路，如何办成特色院校又是对策问题。目前农工商学院应从以下几个方面入手：

第一，与香港高等院校及专业协会、学会、考试局等合作办学，拓宽办学渠道。首先是互招学生、分阶段教学，相互承认课程和成绩，达到毕业要求的，合作双方共同颁发毕业证书。事实上，香港回归祖国后，香港青年学生较以往更热衷于报考内地高校，而省内经济条件较优的学生亦有报读并获得香港高教文凭的愿望。其次是互聘教师，共建实习基地和联合申报科研课题等。同时，我们要清楚地认识到，合作与交流的目的在于学习香港同行的先进管理经验、办学模式和教学方法等，借鉴与吸收各国教育哲学的积极成分，充分发挥各自资源优势，互相促进、共同提高，不是“谁靠谁”的问题，更不是“谁兼掉谁”的问题。在具体运作中，严格按照《中华人民共和国香港特别行政区基本法》（以下简称《基本法》）规定和“一国两制”的精神，加强合作。

第二，实行动态办学机制，确保专业、课程合理化。高等职业教育主要是培养实用型、技能型人才。它是一种以职业知识、理论及职业技能为教学内容的非学科性教育，与现有成人教育相比，应压缩基础课、专业基础课，增加职业技能训练课。课程设计是成熟技术和管理规范的体现，重在应用和实际操作技能和技巧，对实践及实习场地有较高的要求。但在不可能有高投入的条件下，只能量力而行，适当定位。近期，专业以社会人文经济学科为主，重点是工商管理、商贸英语、金融（保险）、会计电算化、计算机应用及管理、法律、贸易经济（或市场营销）等。要打破“有什么专业教师就办什么专业”的框框，以市场需要为导向，根据社会发展调整专业设置，加

强案例教学法、角色扮演法、实际操作等开放式教学法的运用与推广，加大实践课的学时比例，使学生毕业就能上岗工作。

第三，建立校外实习基地，推进产学研一体化。党的十五大报告要求“有条件的科研机构和大专院校要以不同形式进入企业或与企业合作，走产学研结合的道路，解决科技和教育体制上存在的条块分割、力量分散的问题”。高等职业教育很大特色是具有地方性。农工商学院在现有的基础上，主动与省、市、区（含港澳）政府及工商企业界配合，把自身的发展与地方经济、社区发展、企业经营管理密切结合起来，邀请政府官员、企业界人士担任学校顾问，提供人才需求信息，协助设计、更新课程、检查评估教学活动，并为社区发展提供急需人才、决策咨询服务等。农垦深圳总公司就曾一再表示乐意为农工商学院学生提供实习条件和毕业推荐。与政府、企业合作，能有效地增加教育投入、解决实习（验）地不足、拓宽学生就业门路。

第四，重视教师队伍建设，增强办学实力。首先，建立一支相对稳定的、结构合理的、高水平的师资队伍是办好成人高校的关键。广东美的集团提出宁愿放弃100万元利润的生意，不愿放弃一个对美的有用的人才之新理论，做到“观念留人、事业留人、待遇留人、感情留人”。企业如此，学校也不应例外。“事业留人”在学校里尤为重要。因为，知识分子最苦恼的是不能实现自身的价值，事业高于金钱。再者，随着福利分房政策终结，“房子留人”将失去意义。农工商学院应创造条件，为教师提供施展才华的舞台，加速培养学科带头人，尤其是中青年教师骨干，应全面提高教师业务、英语水平。“你要上好公共关系课，你必须有做公关策划的知识、技能与体验”。由于职业教育的特殊性，必须强调教师直接的工作经历。所以，在一定条件下，应鼓励教师挂职或兼职锻炼，兼任政府、企业顾问，参与经营决策，甚至到第一线工作，这也是走产学研相结合道路的要求。当然，产学研一体化，应以不影响正常教学秩序为基准。要观念创新，大胆从企业中聘用专业教师。时下企业聚集着一批硕士和博士等高学历的人才，如广东美的集团就拥有博士、硕士毕业生32人，本科毕业生630多人。农工商学院历届毕业生中，也不乏成功人士。他们既有扎实、深厚、广博的专业知识，又有丰富的实践经验，这是重要的教育资源。

第五，“抓两头保中间”，创出新特色。所谓“抓两头”，即抓招生宣传与抓毕业推荐；所谓“保中间”，即严格教学管理，保质保量按时完成教学大纲所规定的教学任务，造就一批社会急需的复合型人才。1995年底，笔者曾在有关教学工作会议上提出这一办学特色构想，并在“宝安班模式”策划跟进、九六届毕业生推荐等方面进行了尝试，但仍感差距很大，尤其在毕业推荐工作上，还需要全员上下共识。教学质量是办学的永恒主题，学生就业机会是学校吸引人的魅力所在，而生源渠道是学校生存与发展的基石。在招生方面，虽然近年有较大突破，但仍然要居安思危，除继续争取省、市、县招生部门的支持与帮助外，要充分发挥各地校友的桥梁作用，寻找支持、广布网点、重点推进，确保有稳定的生源。在毕业就业方面，成立就业指导中心，与各级政府、工商企业界建立广泛合作关系，疏通就业门路，收集就业信息，加强技能、心理等方面就业辅导，筹划毕业生供需见面会等。在加强教学质量管理方面，要全面树立学院学术委员会的权威性，在教学质量评估、科研成果评定、办学发展战略等方面发挥应有的作用。此外，还可聘请粤港高等教育著名专家、教授担任农工商学院决策、学术顾问，以提高农工商学院办学的客观性和科学性，办出农工商学院特色。

延伸阅读 2

粤港澳大湾区职业教育产教联盟

粤港澳大湾区职业教育产教联盟于 2017 年 12 月在理事长单位深圳信息职业技术学院成立，孙湧校长当选为联盟理事长。联盟有广东农工商职业技术学院等 29 个副理事长单位，成员来自大湾区的职业院校和知名企业 120 余家单位。联盟本着“平等合作、开放包容、互学互鉴、互利共赢”的发展原则，充分发挥联盟成员单位的特色和优势，促进资源共享，实现优势互补，促进区域职业教育改革发展，为粤港澳大湾区经济和社会的发展提供人才支撑。

2019 年 7 月 6 日，联盟举办了“新时代粤港澳大湾区职业教育产教融合论坛”，来自教育部职业教育与成人教育司和粤港澳地区政府机构领导、职教专家、知名学者、领先企业代表、港澳教育界大咖，以及 200 多家省内职业院校、行业企业、研究机构代表参加了会议，教育部原副部长、中国职业技术教育学会会长鲁昕应邀参加并作主旨报告。

粤港澳大湾区职业教育产教联盟成立仪式

教育部原副部长鲁昕等参加“新时代粤港澳大湾区职业教育产教融合论坛”

第三节　广东农垦企业国际化经营策略分析[①]

农工商学院是行业办学。谈农工商学院国际化办学离不开认知广东农垦。而广东农垦产业及其企业国际化发展是农工商学院国际化办学尤其是创新期国际化办学的重要因素。

企业国际化经营是指企业为实现生产要素和资源的优化配置及利润最大化目标，采取集中与分散相结合的全球战略，进行跨国生产、销售、服务等国际性的经营活动。随着经济全球化的发展，企业直接参与国际竞争、开展国际化经营已成为一种必然趋势。因此，研究广东农垦企业的国际化经营经验，对于中国农业产业实施“走出去”战略具有重要的现实意义。

一、广东农垦企业国际化经营历程回顾

纵观近40年广东农垦国际化经营的历程，大体可以分为三个阶段。

1. 服从国家外交的需要，承担政府援外项目建设任务

20世纪70年代初至80年代中期，广东农垦先后承担了我国对越南、马里共和国、几内亚共和国、柬埔寨、利比里亚、扎伊尔共和国、多哥共和国、塞拉利昂等10多个国家的20多项援外任务。先后派出上百批共1 557人次的技术专家队伍，赴受援国进行项目的勘查、规划、设计、建设施工和技术经营指导，帮助受援国建立了一大批大型国营农场、示范农场以及农业技术学校、热带作物科学研究院等，建设了甘蔗、橡胶、水稻、油棕等热带、亚热带作物产业的生产与加工项目。同时，充分了解了受援国的市场和资源状况，培养和锻炼了一大批对外经济合作骨干人才，为后来的农垦国际化经营打下了坚实的基础。

2. 依托技术优势和管理经验，独立承包经营政府援外项目

20世纪80年代中期至90年代中期，广东农垦依照市场经济原则，积极外包内引、齐头并进。如根据多哥政府的请求，并经我国外经贸部门批准，广东农垦在多哥共和国租赁承包由我国援建的一直处于严重亏损状况的阿尼耶制糖联合企业——中多糖联有限公司。广东农垦认真履行租赁合同，充分发挥农垦的科技、组织和管理优势，克服了自然灾害和西非法郎贬值及其他

① 原载于《中国农垦》2011年第1期。

因素造成的困难，实行农工商一体化经营，很快使企业扭亏为盈，安排了1 300名当地人就业，取得了令人满意的社会效益和经济效益。多哥政府因此给予中多糖联有限公司“明星企业”和“多中友谊之花”的美誉。国务院领导称该项目是“我国援外企业改革的成功典范”。广东农垦国际化进程在这一阶段成果丰硕，增强了广东农垦人“走出去”的信心，同时也为下一步工作的开展起到了示范效应。

3. 拓展海外投资经营，推进国际农业合作

进入21世纪，随着国内国际形势的变化，广东农垦决策层凭借全球化视野与国际化策略，积极拓展海外投资经营，推进国际农业合作开发。世纪之初，在非洲贝宁共和国设立粤垦国际（贝宁）有限公司，投资建厂，以木薯为原料制造食用酒精。2002年11月，土建动工；2003年11月，一次点火试产成功。该厂产品不仅在贝宁当地市场走俏，还取得零关税出口西非经济共同体、西非货币联盟国家的许可证。2004年，广东农垦的燕塘乳业对越南蓝山乳品加工厂的技术管理进行输出。2005年以来，经国家发改委、商务部和农业部批准，广东农垦在泰国、马来西亚等国共有5个项目先后建成投产或正在建设，已经具备年产干胶20多万吨的生产能力（图2－4所示为赖诗仁董事长代表广东农垦集团公司与马方代表签订合作协议）。2008年年初，为加强境外橡胶产品的销售管理，广东农垦在泰国成立了销售公司，推动境外项目的产品营销工作。此外，在泰国新建年产标胶4万吨加工厂、印度尼西亚新建年产标胶3万吨加工厂等项目已进入规划论证阶段，广东农垦企业国际化经营初具规模。预计到“十二五”期末，广垦橡胶集团在海外基地年产销橡胶能力达到30万吨，并将大部分产品返销国内。

图2－4　2005年8月，广东农垦与马来西亚企业共同出资收购并扩建经营马来西亚恒实手套有限公司

二、广东农垦企业国际化经营的动因

跨国经营不仅是企业实现优势的活动，也是企业在更大的空间范围内寻求优势的活动。获得国外有利的经营条件，从而增加自己的优势，实际上是各种类型的企业开展跨国经营普遍存在的动因，也是广东农垦企业的必然选择。

1. 区位优势决定产业布局的拉动作用

"区位优势理论"最初被用来解释国内资源的区域配置问题，是由美国学者索思纳德（Southard）提出的，后来沃特·艾萨德将其发展成为解释对外直接投资投向的理论。该理论认为，国际企业之所以向某个特点的区位（东道国）投资，是因为它要获取一定的区位优势，而这种优势很可能是其他区位或国家所不具备的。

南亚、非洲和南太平洋位处热带亚热带的一些发展中国家和地区，技术落后，产业单一，缺少加工技术，而广东农垦在热带作物育种、栽培、加工以及综合利用方面有明显的比较优势，有可能在这些地方开拓出新的合作空间。以橡胶为例，天然橡胶与钢铁、石油、煤炭并称四大工业原料，是关系国计民生的基础产业，也是重要的战略资源。随着经济和社会的发展，我国天然橡胶需求量正逐年快速增长。特别是加入世界贸易组织后，我国制造业尤其是汽车工业的快速发展，对天然橡胶的需求明显增加，已成为世界最大的天然橡胶消费国和进口国，占全世界消耗量的21%，自产橡胶从20世纪90年代能满足50%左右的国内消费，快速下降到不足25%。世界橡胶研究组织预测，在未来的10～15年内，中国的天然橡胶年消费量将达到300万～400万吨，占世界天然橡胶消费总量1 200万吨的1/4～1/3。所以，增加国内市场的天然橡胶供给是中国经济发展的必然要求。

作为中国三大天然橡胶生产基地之一的广东农垦，尽管一直把橡胶产业作为主导产业重点发展。但是，由于广东宜胶区域和土地的限制，橡胶产业发展空间有限。首先，广东农垦对于橡胶生产的国际化经营，无论从企业责任还是扩大经营规模都显得尤为需要。其次，从资源条件看，泰国、马来西亚和越南等东南亚国家种植橡胶的气候条件等都比国内优越，具有比较好的区位优势。这三大天然橡胶生产国就提供了全球69%的橡胶产量。再次是产业契机。南亚主产胶国实施了开放政策，来积极扩大橡胶产业的发展。这为外国资本的进入提供了契机。于是，广东农垦审时度势推进国际农业合作，采取以独资、控股或参股等形式，收购或新建加工厂，租赁经营和投资建设橡胶园，实行橡胶产业国际化经营。

2. 国内外经营效益比较的推进作用

一方面，广东农垦为更好地落实国家促进天然橡胶产业发展的意见，提高中国对短缺型战略资源的供应能力，开拓国际市场，尤其是到国外寻找资源是广东农垦企业继续发展的必然结果。以全球视野策动国际化产业联动转型，对国家赋予示范带动现代农业使命的农垦企业而言，不失为一条又好又快的发展之路。另一方面，自 2004 年 1 月 1 日起，中国已全面放开进口橡胶非关税的所有限制，橡胶市场竞争更趋白热化。广东农垦用宽广的视野、长远的眼光谋划发展方式的转变。着力从国家利益、发展大局、产业导向出发，致力于国内短缺型资源的国际化合作共赢，致力于农垦优势产业的国际化经营，开辟多样化的销售渠道，并可获得更广阔的市场空间；在橡胶产业发达的地区合作开发橡胶资源，可以利用和引进其更丰富、更先进的技术和管理经验，有利于进一步增强农垦的产业竞争力。此外，还可在投资地充分利用东道国的投资、融资优惠政策，促进产业的较快发展。

三、广东农垦企业国际化经营的主要策略

由于跨国经营比国内经营有更大的风险和不确定性，需要更多的额外成本，因此跨国经营企业必须通过各种优势的发挥，克服国际市场的分割性和不完全性，最终取得竞争优势，实现企业发展的目标。在世界经济一体化的条件下，企业可进行国际化经营的优势已经多元化，除技术和产品优势外，销售能力、区位因素、低成本生产、综合经营能力等价值链上的任何一个环节，均可以成为跨国经营的竞争优势来源。为了在国际竞争中取得优势，广东农垦企业在国际化经营中采取了系列策略，包括对东南亚国家拟投资合作项目国进行了多层面、多角度论证，确定了“低调进入，务实推进，早见成效”的工作方针，从而制定了广东农垦海外天然橡胶基地的发展战略规划。具体讲，主要有以下五个方面。

1. 打造产业化集团，夯实国际化经营基础

广东农垦首先按照清晰的战略战术，提升企业竞争力，打造产业化集团，夯实国际化经营基础。依照国内外市场原则，围绕产业化经营这条主线，打破传统的行政区划局限，对几大优势资源、优势产业进行跨区域重组、整合，构建多元化投资主体的产业化集团，培育产业龙头企业，带动基地发展。

（1）打破纯国有体制和行政区域分割，坚持种植向优势农场集中，种苗

培育与供应向繁育中心集中，加工向规模化、专业化、产业化龙头企业集中的“三个集中”原则，新组建三家现代化的橡胶集中加工中心，取代分散在30多个农场的几十家小型加工厂，策动全垦区数十家橡胶农场进行优势资源的重组整合。建立起一个布局合理、多元投资的、现代化的、加工技术和产品质量达到世界一流的广垦橡胶产业集团。

（2）依托国家级重点龙头企业广东丰收糖业的品牌优势，对农垦的其他糖业公司实施强强联合，形成农垦现代大糖业核心力量。目前，以全资或控股12家糖厂的优势，成为具有年产75万吨蔗糖能力、规划占全省60%强的糖业巨头，并且实施“糖蔗联动”，以自身45万亩甘蔗辐射带动周边农村100万亩甘蔗，增加了地方财政收入和农民收入，每年为当地创造税收超亿元，展现了农业“国家队”实力与贡献。

（3）打破农场和加工厂的条块分割，以资本为纽带，以产业为核心，聚集整合垦区内剑麻优势资源要素，组建聚种植、加工、机械制造、科研、销售于一体的产品质量标准、商标、价格、人力、品牌“五统一”的我国最大的东方剑麻集团。

此外，加强企业标准化体系建设，强调从源头做起，从基础做起，从每个环节做起，橡胶、甘蔗、剑麻、水果等八大支柱产业和“全国南亚热带作物名优基地”“全国农垦无公害农产品基地”“全国甘蔗机械化试验基地”“国家级科技兴农示范农场”以及省级高新科技示范园区等均在积极实施标准化生产，推进全面质量管理，至2009年底，已有57家农垦企业通过ISO国际质量体系认证。此外，还有一些企业通过HACCP食品安全和绿色食品认证，以及美国FDA注册、欧盟农产品认证等，为进入国际市场获得通行证，也为广东农垦国际化经营打下了坚实的基础。

2. 合理利用全球分工体系，发挥比较优势

在进入国际化初期，企业无法像大型跨国公司那样创造全球价值网，其现实的选择是根据企业已有能力系统和外部环境选择价值链上的一两个关键环节，集中资源，建立相对竞争优势。企业国际化比较优势的获得与经济全球化有着重要的联系。经济全球化使世界范围的部门间比较优势呈现更清晰的动态化进程。部门比较优势的动态转移已经构成了近代经济全球化进程的一大重要景观，它推动了若干次重大产业转移实践。

如何运用境外资源扩宽农垦企业经营外延，是广东农垦企业国际化经营的第一步。“十五”时期，广东农垦充分利用垦区的资源优势、地缘优势、技术优势和组织优势，抢抓机遇，积极参与国际市场竞争，利用国内外两种资源、两个市场，调整垦区产业结构，打造产业集团。如自2005年以来，

广东农垦加快了大规模建设海外天然橡胶基地的进程，先后与泰国、马来西亚和越南等东南亚国家建立国际合作伙伴关系，开辟海外橡胶加工基地等，使农垦企业在推进海外资源性开发战略上迈出了实质性的步伐。

然而，建立橡胶海外加工基地，必须拥有一定规模的橡胶种植园，才能有足够的原料保证企业正常运行。于是，广东农垦与马来西亚进一步合作开发橡胶种植基地。之所以首选与马来西亚合作，是因为马来西亚种植橡胶投产相对较快（5 年左右可以开割）、全年不停割、单产高出近 30% 等。2007 年，广东农垦在马来西亚的砂拉越州，首批租赁管理了当地胶园 1 万亩，并筹划与当地合作新种橡胶 15 万亩；2008 年又与马来西亚沙巴州签订协议，合作种植 18 万亩橡胶的项目，项目投资 7 000 多万美元，合作期为 50 年。在泰国和马来西亚的多个项目的建成或启动，标志着广东农垦在东南亚形成了集橡胶种植、管理、采割、加工于一体的橡胶产业体系。

3. 增强学习能力，扩大技术优势

勇于创新、极强的学习能力和出色的产品研发与创新能力是企业核心竞争力的优势体现。一些国际学者认为，国际化初期发展的企业能否具有学习能力，实现模仿创新的后发优势，是成长为跨国公司的关键因素。在 Johanson 等人的阶段论中，海外市场知识的积累主要是经营实践的结果，强调“干中学”的重要性。Forsgren 进一步强调，企业的国际化成长依赖于利用各种手段和学习机会，包括模仿性学习、与其他企业的合作、引入专业人才等。

广东农垦企业积极倡导创建“学习型企业”，以不断满足员工更新知识的需要；把企业视为一系列知识、资源的结合体，不断地获取知识、更新知识、使用知识、创造知识成为企业生存、发展的前提。同时，积极推进热作加工设备、农产品深加工（包括乳制品等）的生产、管理技术和劳务输出，搞好承包、合作项目建设，积极引进有关先进技术和项目，带动农垦企业相关产业的技术进步和创新升级，做到内外配合，协调发展。

目前，广东农垦依托产业龙头组建了糖业、橡胶、乳业和剑麻等 10 个技术开发创新中心，构建新型的技术创新平台。在主导产业建立统一的种苗繁育中心和规模化、标准化的示范基地，加快了育种技术的攻关和优良品种的选育和推广；加快了先进农业技术的示范和推广，为垦区实施海外基地规模发展创造了条件。以蔗糖为例，广东农垦形成了一条产业循环链。甘蔗生产出糖、酒精、碎粒板、纸、生物有机肥等主要产品，将产生的废物蔗渣、废糖蜜、滤泥再利用，生产出附加值高的能源和产品。具体运转方式是：①蔗渣→炉烧发电、造纸、碎粒板、生物菌等；②废糖蜜→酒精，酒精废液→沼气，废水经生物处理后回农田；③滤泥→生物处理后成有机肥→农田。经过上述环节，一条甘蔗被“吃干榨尽”，有关废弃物制成生物有机肥又回到蔗田，实现了资源的循环利用。在保护环境、节约资源的同时，循环经济也带来了显著的经济效益，产业链条价值不断递增。据测算：甘蔗产业链上，1 吨甘蔗直接出售的价值为 280 元，利润为 40 元；简单加工成蔗糖，每吨蔗加工后可增利润 50 ~ 60 元；经过酒精、有机肥、造纸等综合利用后，每吨可增加利润 30 元。

4. 利用和发挥农垦企业的管理体制优势

农垦企业的管理体制相对而言计划较多，通常给人造成一种封闭落后，且不适应市场经济的印象。其实，广东农垦具有农业产业现代化、规模化和传统形成的各级协同作战的组织优势。有优势就有价值。近年来，广东农垦致力于改革创新，建立了以产业为主线、以资本为纽带、集权与分权相结合的母子公司管理模式；构建了“省农垦集团公司—专业化产业集团公司—加工、销售子公司—基地农场 - 家庭农场（承包户）”的新型组织架构；强化了母公司对发展战略决策、资产运营、投资收益、经营者选择、激励约束机制等的调控职能，变行政管理型为经营管理型；调整了集团母公司的内部机构设置，加强母公司对产权、决策、财务、投资收益和人事的监督管理，突出母公司资本运营职能，增强母公司的调控能力。集团公司及其子公司按照公司法规要求建立了比较完善的法人治理结构，通过制定科学合理的议事规则和工作程序，逐步规范股东会、董事会、监事会和经理层的行为和职责，实现了“三会一层”的有效制衡和协调运转。集团母公司完成了从行政管理为主向运作垦区资源和集团资本为主的体制大转换，使垦区资源和集团资本得以在现代企业制度的框架下规范运作。

另外，广东农垦还具有资源优势、经营体制优势（农工商综合经营、“双联动”利益分配机制）、集团优势和品牌优势。企业走向国际市场离不开本国政府的强力支持。广东农垦在过去国际化历程中，得到了国家和省政府的很多支持与帮助，先后被国家商务部批准授予对外承包工程经营资格证书，被广东省政府列为重点扶持“走出去”的 14 家企业集团之一。正是农垦企业的管理体制优势，为广东农垦企业国际化战略的实施提供了制度保障。

5. 积极探索国际经营管理经验，发展壮大农垦产业优势

广东农垦诞生于垦荒种植年代，肩负自力更生、保障供给的使命，是典型的内向型国有农业企业。然而，经历 40 年尤其是近 10 年国际化合作与经营的探索，广东农垦已有非常强的外向经营实力，在积极参与国际合作的同

时，探索国际化经营管理经验，不断总结跨国公司经营模式与路径，培养和锻炼了一大批对外经济合作经营管理骨干。在实践中，通过国际合作，积累了国际经营管理经验，培养了国际化经营人才，开拓了两个市场，既为农垦进一步扩大国际化经营打下了坚实基础，也为各类农业企业开拓国际化合作经营提供了示范。

从以上经验研究和理论分析中，我们可以看到农垦企业是如何克服层层困难，开展国际化经营战略的。广东农垦企业在区位优势决定产业布局的拉动作用和国内外经营制度壁垒的推进作用下，具有强烈的国际化经营动机。他们采取打造产业化集团，夯实国际化经营基础；合理利用全球分工体系，发挥比较优势；增强学习能力，扩大技术优势；利用和发挥农垦企业的管理体制优势等策略实现国际化经营战略。文章的贡献在于农垦企业完全可以在与国际市场的对接过程中凭借其自身的优势开拓出一片广阔的天地。

广东农垦产业及其企业国际化经营对人才培养培训及技术科研服务提出了新要求。作为行业办学的唯一一所高等院校的农工商学院必须主动担当，而广东农垦“走出去”的产业及区域战略也决定了农工商学院国际化办学的战略思考，随之提出了“农垦产业发展到哪里，农工商学院专业就服务到哪里”的国际化办学宗旨。

新闻链接 4

青春光华　书写在“一带一路”上

2019 年 4 月 28 日，广垦橡胶集团“青春在‘一带一路’闪光”主题演讲比赛决赛在广州成功举办，来自海内外企业的 11 名选手进入了决赛，分享了他们在这个时代的机遇与挑战、思考与拼搏、成长与收获。作为年度党建、团委重点工作之一，活动得到了广东省国资委、共青团广东省委、广东省总工会、广东省朗诵协会、《羊城晚报》、广东省农垦集团、广东农工商职业技术学院等单位的大力支持。活动采取了全球直播形式，近 400 人在现场观看了比赛，近 3 万人同时在线收看了比赛。

广垦橡胶集团总经理杨福云致辞

广东农垦局党组副书记温金荣等与参赛选手合影

总决赛上，11 名选手英姿勃发、激扬文字，他们讲述了在海外基地开山辟路、砍芭种胶；经受着"三忍三学过五关"开荒拓土；在充斥着天然橡胶特有气味的繁忙车间里没日没夜地攻坚克难；在市场一线上博弈厮杀；在橡胶的筑梦中点亮青春、点亮美好生活；在爱情的追寻中，不负青春不负梦想；在异国他乡结下了跨越国别的亲情友谊；在奋斗的征程中，闪耀人生绽放光彩等故事，全场观众跟着演讲的进程情绪起伏、激动不已。省农垦集团公司党委副书记、总经理支光南等为选手们颁发了奖项，省农垦集团公司党委副书记、直属党委书记温金荣对活动做了总结讲话，省朗诵协会会长史子兴对选手的讲演进行了精彩点评，广垦橡胶集团总经理杨福云为活动做了开场致辞。

（来源：广垦橡胶网站，2019 年 4 月 30 日）

第四节　农工商学院的行业特色与办学个性决定必须走国际化办学

农工商学院是由广东农垦主办的央属院校。而广东农垦是国家级农业队，具有组织化程度高、规模化特征突出、产业体系健全的优势，长期以来承担着国家战略物资、重要农产品和国家农业援外项目，并将建设成为国际化的大型现代农业企业集团。由此养成并固化了农工商学院国际化办学的个性。

一、广东农垦是国家级农业队

广东省农垦集团公司（农垦总局）前身是华南垦殖局。这是在1951年特殊历史背景下根据党中央、国务院关于发展新中国天然橡胶事业的决策部署而成立的机构。1994年转为经济实体，成立广东省农垦集团公司，同时保留广东省农垦总局牌子，实行“一个机构、两个牌子”运作。广东农垦是中央直属垦区，实行“部省双重领导、以省为主”“两块牌子、一个机构”的管理体制，是国家级农业队，粤港澳大湾区“菜篮子”的生产基地，主要服务国家战略资源和城市安全食品供应，国家战略资源板块包括天然橡胶和剑麻产业，城市安全食品板块包括糖业、畜牧、乳业、粮油、果蔬等产业，以及商贸流通、金融服务、小城镇开发建设、酒店旅游等支撑产业。

二、广东农垦具有健全的产业体系

广东农垦拥有土地面积342.55万亩（不含海外租赁土地），企事业单位376个，分布在广东省内33个县（市、区）和北京、山东、海南、云南、安徽、广西，以及泰国、新加坡、柬埔寨、老挝、印度尼西亚、贝宁等国家，建成一批现代化的天然橡胶、蔗糖、粮油、畜牧、乳业、剑麻等重要农产品生产基地，拥有国家级及省级重点农业龙头企业12个、国家级和省级现代农业产业园各1个，以及小额贷款公司、集团财务公司和广垦太证农业供给侧股权投资基金等，形成农、工、商、金融、期货、物流、房地产、健康养老、商贸旅游、职业教育、科研院所等为一体的组织化程度高、规模化特征突出、产业体系健全的独特优势。仅2019年，就有华煌茶叶、蒸青绿茶、名富番石榴、红江橙、燕塘鲜牛奶5个产品获广东省第三届“十大名牌”系列农产品称号；蜂泉白砂糖、燕塘老广州、鲜牛奶、原味酸奶饮品、华煌红茶、红江橙6个产品荣获“2019年广东省名牌产品”称号；燕塘乳业入选国家首批15家低温学生饮用奶试点企业、华南首家优质乳工程标杆示范工厂，蛋白乳浊体系稳定化及高品质乳制品产业化关键技术荣获广东省科技进步奖一等奖和中国乳业技术进步特等奖，老广州酸奶荣获第21届中国国际高交会优秀产品奖；等等。

三、广东农垦是中国现代农业走出去发展的排头兵

经过 69 年的艰苦创业，广东农垦已发展成为一、二、三产业融合发展、国内外市场同步开拓的现代农业企业集团，不仅承担着国家战略物资和重要农产品的供应任务，而且长期以来承担着大量的国家农业援外项目。随着“一带一路”倡议的深入推进，按照中央和省委省政府的决策部署，以保障国家粮食安全和重要农产品有效供给为核心，加快转变农业发展方式，聚焦农垦主业全力打造战略资源与城市安全食品两大主业板块，建设现代农业大基地、大企业、大产业，为国家和广东省实施乡村振兴战略贡献力量，努力把广东农垦建设成为农业现代化的示范区、农业对外合作的排头兵，争创全国农垦改革发展先行示范区，打造国际化的大型现代农业企业集团。图 2 – 5 所示为 2015 年 7 月 26 日，杨群祥与广垦橡胶柬埔寨公司领导等在湄公河基地前合影。

图 2 – 5　2015 年 7 月 26 日，杨群祥与广垦橡胶柬埔寨公司领导等在湄公河基地前合影

四、农工商学院国际化办学定位

农工商学院因农垦而生、因农垦发展而提升、因农垦产业跨国经营而强化国际化办学定位。农工商学院前身是创办于 1952 年的华南垦殖局机务学校，1965 年举办大专学历教育（燕塘农垦技术专科学校），1984 年升格为管

理干部学院，2000 年转制为职业技术学院，是全国高职高专院校人才培养工作水平评估“优秀院校”、广东省示范性高职院校、广东省“一流”高职院校建设单位、广东省“依法治校”示范校、广东省“文明单位”。68 年以来，学院坚持“以人为本、特色强校、求实创新、和谐发展”的办学理念和“依托农垦、面向广东、服务社会”的办学宗旨，主动担当、服务垦区事业发展。

特别是改革开放以来，根据农垦完成国家农业援外任务和产业国际化经营需要，农工商学院承担起国家农业援外项目及农垦外向型人才的培训，是首批中国与世界银行合作培训院校之一，并积累了涉外交流与合作的办学资源及经验；又由于地处改革开放前沿的广东区位优势，以及历代农工商人独特的国际视野、教育情怀，敢为人先，超前布局，农工商学院从转制开始就确立了国际化办学的目标，20 年来坚定持续推进、深耕细作，形成了独特的国际化办学个性。

案例分享 4

教师赴海外企业挂职锻炼，厚植农垦情怀实现校企双赢

广东农工商职业技术学院积极响应国家“一带一路”倡议部署，紧跟广东农垦产业“走出去”与东盟国家进行合作交流。2016 年 2 月，学院选派优秀教师白冰到农垦海外企业挂职，任广垦国际（柬埔寨）有限公司综合部部长，进行为期一年的锻炼。

挂职期间，白冰老师深入广东农垦在柬埔寨的橡胶种植基地，切身感受“艰苦奋斗，勇于开拓”的农垦精神，参与企业生产经营全过程。积极投身于企业的日常经营，时常与驻柬埔寨大使馆经济商务参赞处往来联系；在大型项目的并购过程中，负责对柬埔寨方面的资产交接和土地确权过程进行翻译；参与组织柴油、农药、化肥等大宗生产物资采购的招投标等，积累了企业一线工作经验。在种植基地的日子里，白冰教师很好地接受了历练，与中、柬的员工们一起抚管保苗、抗旱防涝；为实现集团海外企业人才本土化战略，义务教授柬籍员工子弟中、英文；全力保障学校来柬实习学生的日常生活，帮助到海外实习的学生们巩固专业知识，掌握实践技能。此外，迎接习近平主席对柬埔寨进行国事访问，现场聆听柬埔寨首相洪森就中柬友谊与合作的演讲，参加柬埔寨广东商会组织的各类活动等，这些经历都极大开阔了挂职教师的眼界。

学院选派优秀教师到农垦海外企业挂职，使教师更好地了解农垦产业走出去的情况，增强对农垦事业情感，也提升教师的企业实战能力，实现学有所成、挂有所得。

白冰老师在柬埔寨橡胶园

白冰老师与柬埔寨小学生

第三章
国际先进职业教育理念的学习与借鉴

农工商学院开办高等职业教育初期，如同其他高职院校一样面临许多困惑，急于学习借鉴先进的办学理念、办学模式和办学方法，并凭借地处改革开放前沿城市和多年涉外交流积累，率先把目光投向世界职业教育先进国家，考察学习英国 BTEC 项目、德国“双元制”、澳大利亚 TAFE 模式和新加坡“教学工厂”模式等，并组织交流研讨，借鉴世界职业教育先进经验，开展一系列的教育教学改革探索。

第一节　加强对外交流，推动广东高职教育发展①

2002 年 6 月中旬，广东省教育厅组织，以省教育厅高教处杨开乔处长为团长、农工商学院、民航职院、轻工职院、白云职院、顺德职院、广东水利电力职业技术学院（以下简称“水电职院”）、广东交通职业技术学院（以下简称“交通职院”）、广州大学等院校领导及教务处长（中英职业教育合作项目指导成员）共 10 人组成的广东高等职业教育考察团赴英国等考察交流（见图 3－1）。这标志着广东省中英职业教育合作第二阶段工作的正式启动。

图 3－1　2002 年 6 月广东省中英职业教育合作项目指导小组赴英考察

① 广东高等职业教育考察团赴英考察访问报告，2002 年 6 月，有删减。

一、考察访问英国职业教育机构

赴英期间，考察团成员先后到了英国文化委员会、继续教育全国培训机构（FENTO）、爱德思国家学历及职业资格考试委员会（Edexcel）、伦敦城市行业协会（City & Guilds，简称 C & G）、剑桥大学考试委员会（The University of Cambridge Local Examinations Syndicate，UCLES）、威斯敏斯特大学（University of Westminster）、里士曼成人社区学院（Richmond Adulf Community College）等学术机构、院校，听取了 26 位文化教育官员、机构负责人及专业教师就各自机构情况、工作职责，以及在英国乃至全球的影响力、运转情况等的介绍。

（1）英国文化委员会。英国文化委员会是主管英国对外文化教育交流工作的机构，也是广东省开展中英职业教育合作项目的协调机构。目前，英国与 100 多个国家开展了教育交流，文化委员会在境地外设立办事处有 200 多个，其中在中国北京、上海、广州、重庆等城市设了 4 个办事机构。文化委员会高级顾问卢惠艾女士首先介绍了这次访问的安排，然后着重介绍了英国的职业与教育体系以及最重要的三个职业资格证书发证机构（Edexcel、伦敦城市行业协会和剑桥大学考试委员会）所负责的证书类别。英国教育主管的最高权力机构是教育与技能部。它不同于中国的教育部，不仅管中小学校和大学的教育工作，还负责企业的培训管理工作，而且文化教育与职业技能训练统一起来，所颁发的普通教育证书、职业教育证书和职业资格证书各成系列，但又相互对应，相互衔接，并都可以作为进入高一层次教育的依据，如表3 -1 所示。

表 3 -1　英国国家证书体系

<table>
<tr><th>证书等级</th><th>学术性证书</th><th colspan="3">学术与职业相结合证书</th><th>职业性证书</th><th>备注</th></tr>
<tr><td>5 级</td><td colspan="2" rowspan="2">高级证书（如学位证书、高级文凭、基础学位证书）</td><td></td><td>BTEC5 级</td><td>NVQ5 级</td><td rowspan="2">高等教育</td></tr>
<tr><td>4 级</td><td>BTEC（HNC/HND）国家高级文凭</td><td>BTEC4 级</td><td>NVQ4 级</td></tr>
</table>

续上表

证书等级	学术性证书	学术与职业相结合证书			职业性证书	备注
3级	A/AS级	职业 A/AS级（高级 GNVQ 证书）	BTEC（ND）国家文凭	BTEC3级	NVQ3级	中等教育
2级	GCSEs（A＊－C级）	中级 GNVQ（职业 CGCSEs）	BTEC 初级文凭	BTEC2级	NVQ2级	
1级	GCSEs（D－G级）	基础 GNVQ（职业 GCSEs）	BTEC 入门文凭	BTEC1级	NVQ1级	初等教育

（2）国家继续教育培训机构。英国有很多国家级培训中心，国家继续教育培训机构（FENTO）是其中一个。它是政府的职能机构，专门负责高等教育教师的标准制定及其继续教育培训工作。该机构规定，大学教师除了必须具备专业知识外，还必须具备8个方面的教学技能：能够了解学生需要、制订详细教学计划、掌握教学技巧及要求、熟悉教学管理过程、给学生提供帮助、评估学生的学习效果、具备专业发展潜能、适应社会专业发展水平要求等。教师参加继续教育培训有明确规定，对部分“问题教师”的业务培训提高则采取强制办法，包括口头提醒、书面要求、教师公会听证会等。

（3）Edexcel 机构、伦敦城市行业协会、剑桥大学考试委员会是英国主要的职业资格发证机构。其中，Edexcel 机构先后由英国商业教育委员会、技术教育委员会和伦敦大学考试与评估委员会合并而成，是目前英国最大的职业和学历资格授予机构。该机构所负责的证书有普通教育证书（Level、Gcse）、职业教育证书（NVQ）和 BTEC 职业资格（学术性与职业性相结合）证书。其中 BTEC 证书，是该机构独创的、唯一有权颁发的证书，也是该机构目前积极推介的最主要证书。伦敦城市行业协会，成立至今已有120多年，是英国最大的发证机构，并被世界100多个国家和地区接受并认可，属非营利性机构。目前该机构在全世界100多个国家建立了5 000多个考试中心，每年颁发600多万张证书。所负责的证书有 C&G 国际职业资格证书、英国匹特曼资格证书（Pitman Qualifications）、国际工商管理资格证书，其中 C&G 国际职业资格证书向海外输出的就有商贸零售管理与服务、国际旅游、餐饮管理与服务、机动车工程与维修、客房管理与服务、建筑业、制冷与空调、计算机信息技术、文秘与办公室管理、计算及会计、信息处理等400多个专业。证书的获取采用达标制，以考核实践能力为主，实践考核占70%，理论考核占30%，笔试既可用中文，也可用英文。此外，该机构正积极推广

IVQs（International Vocational Qualifications）国际资格证书。这类证书不同于NVQ，主要是针对国际市场而设，培养对象为还没有工作经验、没有工作岗位、年龄比较小（16 岁以下）的学生，进行模拟教学。剑桥大学考试委员会是英国剑桥大学的下属机构，是英国唯一一个作为大学的考试机构，同时也是英国最重要的发证机构之一，成立于 1858 年，目前面向全球 168 个国家开展考试考证服务。负责的证书主要有普通教育（IGCSE/O Level）证书、应用英语（EFL 英语考试）证书、商务英语（BEC 英语考试）证书、雅思（IELTS 考试）证书、英语水平报告（BUCA TS 测试，受用人单位委托、对职员进行英语水平测试，只有报告，没有证书）。

（4）威斯敏斯特大学。威斯敏斯特大学于 1842 年成立，前身是理工类学校，经过 160 年的发展，无论是规模还是实力都有很大的发展，成为一所综合性大学。坚持理论与实践相结合，在伦敦地区推广普及新技术的办学理念。目前有 4 个校区，其中有 3 个校区是在伦敦市城区。学校下设两个商学院、一个计算机学院和一个语言学院，专业非常多，金融、商业、生物、化学、法律等，且都是实用性非常强的专业。由于学校地处伦敦市中心，能够充分利用这个优势，积极与商业界、金融界等行业、学会合作，使专业建设始终处于领先地位，课程体系及教学内容改革，更新都能较好地适应社会的发展。使学生拿到的学位，不仅在学术界得到承认，在专业界、行业里也有较高的认同，有较好的就业机会。该校现有在校生（常住学生）2.5 万人，其中 30% 是研究生课程的学生，50% 是全日制学生。全日制学生中，有 25% 是外国留学生，来自 135 个国家，其中最多的是中国留学生。该校与中国有 25 年的合作，目前与中央广播电视大学、广东外语外贸大学有较为紧密的合作关系。

（5）里士曼成人社区学院。里士曼成人社区学院是一所成人教育学院，培养对象主要是需要“转岗”或自身素质提升的，已参加工作的人员开设专业（课程）有计算机、电子商务、管理、艺术等 1 000 多个，在校生 3.5 万人。教职工 800 余人，其中 600 多个是业余教师，全部来自于企业，真正是学院的专任教师只有 60 个（从这里可看到师生比也是比较高的）。学院之所以要聘这么多的业余教师，重要原因是这些业余教师能够带来最新的技术、最新的经营管理经验，使教学不落后（非常好的经验与启示）。而专任教师在学院待久了，其技术水平难免会落后于社会发展。同时，学院不需要支付全职工资给业余教师，一定程度上可以降低办学成本。学院设立艺术设计系，商务、健康与学习发展系，表演艺术系，人文学系，信息与通信技术系 5 个教学系，一个学习中心、一个商业培训服务部和一个考试中心。考试中心，主要负责与各个职业资格证书发证机构协调，以及各种考试的组织工作。此外，该院的语言课程比较强，可培训16种语言，包括汉语。汉语教学不仅能教普通话，还能教广州话等。

二、英国的主要职业证书

英国的职业资格证书体系较多，考试、发证历史比较久，证书有上千种，但都统一由国家的证书与课程管理机构——教育与技能部负责，包括证书的标准和评估、审核等。其中，在世界比较有影响力的职业资格证书有以下几种。

1. NVQ（National Vocational Qualification System）证书

NVQ是英国的国际职业资格证书，是一种以国家职业为标准为导向，以实际工作表现为考评功依据的新型的职业资格证书。该证书包括了所有职业，从刚工作的新手到高级管理人员的所有技能和知识层次。证书共分五个等级，每个级别反映了实际工作中该级别所需的知识和能力，以及在工作中拥有的责任和权力。如表3－2所示。

表3－2　英国NVQ职业资格证书框架

NVQ	标准	对应职责
5级证书	具有在广泛的、通常是不可预见条件下独立运用基本原理和复杂技术的能力。负有极大的个人自主权，经常对他人的工作和重要资源分配负有重大责任，并具有独立分析、决断、设计、规划、实施和评估工作结果的能力	企业管理决策层、高级管理人员（总裁、副总裁、总监）、高级工程技术人员
4级证书	具有在广泛领域从事复杂技术、专业性强、条件多变的工作活动能力。负有很大的个人责任和自主权，通常需要对他人的工作和资源的分配负责	企业管理控制层中高级管理人员（部门经理、项目经理）、工程师
3级证书	具有在广泛领域从事积压种复杂多变的、非常规工作活动的能力。负有相当的责任和自主权，经常需要对他们的工作进行监督和指导	企业管理管理层中级管理人员（助理、部门副职、部门主管、项目主管）、技术员

续上表

NVQ	标准	对应职责
2 级证书	具有在较大范围和变化条件下从事一些复杂的、非常规工作活动的能力。负有一定的责任和自主权，并能与工作群体中其他成员进行合作	企业管理执行层基础管理人员（业务主管、业务主办）
1 级证书	具有在一定范围内从事常规的、可预测的工作活动的能力	企业管理操作层初级管理人员（文员、初级文员）

NVQ 由英国职业资格颁证机构“伦敦工商会考试局”（即 London Chamber of Commerce and Industry Examinations Board，简称 LCCIEB）负责颁发，并在全球 90 多个国家及地区设立了考评中心。中国劳动和社会保障部职业技能鉴定中心于 2000 年 1 月 11 日开始引进推广 NVQ 证书项目。

2. 商务英语证书（BEC）

商务英语证书（BEC），俗称剑桥英语，共分三个等级，BEC1、BEC2、BEC3，即初、中、高级。BEC1 是面向初级和中下级英语水平的考试；BEC2 是面向中高级英语水平的考试，BEC3 是面向较高级英语水平的考试。该证书证明持有者在商务和一般生活环境下使用英语的能力，为英国、英联邦各国及欧洲大多数国家的商业企业部门普遍认可。目前 BEC 考试已经从英国发展到亚洲、欧洲、南美洲、澳洲等 60 多个国家和地区。英国剑桥大学考试委员会负责命题、阅卷和颁发证书，并于 1993 年起，与我国教育部考试中心合作在中国开设考试、发证工作。

3. 雅思证书（IELTS 考试）

雅思（IELTS）的全称是国际英语语言测试系统（Internation English Language Testing System），是评估英语语言运用能力的综合测试。它由英国剑桥大学考试委员会、英国文化委员会、澳大利亚教育国际开发署三大国际权威学术机构共同设计和组织管理。雅思的考试中心遍布全球 105 个国家，其中设在中国大陆的考试中心就有 13 个，是真正的国际性英语水平测试。

雅思分学术类雅思和培训类雅思两种。学术类雅思（Academic 1EC）的分数从 1 分到 9 分，设有固定的分数作为及格与否的概念。由于学术类雅思具有全面、准确、严谨和高效的特性，而被各国越来越多的高等院校认可，其中美国就有 83 所大学认可雅思成绩，并且数量在不断增长。正是由于这一点，它最适合于计划申请报读国外高校本科或研究生课程的考生。

4. BTEC 证书

BTEC 证书是由 Edexcel 机构独创的、唯一有权颁发的证书。BTEC 既代表学历，也代表一种职业资格，尤其是职业技术资格方面在英国最具有广泛性和权威性。它在中、高等职业教育和人才培养方面居于世界领先地位，在关键技能教育的拓展方面有着卓越的表现和权威性，并形成自己独特的教育模式和一套完整的教育体系。它的资格课程和模式不仅为英国的大多数大学和高等教育机构所采纳，而且为世界各国（包括欧共体、美国、中国）等所公认、接受和借鉴。

图 3－2　2002 年 6 月，杨群祥与英国 Edexcel 机构负责人交流

BTEC 证书教育提供的专业有会计、管理、表演艺术、工程学、图文设计、机械制造、多媒体、公共服务、商业、信息技术、旅游业、艺术和设计、建筑、计算机、酒店管理、饮食服务等。该证书的最大亮点是强调学术和职业两方面平衡发展。

BTEC 证书分 5 个等级。BTEC1、BTEC2、BTEC3 属于中等职业教育，主要是在职、短期的，为雇主而设，课程比较窄，学习单元少。其中，BTEC3 是进入大学的必要证书，BTEC4、BTEC5 属于高等教育，BTEC5 相当于硕士研究生学位。目前，输出海外设 BTEC 教育机构，主要是 HND（国家高级文凭，介于 BTEC3、BTEC4 之间，相当于我国大专文凭）和 ND（国家文凭，相当于我国中专文凭）。HND、ND 既是学历文凭，又分别是国际认可的中、初级职业技术资格，即“双证书”，既有利于学生就业，又有利于学生继续深造。

关于 BTEC 证书问题，本书将在第四章中做进一步深入讨论。

三、中英职业教育合作第二阶段工作计划

广东省教育厅组织省内高职院校教学管理骨干赴英国等国家考察交流职业教育，收获甚多，归纳起来，主要有五点。一是精心组织、明确任务，效果明显。事前做了充分准备，有明显的工作计划，目的性强，并精心挑选被考察点。考察团成员既熟悉职业教育教学管理工作，在外访考察过程中又能积极思考、认真交流，并得到英国文化委员会及院校的大力支持、帮助，因而尽管时间短、花费不多，但取得了明显的效果，并为中英职业教育进一步合作打下了良好的基础。二是对英国的教育制度和教学管理，特别是高等职业教育有了较新的了解。由于经济比较发达，英国政府不仅提供较多的教育经费支持教育的发展，而且通过减免税收鼓励企业接收院校学生实习，积极推动校企合作。院校紧紧依托行业协会，大量聘用企业专业技术人员担任兼职教师，以此保持教育理念、教学内容、教学技术手段的先进性，使学生的知识与技能有更强的针对性、实用性，能够获取较高的就业率。此外，历史上英国是只重视人文科学，轻视职业技术教育的国家，但从考察情况看，随着时代的发展，英国政府和教育部门已越来越重视职业教育的发展。三是深度了解了英国各类职业证书及其相互关系。英国教育与就业统一管理，特别是职业资格体系较完备、较成熟。既有学术类证书，也有职业技能类证书，还有学术与职业相结合的证书，有不同的类别、不同的层次、不同的科目和不同的范围（即同一科目，涉及课程单元多少不同），能够适应不同职业岗位、不同层次和人们不同时期的需求，而且证书考试发放能够适应社会发展要求不断改革、创新，规模越做越大，被全球越来越多国家的认可和接受。这给广东省高等职业教育的职业资格证书的“嫁接”提供了借鉴。四是感受到英国大学教学管理的严格、规范。一方面，政府对大学教师教学管理人员的培养非常重视，统一安排教师参加继续教育，并以法律形式做出明确规定。另一方面，院校对教师、学生的教与学要求非常严格。如：英国里士曼成人社区学院规定，教师讲授每一门课程，要认真填写课程登记簿，包括课

程编号、上课地点、课程名称、课程计划学时、考试形式、教学检查时间、各周的授课课题，学习目的或技能、教学方法、活动及资源或辅助设备的使用，每周完成情况，学生课业情况、出勤情况及原因、学生进步发展情况、学生评估小结及课程结束的评估反馈意见等。学生每堂课要填写课堂考勤表，由课代表具体负责，每位学生填写报到号，教师签名、系主任审查，课程结束送存系。五是了解到英国大学也有较强的对外交流合作的愿望。本次考察交流过程中，境外院校对广东省高职教育代表团的到来表示浓厚的兴趣，热情接待，详尽展示各自的办学实力和社会影响力，认真商讨合作交流的可能项目和需要解决的关键问题等。与此同时，学习考察组对中英职业教育合作工作推进有了新思考。

广东省高等职业教育与英国职业教育的交流合作已有两年多。前一阶段，双方的交流合作重点是研究“以学生为中心”的教育理念与教学法，教学管理机制及其相关课题。第二阶段的工作计划是，集中了解英国职业资格证书制度，探讨结合广东省的实际情况引进英国职业资格证书的途径和办法。通过这次赴英等国访问、考察，中英职业教育合作项目（中方）工作小组提出了以下两点工作设想。

（1）加强与英国等发达国家的院校交流合作，互派教师任教或学习，相互承认学分、嫁接学历，开展科研、技术交流等。依据：一方面是加入WTO后，国际教育交流、接轨的需要；另一方面，英国的院校出于竞争和市场的考虑，对对外交流合作有着较强的愿望，特别是广东省与英国职业教育交流合作经过两年的实践，已有较好的经验和工作基础。

（2）积极引进英国职业资格证书。目前，计划重点引进四种类型6个证书，即BTEC教育（商业与市场营销、商业信息技术）两个（HND）专业证书、NVQ（企业行政管理、商贸零售服务管理）两个（二级）职业资格证书、雅思专业证书、商务英语证书。其中，BTEC教育（商业与市场营销、商业信息技术）两个（HND）专业证书以农工商学院为试点，NVQ（企业行政管理、商贸零售服务管理）两个（二级）职业资格证书以白云职院为试点，轻工职院、顺德职院、广州大学等职院作为雅思专业证书、商务英语证书（新申办）试点。待这些职业技术学院取得经验后，再进一步推广介绍。并在此基础上，借鉴英国职业资格证书制度及其做法，开发、创设符合我国国情的、与广东省高等职业教育相匹配的职业资格证书体系。

新闻链接 5

农工商学院承办农牧高职院校国际交流与合作论坛

2017 年 6 月 23 日，广东农工商职业技术学院承办的“一带一路”背景下农牧高职院校国际交流与合作论坛暨国际农牧业高等职业教育联盟成立预备会在广州召开。中国职业教育与培训部主任袁岭、全国农业职业教育教学指导委员会副秘书长文承辉、江苏农牧科技职业学院党委书记吉文林，农工商学院党委书记杨群祥、副校长何伟、纪委书记黄乃文及来自全国 16 家农牧类高职院校联盟发起单位代表出席了会议。

杨群祥在会上介绍了农工商学院在东南亚国家积极落实“一带一路”教育行动的具体举措、系列成效以及下一步构想，农工商学院与马来西亚开展的教育合作，被赞誉“填补了我国与马来西亚高职教育领域交流与合作的空白”。他说，服务‘一带一路’，教育文化要先行；高职院校不仅要“引进来”，而且要“走出去”，在促进服务“一带一路”教育行动更加扎实。

国际农牧业高等职业教育联盟成立预备会在农工商学院举行

吉文林表示，国际农牧业高等职业教育联盟的成立是服务高职院校更好地服务“一带一路”的重要举措，农业高职院校可充分发挥和利用联盟成员的特色和优质办学资源，为农牧类人才发展提供交流互动平台，为院校发展提供交流合作机会，达到提升各联盟成员的教育质量、办学水平与国际声誉的目的。袁岭介绍了第十八届中国国际教育年会暨国际农牧业高等职业教育发展论坛的相关情况。会议讨论了联盟章程、联盟 LOGO、国际农牧业高等职业教育联盟成立大会议程以及邀请参会的国内外院校等事宜。

农牧高职院校国际交流与合作论坛于下午举行。农工商学院东南亚研究所特聘所长曹云华、教务处李春雨，江苏农牧科技职业学院副院长朱善元、广西农业职业技术学院副院长罗英极先后围绕“一带一路”背景下农牧高职院校国际交流与合作，分享了服务“一带一路”国际化办学经验和国际化人才培养的经验。热作系种植类与牧医类专业教师出席了论坛。

会议期间，代表们参观调研了广垦橡胶集团公司总部。杨福云总经理向与会专家、领导介绍了广垦橡胶的发展战略与“走出去”，以及与农工商学院开展校企合作的情况。

（来源：南方都市报，2017年7月3日，有删改）

第二节　中德职业教育技能培养模式比较及启示[①]

随着近年来社会经济文化发展的需要，中国高等职业技术教育得到较快的发展。高等职业技术教育是以培养适应生产、建设、管理、服务第一线需要的，德智体美等方面全面发展的应用性专门人才为宗旨的类型教育。这就要求在教学工作中，应以加强人才培养的针对性、应用性为核心，加大实践教学特别是实训实习教学的比重，以提高技术应用能力。然而，实训实习难是困扰当前中国职业教育发展的普遍性问题。带着这个问题，2001 年 7 月，笔者参加了德国“双元制”职业教育学习班，耳闻目睹了德国职业教育运作流程，尤其是实训实习环节的教学与组织，深受启发。尽管德国职业教育实训实习教学未必就很完善，但许多地方仍值得中国职业院校借鉴。

图 3－3　2001 年 7 月，杨群祥在德国“F＋U”职业教育中心学习

① 原载于《广东农工商职业技术学院学报》，2002 年第 5 期。

一、中德职业教育技能培养模式的比较

职业教育技能培养是一项系统工程，从技能分析与教学要求、组织形式与培养途径，到师资、经费和设备等，方方面面都影响其教学效果。

1. 培养目标比较

德国高等职业教育注重学生的就业准备教育，课程偏重于应用技术，办学宗旨为教学与实训密切结合，理论联系实际，以培养工程技术人才、技术操作型工程师和企业、行政管理人员、社会工作者为主。专业方向和课程设置以职业群或职业领域为选择基础，具有针对性强、适应性广和科技性能超前等特点。从理论上讲，中德高等职业教育在人才培养规格、技能结构和素质要求等方面是一致的。正是因为这一点，两者的职业技能的训练及其目标应该是相同的，其比较是有意义的。

2. 技能要求比较

德国职业教育对毕业生的能力要求由行业协会统一制订，共分两部分：第一部分是职业能力基本要求。不同的专业面对不同的工作岗位，有不同的职业能力要求。以三年制酒店管理专业为例，其职业的具体能力要求分为10个方面：①接待客人及咨询能力；②客人信函来往能力；③计算（结账）能力；④打印账单（计算机操作）能力；⑤收银能力；⑥市场营销策划能力；⑦市场营销效果控制能力；⑧管理客房能力；⑨制订本行业有关的人力资源规划能力；⑩各种餐饮服务能力。第二部分是关键能力要求。关键能力是指超越职业领域，对职业活动的顺利进行起至关重要的作用的能力。这部分能力要求对所有不同专业的毕业生来说都是应该具备的，具体包括三个方面。一是方法能力，包括：①注意力；②分析能力；③解决问题能力；④判断能力；⑤抽象能力；⑥准确性。二是社会能力，包括：①责任心；②独立能力；③执行能力；④团体能力；⑤交流能力；⑥合作能力。三是学习能力，包括：①求知欲望；②自学能力；③收集信息能力；④系统思考能力。关键能力是一种专业能力高度抽象而形成的能力，培养层次越高其要求就越高。这是德国职业教育培养目标瞄准的准星。

相比较而言，中国职业技术教育人才培养规格尚在探索之中，能力要求没有统一的标准，尤其是高等职业技术教育基本上是各院校自行制定，以三年制大专宾馆管理专业的职业能力规格为例，某大学的培养要求是：①掌握酒店前台、客房、餐饮、财务、人力资源等部门运行与管理，并具有较好的服务技能；②较好掌握和使用英语、日语，达到初级交际水平；③具有较强

的市场分析水平与经营决策能力；④熟练地掌握酒店计算机管理系统。另一所职业技术学院的培养要求则是：①掌握餐饮服务与管理的技能；②掌握客房服务与管理的技能；③掌握前厅服务与管理的技能；④掌握酒店公关的技能；⑤有较好的职业口语技能；⑥掌握酒店管理计算机应用的基本原理与技能。这样的要求在国内院校的同类专业中，很具普遍性。显然，中国职业技术院校培养的能力规格是粗线条的、比较随意的。

3．技能培养途径比较

德国职业教育技能培养主要有以下五条途径：一是校内实验实训室。基本上每个专业都有一个或者多个校内实验实训室。二是校办经济实体（实习公司）。如德国开姆尼茨“F + U”教育中心的餐厅，指导教师与学生一起工作，学生轮流顶岗，负责餐厅日常运营，解决烹饪、酒店管理和市场营销三个专业的实训实习。三是加入“虚拟公司”系统。该系统总部设欧洲，全球近万家，其中德国院校办的就有800多家，中国院校有1家。其经营管理运作方式完全如真实公司一样，从申请开业到停业或破产都依据法律程序进行。内部机构健全，分工负责，账、单、资金和物品管理流程规范。如德国开姆尼茨“F + U”教育中心的“虚拟书店”，总投资（虚拟）700万马克，1992年开业，至今已盈利20万马克。书店下设6个部门：人力资源部、行政办公室、采购部、销售部、仓储部和会计部。每个部门职责明确，如人力资源部要具体负责员工详细档案、雇佣合同、培训计划、工资、税单、保险等。岗位从普通职员到部门经理，乃至公司总经理，可以提供市场营销、商务文秘和会计等专业近50个实训实习工位。四是送往地区性行业协会教育实习中心。如开姆尼茨市手工业协会教育实习中心，可提供电子、机床、建筑、汽车、木工、餐饮、点心、营销等35个专业800多个工位的实操实训教学，接受技能训练的既有学历教育各个层次（包括硕士、博士）实习生，也有短期培训、转岗培训，以及报考培训师资格人员等。该实习中心总投入约1.25亿马克，每年耗费材料合计金额200万马克以上。经费来源，有95%来自于州政府，5%来自手工业协会。五是社会各类企业。承担学生实习教学的企业必须具备一定的资格，包括场地、设备、指导老师等。由于承担学生实习教学任务的企业，政府将根据企业接受学生数量和时间予以减免税收，所以许多企业都比较愿意接受学生实习。

中国职业技术教育技能培养的主要途径有两个：一是校内实验实训室，二是社会企事业单位。但由于企业对职业技术教育参与意识不强，积极性不高，普遍不愿意接受学生实习。所以，总的来讲中国职业院校学生实训实习比较困难。

4. 实训实习教学指导老师比较

德国职业教育实训实习教学的指导老师有明确的资格要求。根据德国有关法律规定，从事实训实习教学工作的指导老师（无论是在学校还是在企业），都必须有一定的专业知识，有能力培养人，能够与年轻人打交道，24岁以上，2年或以上的实际工作经验，无犯罪记录；虽没有学历、职称限定，但必须参加专业实训，以及学习经济与相关法律、职业教育学和劳动教育学等，并经过统一的资格考试，获取培训师资格、劳动局备案许可。在德国，要获取培训师资格证约需1万马克。只有达到以上条件，才能从事实训实习教学工作。德国负责培训师资格培训的学校（俗称“师傅学校”）有很多，且具有悠久的历史传统。它为德国的工业、手工业和其他行业培养了大批高素质、能力强的人才，而且是实训实习教学指导老师（含兼职）的主要来源，这在一定程度上确保了职业技术教育实训实习教学的质量。

相比较，中国职业技术教育比较强调“双师型”（素质）教师队伍建设，但对实训实习指导老师特别是企业里担任实习指导的人员没有明确的统一要求。在职业院校里从事实训教学工作的指导老师大部分是理论教学的教师，小部分是由企业或研究机构调进的技术骨干。由于中国的大学是讲教师资格、高校技术职称的地方，而且这些直接影响其本人的经济收益。所以，在职业院校里，企业调入的技术骨干从事实验实训教学往往有低人一等的感觉，或者待遇无法提高而不安心工作；在企业里从事实训教学指导老师则更为随意，一切按照企业的需要或方便，其品行、个性、能力、年龄等都不做要求，有时可能仅仅是一位熟练操作工而已。

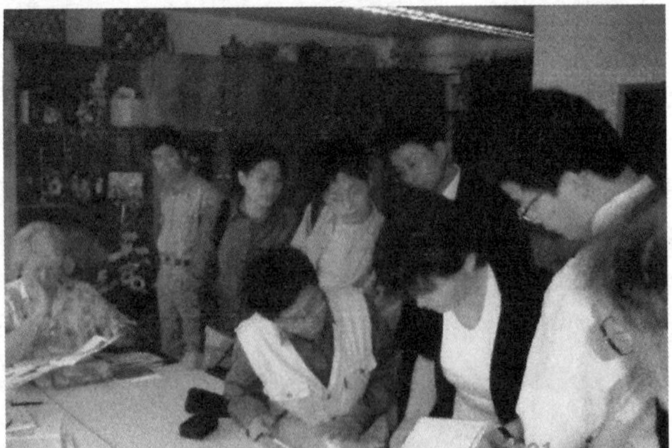

图3－4　杨群祥等与德国职业教育老师交流实训流程

5. 教学方法比较

德国职业教育技能培养的教学方法比较规范统一。一般有三个步骤，如图3－5所示。

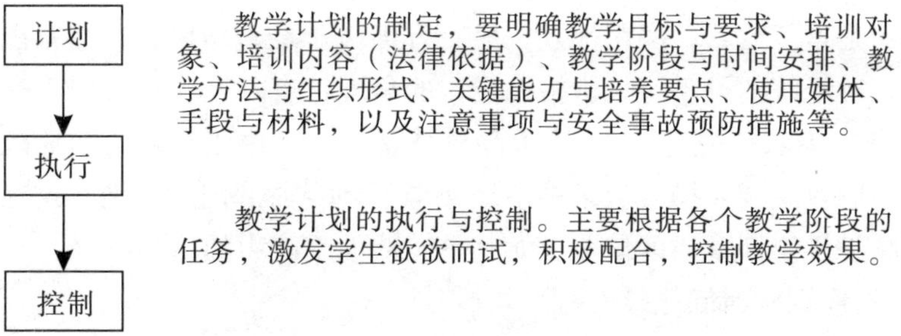

图3－5　德国职业教育技能培养的教学步骤

德国职业教育实训教学过程普遍采用四阶段教学法，即准备阶段、示范阶段、模仿阶段、巩固阶段，并有统一的要求。如表3－3所示。

表3－3　德国职业教育实训教学流程

序号	教学阶段	教学任务
1	准备阶段	指导老师安排任务，准备材料，让学生明确学习目的与要求，并鼓励学生积极动手
2	示范阶段	指导老师解释操作过程、步骤、技巧及注意事项，并重复演示、讲解，回答学生的疑问等
3	模仿阶段	学生模仿老师的演示进行操作练习，指导老师边检查边提问，了解学生是否明白要求及操作程序
4	巩固阶段	学生独立完成任务。指导老师对学生做出的结果进行评估，肯定成绩，纠正错误

中国职业教育技能培养方面的教学方法尚在摸索之中，从理论指导到实践经验都还比较缺乏。

6. 校内实操实训设备比较

在德国职业教育校内实操实训设备先进、技术含量高。有人这样描述，在德国最先进的设备可能不在企业的生产线上，而在职业教育技能训练中心。这是因为，德国职业教育是义务教育，经费比较充裕，有能力采购较精良的设备。同时，企业非常关注“未来专业人才的培养”和“未来市场的占有”，主动向行业协会教育中心或职业院校实训室捐助最先进的机器设备，甚至提供关键技术指导等。

而在中国，职业院校里的实操实训设备几乎都是自成体系，规模小。原因一方面是重复购置，实用性差；另一方面由于经费所限，往往只能选购少量的、相对经济的设备。从价格性能比的角度，有时充其量只是“有得用”，只求“有”不求“先进”，谈不上高科技含量。又由于企业与职业院校互动性较差，职业院校实操实训条件不足又得不到企业部门的帮助，这在一定程度上影响学生全面素质的培养，尤其是实践动手能力的培养。

7. 技能训练时间比较

德国职业教育技能训练时间一般占总学时的60%或以上，而且对每一职业岗位群的各项能力有不同的时间要求。以德国开姆尼茨“F + U”教育中心经济管理学院市场营销专业人才技能训练为例：必须在校内实习公司——“虚拟书店”实训18个月，其中人力资源部3个月、行政办公室2个月、采购部2个月、销售部3个月、仓储部2个月、会计部6个月；在校外企业实习6个月，二、三年级各集中安排3个月，基本做到在所学专业相对应的职业岗位都能有机会实训实习。

中国职业技术教育教学计划学时构成，原则上是三年制专业的实践教学一般不低于教学活动总学时的40%，二年制专业的实践教学一般不低于教学活动总学时的30%。如果剔除实验课、课程设计和毕业设计（论文）的学时，实际用于技能训练时间还要少些。同时，由于实操实训条件所限，很难做到按技能模块要求轮岗顶岗实操实训。

8. 实训实习组织形式比较

德国职业教育有相对独立的实训实习教学体系，不仅有独立教学计划、专用教材、专任实训实习指导老师和相对集中的实训实习时间，而且采取专业理论知识学习与职业技能训练交替式培训模式（如典型的“2 + 3”模式：两天理论学习，三天实践训练）或集中式培训模式，实训实习教学具有较强的计划性和可操作性。

中国各职业技术院校的实训实习教学体系正在逐步建立和完善。就目前来看，实训实习专用教材尤为缺乏。同时，受人、财、物和场地限制，许多实训实习是在课程内进行，停留在演示性、验证性实操实训的居多。

实习周记

从珠江到易北河

不知不觉到德国萨克森州“F + U”实习已经有一个星期了，课程逐渐深入，尤其是那个企业模拟的课程，让学习气氛变得紧张。

本周一开始老师就发了一大份英文资料，足足40多页，要我们在几天内看懂，这便是我们的企业模拟课程资料了，必须要弄懂。但我们组当中没有英语水平特别高的人，大家只好边查字典边翻译。足足奋战了好几晚，才把英语资料基本弄懂，接着便是进入该课程的实际操作了。

值得一提的是，模拟实操是一个游戏式的学习方法，我们在学习过程中就像玩游戏一样，充当游戏中的关键人物，决策企业的整个行动。公司的生死好坏会掌握在我们个人手中。表面看上去像做游戏一样，但实际操作起来就要很多学问了。为此，我们得先熟读资料，对材料进行分析，最后还有小组讨论，通过计算对公司进行决策。整个过程就是以游戏方式围绕着一个模拟公司经营而学习。这不仅提高了我们的学习兴趣，调动了我们学习的积极性，同时还提高了我们的合作性。让我们的学习既紧张又有趣，我们也学到了“真功夫”。因此，虽然要付出很大努力，但同学们依然乐此不疲。

从珠江到易北河不仅是时空的跨越，更是学业时光的历练。

（来源：农工商学院2001级市场营销专业陈杰聪）

二、德国职业教育技能培养模式的启示

德国生产工艺精湛技术得益于较成熟的职业教育体系，而其职业教育的成功在于拥有全社会共同关注、支持的技能培养（实训实习教学）体系。这是德国职业教育的经验总结，也是中国发展职业教育的借鉴所在。

启示之一，德国职业教育属于政府、社会、企业和个人的共同行为，但更多地强调联邦政府的行为，具体体现在把职业教育作为经济发展、积极就业的重要组成部分，为每位职业者或准备就业人员提供就业本领和选择工作机会是政府的职能。政府不仅按各校在校学生规模拨发教育经费，还利用税收减免政策鼓励企业接受学生实训实习等。

启示之二，德国职业教育注意发挥各行业协会的作用。行业协会（包括

其所属的会员企业）对本行业人员的素质要求体会最深刻、最具体，是技能需求情况最好的判断者，由他们来制定职业教育技能标准与培养方案，以及组织职业资格考试等，并为学生提供就业机会。

启示之三，德国职业教育有相对独立的实训实习教学体系，包括教学计划、专用教材、各类实训实习场地与岗位、专任实训实习指导老师、规范的教学方法和统一的组织形式。

启示之四，德国职业教育的受教育者（学生）对未来职业发展认识比较清晰、明确，具有较强的敬业爱岗精神和求知欲望，因而在职业技能的学习、锻炼上，表现出特别的主动、专注和刻苦，追求技艺精湛。

三、中国职业教育专业技能培养的对策

基于以上认识，笔者认为中国职业教育专业技能培养及其目标实现，需要政府、学校和企业的协同努力，以及充分发挥各自的角色职能。

1. 政府，不仅仅是职业教育的倡导者，而且是职业教育技能培养的重要影响者和支持者

（1）运用税收政策鼓励企业接受学生实习。职业教育属于“准公共产品”，政府应该运用各种宏观调控手段或政策工具，调配资源以保稳定生产。就目前，应当是扩大生产。税收政策是政府宏观调控的重要政策工具，各种税率的区别，体现了对产品结构和产业结构的引导，并直接表现了支持什么和限制什么。从某种意义上说，减免税更体现了某些意义的积极鼓励与扶持。因为目前，中国职业院校比较多、发展比较快，国家没有更多的资金去扶持，而利用减免税收政策鼓励企业接受学生实习既扶持了院校的发展，又促进了企业与院校的合作，更重要的是有利于职业技术教育培养目标——“加大实践教学”的实现。

（2）建立中国“虚拟公司”系统，甚至与世界“虚拟公司”对接，提供更广阔的实训实习空间。这对于经济管理类应用型人才技能的培养尤为重要。因为时下越来越多的公司，出于竞争的考虑，对关系商业秘密或经营核心部分的岗位很多不会给“别人插手”，这在一定程度上影响经济管理类应用型人才综合技能的培养。而从德国职业技术教育借助“虚拟公司”的培养手法，其成功说明是可行的。

（3）建立多个具有一定规模的工业训练中心。政府集中有限资源，以省为单位，由教育主管部门、劳动主管部门或行业协会筹建若干个有一定规模的工业训练中心，并向所有职业教育院校开放，既可解决部分学校“实训实

习难”的问题，又可使机器、设备场地得到充分利用，加速流转和更新换代。

2. 学校是职业教育技能培养的关键组织者，应在理论研究与实践方面有所突破、有所创新

（1）注重学生关键能力的培养。由于关键能力具有普遍性、可迁移性和工具性的特点，能使受教育者具有在实践中不断获取知识和迁移知识的基本能力，在未来变化的环境中重新获得新的职业知识和技能的能力。所以，职业教育院校在注重职业基本技能培养的同时，也要注重学生关键能力的培养。德国职业教育的关键能力在英国职业教育中称之为“通用能力”，包括管理与自我发展能力等7个方面，将在英国BTEC证书项目本土化实践中加以讨论。按照“学会学习、学会生存、学会做人”的思路，国内高职院校学生应具备的关键能力或通用能力集中表现在：一是学习能力。学习能力主要是指对学习技术的掌握能力和学习方法的应用能力，还包括在学习过程中所持有的学习态度。二是表达能力。表达能力就是通过口头或书面形式与他人交流、表达自己的观点和意图的能力。三是人际关系能力。人际关系能力是指组织、协调职业活动中个人与组织、个人与同事、个人与他人之间关系的能力。四是外语能力。外语能力是指运用外语进行工作、学习和交流的能力。五是计算机应用能力，即能够熟练地运用计算机进行数据、信息等处理。

（2）指导教师负责制。指导教师负责制，即把高等教育——硕士生导师制培养模式与手工业时代——师傅带徒弟的传统培养方式进行移植、优化，创造出一种新的、符合职业教育的人才培养方式。我国职业教育院校的特点是专业班大、人数多。在德国职业教育学校，一个市场营销专业或汽车装饰专业的学生不过是一二十人，而在中国，每个职业教育院校的同一专业学生人数少则五六十人，多则一两百人。每个专业的学生规模大，客观上造成了企业接纳技能训练的困难。如果采用“指导教师负责制”，每位专业教师全面负责8～10名学生，从学生入学开始，全过程、全方位负责其思想品德、生活做人、专业定位、理论学习、技能培养及其就业推荐等，重点是职业理念及职业发展方向。这样，可以分解大班教学为“小班”指导，在一定程度上弥补了大班实训实习的缺陷。国内高职院校具体运用实践情况将在第六章第二节“高职教育实行导师制的探索与实践”中阐述。

（3）组建校内实习公司。中国职业教育院校的前身多为计划经济的产物。沿袭原有的管理模式，“学校办社会”，各类非教育性机构多，如招待所、学生饭堂、印刷厂等，并都改为生产经营实体，客观上为各专业的基本

技能训练提供了可能。如果经过整合、提升，让专业教师、学生共同生产经营，这在一定程度上可以缓解与实践训练的矛盾。国内高职院校具体运用实践情况详见第六章第一节“高职院校实践教学模式的创新”。

（4）组建校内专业学会或讲习中心，通过研、思、练，培养学生科学思维能力、语言表达能力、人际交往能力、自我心理调节与平衡能力。更重要的是，院校有多个学生自办的学会、中心，各专业学生相互交叉参与，培养、激发兴趣，更有利于复合型、创新型人才的能力培养。

（5）主动与企业和就业部门合作，一方面“以顾客为导向”，加速社会急需人才的培养；另一方面，加强服务意识，为企业提供智力支持，包括技术开发、经营策划、市场推广等。

3. 企业是职业教育技能培养的重要参与者，也是职业教育的受惠者

企业要有“培养未来人才”“占有未来市场”的理念，在向职业教育院校提供各种资助及实习机会的同时，也可以得到长期的技术、信息等方面的支持。当前，国外跨国公司纷纷向国内高校免费提供设备、资助建设实验室等，这是一个很好的例证。这些跨国公司的用意也非常明确，就是要培养技术产品的代言人，最终占有未来市场。因此，国内企业切不可把向职业院校提供实训设备或实习基地当成是单方面的奉献，应该真正意识到，企业参与职业教育技能培养，最终受益于职业技术教育，这是一种“双赢”的战略观念。

案例分享 5

引进德国“双元制”，培养中国工匠

为了更好地借鉴国际职业教育先进理念和先进经验，加快发展现代职业教育，培养大批中国工匠，助推“中国智造 2025”实现，广东邮电职业技术学院自 2014 年起，先后与德国职业教育联盟、芬兰于韦斯屈莱应用科技大学等开展国际交流合作。

与德国职业教育联盟，面向职业院校开展了多期教师培训、学生交流活动，组织师生前往德国，走进德国职业教育的政府组织、行业协会和宝马、奔驰、大众、博世、西门子等国际先进制造企业，聆听职业教育专家和企业专家授课，深入学习和了解德国“双元制”“工业 4.0”、职业资格与职业能力培养、课程设计、远程教育、职业教育考核体系、制造业的创新体制、行业产学研的结合模式等，体验卡片式教学法等职业教育教学法，全面学习德国先进的职业教育理念与方法。学院还借助自身强大的培

训平台，邀请德国职业教育专家前来讲学，帮助职业院校深入了解德国职业教育，以及人才培养模式、校企合作等方面改革实践，取得了良好的成果。

与芬兰于韦斯屈莱应用科技大学合作，充分利用其是芬兰最好的理工型应用大学的优势，开展认证并授权，共同开展信息技术、国际商贸、创新创业等课程建设，以及打造优质师资培训项目。

广东邮电职业技术学院与芬兰于韦斯屈莱应用技术大学签约后合影

德国职业教育专家现场教学

第三节　澳大利亚 TAFE 质量保障体系[①]

TAFE 是 technical and further education 的英文简称，意思是“技术与继续教育”，是澳大利亚建立在终身教育框架体系基础上的特色鲜明的职业教育与培训制度，也是澳大利亚十年制义务教育后政府投资主办的最大的职业教育与培训组织。它是职业教育和培训的主要提供者，为各个行业培训技术工人、服务人员和技术人员，同时也培养某些领域高层次的专业技术人员和管理人员。为了使 TAFE 得以优质高效地运转，澳大利亚拥有完备的质量保证体系。澳大利亚政府利用国家教育质量保证体系、专门法律和拨款、特设行政机构对 TAFE 进行严格的质量监控，行业组织也参与对 TAFE 的质量评估。遍布全国的 300 多所 TAFE 则从教学和评价方面进行自我质量管理和控制。

① 原载于《广东农工商职业技术学院学报》，2008 年第 3 期。

图 3-6　澳大利亚博士山学院市场营销专业教师访问农工商学院

一、澳大利亚职业教育质量保证体系控制 TAFE 教育质量

TAFE 作为澳大利亚最大的职业教育与培训的提供者，服从澳大利亚职业教育质量保证体系的规定。

澳大利亚职业教育的质量管理执行国家资格框架，各州制定本州的质量制度。质量制度在涉及质量管理方面强调以下内容：培训系统和培训组织、机构的注册和质量认证、培训质量的标准和评价。其中，质量认证是整个培训组织及其核心任务，质量制度提出的标准必须落实到两个层面——注册的培训机构（RTO）和通过质量认证的培训组织（QETO）。QETO 机构可以使用澳大利亚科研理事会（ARC）批准的质量标志。QETO 认证每两年重新组织一次，不合格者将被取消。

澳大利亚的质量管理主要由 ANTA（国家培训局）、ARC 和 RTO 三方面负责：①ANTA 的责任：健全国家质量体系和支持 VET（国家职业教育和培训体系）质量制度的健全和落实。②ARC 的职责：支持培训机构开发的质量体系的建立和实施，支持培训机构和组织之间协作以使客户受益，反映 ANTA 对 VET 的原则，达到 ANTA 客户服务标准，按照培训合同批准和控制在岗培训者（提供方）等，以提高培训质量。③RTO 的职责：按照质量建立和实施自己的质量体系，保证达到培训的质量要求等。澳大利亚的每项质量标准都由说明、结果和实证三部分组成，适用于自评和认证。其中实证包括一些例子，以证明达到了标准。质量标准共有 9 项，分别是战略管理，客户中心，人力资源管理，行政、信息和财务管理，资产和设施管理，组织绩效，课程设计，开发和评价，课程的传授和技能认证。

澳大利亚政府于 2000 年 3 月成立了高等教育质量保证署（AUQA），与州和地方政府及办学机构协同工作。政府规定 AUQA 为一个独立的、非营利性的机构，由就业、教育、培训与青年事务部倡议建立，独立于政府开展工作并与教育机构保持一定的距离。

AUQA 负责对 TAFE 学院进行外部检查并公布检查结果。通过外部评估证明院校是否实现了公众的期望；确认一所院校是否愿意提高其质量；确认学生对院校是否满意，并通过这样的评估检查激励和带动了院校的自我评估和自身提高。

二、政府对于 TAFE 的严格质量控制

1. 联邦政府关于 TAFE 的质量管理

澳大利亚政府把职业教育放到了提高劳动力素质，保证国民经济增长的高度来认识。它主要通过宏观调控的方式管理和监督 TAFE，在 TAFE 发展的过程中发挥着核心的作用。作为宏观调控者，它的主要管理职责包括制定相关法律法规，对 TAFE 进行宏观规划布局，并规定和调整办学方向，会同行业组织审批专业和课程设置，注册教学大纲，审核教师资格，制定证书和文凭的国家标准，并提供巨额经费，保障职业教育与培训。

（1）制定专门法律保证 TAFE 的办学质量。澳大利亚 TAFE 的发展不仅得到了国家基本法律的支持，为了更好地完善学院的教育法律政策环境，保证 TAFE 的办学质量，澳大利亚还专门针对 TAFE 发展的相关问题制定了一系列的法律法规，完善 TAFE 的教学运作法律政策环境。为了加强行业、企业参与到 TAFE 的教学的积极性和主动性中，澳大利亚于 1990 年 7 月开始实施《培训保障法》。该法规定，年收入在 22.6 万澳元以上的雇主应将工资预算的 1.5% 用于对其员工进行培训所需的经费。在各财政年度里，凡是这项费用未达到最低要求的雇主，必须依法向国家培训保障机构缴纳其差额。从实施的第一年开始，雇主们对培训保障法的态度是相当积极的，有近 97% 的雇主依法办事。据估计，这些雇主用在培训上的开支约为 3.6 亿澳元。

为了完善 TAFE 师资队伍的建设，澳大利亚《高职教育法》《教师法》等相关法律法规对 TAFE 的教职员工的招聘、职责、权利和培训等都做出了具体的规定。在教师的工资、调整程序、教师工作条件等方面也都做了规范。此外，为了保证所有需要得到职业教育与培训的青年能够进入 TAFE 及其他职业教育培训机构进行相关技能的学习，澳大利亚政府于 1991 年发表了《义务教育和培训后青年的参与》的报告，该报告为提高澳大利亚从业者综合素质，TAFE 发展和企业发展要求同步提供了新的法律支撑。大量的法

律法规为 TAFE 规范管理，明确发展道路提供了法律支持，消除了 TAFE 学院在人才培养中的随意性、主观性等不良现象。

（2）利用拨款机制调控 TAFE 办学质量。目前澳大利亚职业教育与培训的提供者类型繁多，其中有 300 多所 TAFE、600 多个社区教育中心、1 500 多所经国家认证的私立培训机构以及其他一些组织，总共大概有 3 500 所经国家注册认可的培训机构，这些机构不可能都获得国家财政拨款的资助，所以国家设立了评估体系以对各培训机构的培训质量进行评估，以确定国家要购买哪些机构的培训，也就是说政府进行的是一种商业式拨款。政府向 TAFE 购买某一项目的培训，那么政府就要向学院提供经费，但是如果在评估时学院没有完成预先要求的内容和达到要求的质量，那么政府就要收回这一部分的费用。培训机构之间的激烈竞争给了学生和政府更多的选择机会，也确保了培训的质量。

（3）设立专门机构管理 TAFE 的教育质量。澳大利亚联邦政府对 TAFE 的管理是通过联邦教育、科学和培训部、澳大利亚国家培训局（ANTA），以及各州或领地政府负责职业教育和培训的行政管理部门或授权管理机构共同来进行的。其中，澳大利亚国家培训局主要负责批准设置职业教育与培训学历、监督职业教育与培训机构和职业教育与培训系统的整体教育质量。在具体项目的实施中，还要依靠国家、州或领地的行业培训咨询机构（ITAB）。澳大利亚国家级行政培训咨询机构有 23 个，另外还有 6 个 ANTA 认可的特殊行业的培训咨询组织。这些机构是政府自主和支持的、代表各个行业对培训提供咨询服务的权威。

2. 地方政府对 TAFE 的质量管理

TAFE 的办学由所在州或领地的教育部具体负责，而教育与培训质量由所在州或领地的培训管理机构具体负责。由澳大利亚国家培训局制订职业教育的决策、政策方向并负责拨款，部长委员会做最后决策，国家和州或领地的行业培训顾问机构具体反映相关行业的具体需求，并制定行业的能力标准和培训包。州或领地教育培训部是州或领地职业教育行政部门或授权机构，其主要职责是：制定当地职业教育的政策、战略规划，进行宏观管理，确保本地政府的有关教育法案和条例得以贯彻执行；全面负责本州学生的教学工作，并为学生提供教育经费；负责授予、颁发有关学历证书。教育培训部内又设立了诸如人力资源部、质量管理认证部、教育服务处等相关部门来具体管理职业教育。

3. 行业参与 TAFE 的教学质量评估

行业参与质量评估是 TAFE 的一大特色。行业在 TAFE 管理起着重要的作用。“教育就业培训和青年事务委员会”（MCEETYA）和1992年“国家培训总局”（ANTA）的建立就是为了确保职业教育、政府和行业之间的紧密联系，确保TAFE课程的设置能跟上行业发展的步伐，其后国家培训总局（ANTA）又建立了行业培训咨询机构（ITAB）和各州教育服务部（ESD）。联邦和各州TAFE的基本框架和重要文件，除国家认证框架、国家资格认可标准——培训包外，连具体的课程开发都是以行业为主导制定、由政府颁布的方式出台。通过制定和颁布这些文件，行业对TAFE人才培养的要求落到了实处，从而使TAFE的专业设置、培养目标、课程结构、能力标准、教学方式等纳入行业需求的轨道。TAFE的办学方针主要根据企事业单位、社区经济发展的需求来确定，而教学质量控制则由州或领地政府通过州行业培训咨询机构（ITAB）来实施。行业直接参与TAFE的管理和质量评估工作，TAFE都成立了行业咨询组织，他们代表的都是本行业有着较高声誉、丰富实践经验、专业技能和理论功底较强的专家。州行业培训咨询机构（ITAB）每年对TAFE的人才培养质量进行定期评估，确定课程既能满足行业的需要，又能符合学校教学的规律。除了专业的设置、课程的开发都必须保证质量，与行业的需要相吻合外，他们还经常进行行业雇主对高职教育和培训满意程度的调查，提供对TAFE教育教学的看法和建议。从1999—2000年对6 000位企业雇主调查的结果来看，其中有83%的雇主对TAFE总体上表示满意，74%的雇主认为培训的价值已体现在雇员素质的改善和生产力的提高上了。

4. TAFE自身的质量管理

TAFE非常重视自身的教学管理和质量控制，设有专门的机构——质量委员会，并对教师的教学质量和学生的质量分别进行评估。

（1）TAFE教师的教学质量评估。由于TAFE的主要任务体现在教学上，教师的教学质量成为决定教育与培训质量的唯一因素。所以，TAFE十分注重对教师的考核和教学质量的评估。①一般每年都要对教师进行两次系统评估。在日常管理中，TAFE要求每一位教师要对教学工作进行专题研究，并将其纳入正常的工作量，并给予一定津贴补助（按要求，教师每周基本工作量是23小时，但发给教师37. 5小时的课时津贴，其中包括23小时实际工作量，10小时备课工作量，4. 5小时教育科研工作量，达不到标准就会被扣除相应津贴）。②严格规定教师任职资格，除了具有大学本科学历、受过师资培训外，最重要的条件是要求必须有5年以上在企业生产现场的工作经历，特别注重当前的职业岗位技能。③TAFE还非常重视教师的培训工作，规定新教师以及没有经验的教师在上岗前必须接受培训；鼓励和支持在职教师参加相关的专业发展培训，主要有教学研究班、论坛、行动学习和基于工作的学习等项目。④每个教师每年有一定期限的公假，用于进修提高；允许每周利用5小时（周一至周五）业余时间进行打工性质的学习。此外，TAFE还要求教师要定期去企业进行技术实践，从而确保教学不脱离企业实际。TAFE同时也有计划地聘用企业的熟练人员为兼职教师。

（2）学生的质量评价。TAFE坚持以能力为本位的教学质量观。对学生质量评价的考核包括理论水平和实践能力两部分。实践能力是对学生质量评价和考核的重要内容。对理论考核要求较松，对实践考核要求较严格，成绩往往只有合格或不合格两个标准。不合格的课要继续学习，直到合格为止。TAFE考核一般有12种标准测试方法建议教师采用，包括观测、口试、现场操作、第三者评价、证明书、面谈、自评、提交案例分析报告、工作制作、书面答卷、录像和其他。考核结果要求符合“五性”，即有效性、权威性、充分性、一致性、领先性。这些方法的综合运用，比单一试卷考核更能反映出学生的实际能力。另外，在TAFE，不论是长期的结业课程，还是短期的培训课程，都要求学生在学习结束时填写满意程度调查表，调查表涉及教学工作和教学管理工作的各个环节，最后还有向学生了解达到满意的要求。以此来发现教学各环节中的问题，便于改进，以保证教学质量。

总之，TAFE的质量保障的核心是联邦和地方政府，学院和企业及行业组织密切配合但又分工明确。中国应借鉴TAFE质量保障理念，在充分调动高职院校和地方政府积极性的同时，充分发挥非政府组织的作用，邀请行业专家参与高职院校质量评估。

第四节　新加坡南洋理工学院职教理念的启示①

新加坡南洋理工学院（以下简称NYP）在职业教育方面取得的突出成就，代表性地向世界彰显了新加坡的职教理念和模式，其办学特色集中体现在以下几个方面：一是具有较强的创新意识，NYP的“教学工厂（Teaching Factory™）”“综合科技教学”等现代职教理念的应用，较好地解决了高职院校人才培养模式和层次定位问题；二是具有较强的超前意识，人才培养紧密贴合国家经济社会发展需求，以明天的科技培养今天的学生；三是具有较强的危机意识，立足本国，面向世界，用开放性的世界眼光办教

---

①　原载于《广东教育》，2009年第8期、第9期。

育，突破新加坡地小、人少、资源匮乏的瓶颈；四是坚持以人为本，以人的发展为核心，高度重视校园组织文化建设。

当前，以《关于全面提高高等职业教育教学质量的若干意见》（教高〔2006〕16号）（以下简称《意见》）为标志的中国高等职业教育教学改革进入了一个新阶段。《意见》强调高职教育要“走产学结合发展道路”，要加强“校企合作”，“把工学结合作为高等职业教育人才培养模式改革的重要切入点，带动专业调整与建设，引导课程设置、教学内容和教学方法改革”。学习、研究和借鉴NYP的职教理念和经验，对我们找准定位、理清思路，结合自身特点，把“校企合作、工学结合”落到实处，促进高职教育的科学发展，将有很大的益处。

一、“教学工厂”办学理念

“教学工厂”是NYP前院长林靖东先生在借鉴德国“双元制”等西方发达国家先进职教模式的基础上，结合新加坡经济发展需求和职业教育实际而创新提出的办学理念，也是一种办学模式。教学工厂直观地说就是以办企业的模式办学校，是将实际的企业环境引入教学环境之中，由“模拟”到“模仿”到“融合”，将两者有机地融合在一起，在现有的教学系统中全方位营造工厂式的教学实践环境，培养受企业欢迎的高素质、创新型、应用型、开发型专业技术人才，实现学院确定的人才培养目标。

1. 企业项目和研发项目开发

企业项目和研发项目使学生将所学知识和技能应用于多元化、多层次的工作环境中，是教学工厂办学模式不可缺少的重要环节或者支撑。企业项目和研发项目是在教师的主持和指导下，学生以小组轮换的方式参与完成。NYP每年寻求和接受来自于企业的真实项目和自主研发项目达上千个，可以顺利实施以“项目课题”为导向的具有实践性和操作性的现场教学模式。这样做，在提升教师专业能力和提高学生职业能力两方面都取得了收获。大量的企业项目和研发项目，也为NYP实施“双轨制”课程体系构建提供了保证。

2. “双轨制”课程体系构建

“双轨制”是NYP对各专业整体课程体系框架设计的归纳表述，指学生在校三年学习期间，前四个学期主要进行宽基础培养和专业培训，并不间断地从事小项目研究。第五学期全部学生分为A、B两组，A组学生在校进行专向学习（专业方向的教学），B组学生又分为B_1和B_2两组，前3个月B_1组到企业顶岗实习，B_2组在学校做专门的项目研究，后 3 个月 B_1和 B_2两组轮换；第六学期与第五学期的做法相同，只是 A、B 两组学生轮换。这种“双轨制”的运作，项目教学贯穿三年教学的始终，在学习、实践和时间上保证了高职人才培养目标的实现，也减轻了学院满足学生顶岗实习需要的校外实习基地建设的压力。

3. “教学工厂”是校企合作、产学结合的高境界

NYP 以科技服务和人才培养赢得企业信任。教学工厂是以校企深度合作为基础的，而校企合作一定是以学校为本位而不是以企业为本位的合作。林靖东先生说，学校是要开展教学的，需要培养人才和提升教师的能力，校企合作一定要以学校为主。搞校办工厂或者从企业引进资源办校内厂，有太多的商业化色彩，不太适合大学创新、突破、超前的办学理念。大学要密切联系企业，与企业发展保持同步，甚至超前企业的发展，以前沿技术引领企业发展。以诚为本，维护双赢，这是校企深度合作的基础。

4. 科技中心的龙头建设

NYP 以“学院”—“学系”—“部或中心”—“小组”—“个人”构建它的组织体系。与中国高职院校以专业建设为龙头的做法不同的是，NYP 是以“科技中心”建设为核心和龙头构建高科技含量的教学环境，其核心活动包括实践教学环境建设、专业建设、专向教学、在职专科培训（专能开发）、工业项目开发和科研创新项目开发。专业教学与管理是科技中心主持、建设和管理的核心项目。科技中心及其专能基础的强化促使教学工厂模式得到提升，并加深了教学与企业环境的结合。同时，教学工厂模式也成为学院专能开发和教职工能力提升的重要途径。

5. 教学工厂模式是一种发展的模式

NYP 教学工厂是与新加坡经济社会发展相适应的一种创新模式，它既不是英国的“三明治”课程模式，也不是德国的“双元制”课程模式；它不仅仅是企业项目，也不仅仅是企业实习。NYP 教学工厂是学校教学与企业项目、企业实习的有机结合，它不具有固定的模式，而是随着学院的成长和发展与时俱进的，这就是超前的发展观，是 NYP 教学工厂模式持续发展、显示强大生命力的关键所在。

二、“以人为本”的教育理念

校企合作构建教学工厂模式，学校的“本钱”是什么？是人才，是教师。教师要增值而不是被淘汰，就要不停地培训和学习，不停地提升专能，

能够服务企业；学生培养要适用、适应企业发展需要。做到了这些，企业自然会来找你合作。这是 NYP“以人为本”的基本理念。

1. NYP 把“以人为本”的管理理念放在重要的地位

NYP 在营造优美、自然、和谐、智能化的校园环境，实施环境育人、陶冶情操的同时，在管理上注重更新与创新，实行“企业化”的管理，加强团队建设，用好人才，激励师生敢于创新、善于应变，努力实现“1 + 1 > 2”的人才效应。教师方面，在教学评估、奖励晋升制度上注重教师的创新和超前理念，注重教师的工作质量、工作态度和实际贡献，对有突出贡献的教师，破格提拔使用，破格晋升工资等级。在学生方面，实行形成性考核评价制度，取消了传统的毕业论文和答辩环节，以企业项目和研发项目的开发能力进行评价考核，培养出企业适用人才。在新加坡的企业，人才不叫人力资源，而是叫人力资本。

2. NYP 把教师能力提升作为学院发展的重要策略

NYP 选用教师要求大学学历并具有 5 年以上企业工作经历，个别紧缺专业也需要 3 年以上工作经历，这是职业教育双师队伍的基础要求。NYP 十分重视教师专能开发和专业培训工作。教师主动到企业调研，学院与新加坡经济发展局等政府部门建立密切关系（林靖东先生曾任经济发展局人力资源开发署署长），请企业专家来院讲座，积极预测企业技术发展趋势，保证教师的专业知识和技术与企业发展保持同步，超前两年应对企业发展未来做技术技能的准备。NYP 现有全日制在校生 15 000 多人，专任教师 1 000 多人。学院对每位教师提出每年平均要有 200 小时在院内外和国外学习、培训、进修的要求；每年保持 20% 左右专业教师轮岗从事企业项目和研发项目的开发研究工作。这些措施，在保证教师专业知识不断拓展的同时，不脱离企业科技发展前沿，保证专业能力和技能得到提升，使教师队伍整体素质得到提高。

3. NYP 把“无界化”的管理理念应用在学院的整体建设上

无界化理念的实质就是全院一盘棋，实现教学资源共享。无界化理念就是强化部门与部门、部门与学系、学系与学系间的团队合作精神，实现资源和人才的共享，促进学系间的项目合作和教学活动交流，为教师和学生提供更多的综合科技创新与应用机会，强化师生的专业能力和学院应变的灵活度和反应能力。无界化的理念也体现在学院与企业的关系上，学院与企业是合作伙伴的关系，不仅仅是法律协议上的“甲方”与“乙方”的关系。NYP 教学区所有建筑都是连通、智能化管理的，这是校园环境建设的无界化。无界化理念应用，对教学工厂模式的运作提供了有力的支持。

4. NYP把“量身订制”的人才培养观应用于教学过程

“量身订制”这种模式的核心是因材施教，根据企业需要进行人才培养上的“量身订制”，根据企业需求进行项目研发上的“量身订制”。NYP教学工厂的教学过程实施分级教学模式，根据实际情况对每位学生进行“量身订制”。“量身订制”的关键是保证每位学生在掌握必修课程的同时，对自己所学课程有更多的选择机会。在教学方法上，NYP归纳总结出“综合科技教学”的理念。综合科技教学是一种融合多元化科技与多层次整合教学的有效学习途径，倡导针对学生主体的“整合式”“反复式”“启发式”及“渐进式”的教学方法，使教学变得生动有趣，调动学生的学习主动性和学习兴趣，使不同的学生都能得到适合他的教育，使每位学生专业能力得到相应提高，成为企业适用人才。

第五节　加拿大职业教育及其CBE模式

本书开篇曾概括性地提出，加拿大CBE模式比较值得我们学习借鉴。这是团队成员考察加拿大圣力嘉学院等之后（见图3－5）的普遍认识。CBE模式代表着北美职业教育的典范，要求与模式更接近于“职教20条”，并且有7个方面值得借鉴。除第一章所介绍的内容外，这里做进一步的补充。

图3－5　2018年7月，农工商学院团队考察加拿大圣力嘉学院

一、加拿大职业教育管理模式

加拿大是联邦制国家，实行联邦、省（地区）和市三级政府制度，1867年联邦宪法规定教育为各省管辖，因此各省（地区）均设有适用于本地区特点的教育管理部门和制定有符合各省（区）情的教育法律、法规。

1. 加拿大各省政府对职业教育实行宏观管理

省政府对职业教育实行宏观管理，具体职能部门为各省教育部或高教部，职业院校运作与管理由董事会负责。以安大略省为例，省教育部主要职能之一是确立课程设置标准，并每年对本省职业技术课程进行年检。评审标准核心是职业教育必须既使学生具备与就业有直接帮助的技能，又需使学生具备坚实的理论基础和终身学习的能力，两者缺一不可。具体体现在以下三大标准：①职业技能标准，即该课程培养的与学生就业直接相关的技能；②类别标准，即学生在学习该课程后总体职业技能的提高，包括沟通能力、数学技能、计算机水平和分析能力；③总体教育标准，即该课程在培养学生终身学习和可持续发展技能上的贡献，包括审美能力、辨别能力、文化鉴赏能力、公民基本道德素质和个人修养等。

2. 联邦政府对职业教育的间接支持与导向

尽管加拿大职业教育归属各省政府管理，然而，联邦政府也对职业教育的发展提供间接支持和导向，主要通过联邦人力资源与培训部（HRSDC）来实现。联邦政府通过对该部拨款，由该部每年设立灵活多样的职业技能培训项目，如通过向招收实习学生的用人单位提供资金补助和一系列税务优惠政策来促进行业企业参与职业技术教育培训和鼓励个人更新职业技能，实现终身学习的目标，如“学徒培训项目”“青年就业项目”“就业保险计划”“网上在线学习项目”等。

3. 非政府组织或其他教育服务机构对加拿大职业教育的影响

由于加拿大不设联邦教育部，各省教育事务的协调以及各大专院校之间的协作与横向联系由半官方或非官方、非营利性的教育服务机构承担，其中主要有加拿大教育部长理事会（CMEC）、加拿大大学与学院协会（AUCC）、加拿大社区学院协会（ACCC）等。这些机构的主要功能就是为各省教育主管部门以及各省高校提供相互间的协调、游说政府支持并影响政府拨款、构建信息平台、进行教育政策研究、开发国内外市场和提供其他服务。就职业教育而言，影响最大的为加拿大社区学院协会。

4. 加拿大职业教育的投入多元化

以加拿大职业技术学院为例，办学资金通常来源于三个渠道：政府拨款、行业企业资助以及学生所交学费，其中主要是政府拨款。学校资金主要来源渠道及所占比例大致为：省政府拨款占45%～60%，学生所交学费占20%～25%，社会及工商业界联合办学、捐款等其他收入占15%～40%。

5. 加拿大的职业技术学院实行董事会制

按照校董会法案，校董会成员人数最低不得少于12人，最高不得超过20人。其组成具有多元化特点，包括校内人士和校外人士；校长为董事会成员，但不具有投票资格；董事会成员既有教师又有学生；既有教学人员又有教辅人员。董事会对学校行使权力的原则就是保证其更好地为社会服务。董事会定期研究学校工作，及时给学院提出意见或决定任免院长。这些有效的民主监督机制，不但拉近了学院和社会的距离，也保证了对院校工作的监督和管理，有效地促进了学院工作目标的实现。

二、加拿大职业教育的模式与特色

加拿大职业教育在半个世纪内取得了巨大的成就并在国际上享有较高声誉，其中，最主要的是先进的职业教育理念，互通的教育体系和融洽的行校、校企合作关系。

1. 多元化、多规格、交互式的职业教育体系

加拿大职业教育从办学性质上，可分为私立和公立两大类：私立的主要为职业技术学校和行业企业职业技能培训机构，公立的主要为各省的社区学院及大学学院。从职业教育层次上，可分为初、中级的基本职业技能培训（vocational training）和高级职业技术培训（technical training）。

职业教育是加拿大教育体系的重要组成部分，覆盖了以提供初级行业基本技能训练的私立职业技术学校（career college）到面向全社会招生，提供注重理论与实际相结合的高级现代化应用技术教育（applied technical program）的公立社区学院（community college）和大学学院（university college），形成了多元化、多规格、交互式的办学体系。

社区学院是加拿大职业教育的主体，办学宗旨是为所在区域发展目标服务，强调社会效益。在办学形式上，采取了学历教育和非学历教育相结合、普通教育和继续教育相结合、全日制教育和短期培训相结合、理论教育和技能教育相结合的形式。学制一般为2～3年，短期则几周或几月；课程以应用职业技术教育为主、学术理论教育为辅；学生来源、年龄层次均呈多元

化：有全日制学习的学生，也有工作一段时间后又回到学校“充电”的学生；与大学相比，职业技术学院的课程更符合社会用人单位的实际需求，还提供广泛的就业课程，包括学徒训练和继续教育，入学标准灵活、专业面广。绝大部分社区学院具有独立或与全日制大学合作联合授予大专以上学位的资格，这些学位主要为应用型学位（applied degree）。

大学学院继承了加拿大大学和学院的悠久传统，在大学校园内同时开设研究型和应用型课程。既可颁发大学学位（degree）证书，同时又可以颁发普通课程文凭和专业证书（diploma and certificate）。最为突出的特点就是将学院课程和大学课程相结合，为职业院校学生升入大学学习提供了方便。

加拿大私立职业教育学校是加拿大高等教育不可分割的部分，与社区学院相比，私立职业技术学校侧重基本职业技能、初入行培训或初级岗位培训，开设的课程多种多样，但主要针对社会对人才市场的需求，如信息技术、机械技术、护理保健、时装设计、美容等行业等。私立教育机构的办学宗旨是通过尽可能短的时间，使学员胜任某一特定领域的技能。私立职业技术学校没有学位授予权，只可颁发毕业文凭（diploma）和各类课程证书（certificate）。

2. 以产业为导向、以学生为中心的办学理念

加拿大职业教育一个显著的特点就是行业、企业对职业教育的广泛和深度的参与和支持。在社区学院，几乎所有专业都有行业企业的参与。其形式灵活多样，如行业企业出资设立奖学金；行业企业出资委托学院培养特定专业人才；职业院校和培训机构聘请企业管理人员或技术专家到学校兼职任教；企业和学校联合进行科研开发；为学员提供实习场所、行业企业与学院联合对职员在职培训等形式。

为促进行业企业参与职业教育、巩固职业教育和社会的合作伙伴机制（partnership），联邦和各省政府采取了一系列的政策和措施，其中影响最大、最具成效的是联邦政府人力资源与培训部设立的多项计划，如前文所提及的“就业保险计划”“青年就业计划”“学徒培训计划”“在线学习计划”等。由政府出资设立的上述项目旨在鼓励青年人积极参与知识更新、培养终身学习热情并解决学生的经济困难。同时，政府给予用人单位优惠政策，如减税、免税或提供直接资金，如人力资源部通过出资购买培训成果等方式给用人单位以实际回报。

行业企业对职业教育的广泛参与和深度支持，进一步强化了职业教育为所在区域发展目标服务的办学宗旨和以市场需要为导向培养人才以及努力做好学生服务。在加拿大的职业教育理念中，将职业教育培训作为一种产业来

经营：学校是工厂，学生则是产品。为避免产品的积压所造成的浪费，学院常设人才咨询与就业中心，在学生入学前，向社会调查专业的需求来决定所开设的专业；学生入学后，同用人单位取得用工、用人的信息，同社区企业开展项目合作，给学生提供参与社会实践的机会，使学生提前了解社会。这样，不但使学生增加了收入，而且也使用人单位对应聘者有所了解，增加了学生毕业后留用的机会。在毕业时，就业指导中心负责做大量的工作，宣传学生，推荐学生，保证学院的生源和入学率。这也是加拿大职业院校毕业生保持高就业率的重要因素。

加拿大职业教育落实“以学生为中心”教育理念，强调的是全员服务理念，认为学生成功是全校所有人的职责。帮助学生成功不只是某几个部门及人员的职责，教师和员工人人有责，只有全员参与，才能实现帮助学生成功的目标等。

3. 独特的职业 CBE 教学模式

加拿大职业教育普遍采用 CBE（competency-based education）教学模式。CBE 模式实际上是一种以职业综合能力为基础，以胜任岗位要求为出发点的教学体系。它包括四方面内容：知识（knowledge），指与本职相关的知识领域；态度（attitude），指动机、情感领域；经验（experience），指活动领域；反馈（feedback），指评价、评估领域。这四方面的要求以一个学习模块的形式表现出来，即构成一种综合的职业能力培训。为保证能力分析的客观性和实用性，这种职业分析工作，综合能力和专项能力的确定是由企业领域的专家和专门的课程设计专家组成的顾问委员会完成的，学院的教学人员一般不参加。它体现了以下三方面特点。

（1）以职业能力作为进行教育的基础，作为培养目标和评价标准，以通过职业分析确定的综合能力作为学习的科目，以职业分析表所列的专项能力从易到难地安排教学和学习计划。

（2）以学生个人能力为基础，根据学生个性化需求开展教学。学校为不同知识结构、不同能力层次的学生制订灵活的教学计划，满足学生个性化的需求。

（3）教学上灵活多样，管理上科学严格。CBE 强调岗位需求和学生在学习过程的主体作用，课程可长短不一，学生程度可以不同，学习方式全日、半日、业余等可以由学生决定，毕业时间也不要求一致。这样易于做到小批量、多品种、高质量。

案例分享6

农业骨干海外研修，打造一流师资队伍

多年来，广东农工商职业技术学院根据“以农为体、工商为用”的办学定位，强化“一流”师资队伍建设，努力培养一批业务水平精湛且具有国际视野的骨干教师。2015年11月8—21日，学院为了落实广东省示范性高等职业院校建设项目以及广东省作物生产技术一类品牌专业建设项目，选派热作系副主任董斌博士、园艺技术专业负责人岳海林博士、食品生物技术专业负责人孔凡利博士和园艺技术专业汤慧敏博士等4名骨干教师组成的博士团队，参加了广东省科技厅组织的“以色列现代农业技术集成及创新体系建设”研修班。研修班以学习以色列先进现代农业技术及配套创新体系为目的，邀请来自以色列著名科研机构、高等院校以及大型农业企业的专家学者授课，旨在提高科技工作者的农业科技创新能力、科技成果转化能力和推广应用能力，以加快广东省现代农业产业体系建设。研究班学员由来自广东省对外科技交流中心、广东农工商职业技术学院、广东省科学技术情报研究所、广东省技术经济研究发展中心、华南农业大学、仲恺农业工程学院等单位的农业技术专家和科技人员组成。

以色列企业专家介绍农业机械

骨干教师考察以色列花卉产业

第四章
国际职业教育先进模式的本土化

国际职业教育先进模式引进的形式与内容包含多个方面，具体有教育理念、人才培养模式、教学方法、专业（职业）资格证书、课程、教材、管理制度、实训设备等。但是，引进只算手段不是目的，更不是真正意义的国际化。引进国际先进职业教育的目的应该是学习、借鉴，在消化、吸收的基础上本土化，在自我完善的基础上创新。这里以农工商学院引进英国 BTEC 证书项目的本土化实践为例加以讨论与说明。

第一节　引进国外先进教育模式，推动高职教育教学改革①

第三章广东高职教育赴英考察报告中谈到，英国的职业教育有较长的发展历史，职业教育制度比较完善。英国 BTEC 教育模式反映了英国先进的职业教育理念，特别是其倡导的“以学生为中心”“以能力培养为主线”的教育思想，与中国高职院校教育教学改革方向相吻合，对于提高中国高职院校办学水平和教育质量具有重要的借鉴意义。

一、BTEC 教育模式的主要特色

BTEC（Business & Technology Education Council），即英国商业与技术教育委员会，由英国两大职业评估机构 TEC（技术教育委员会）和 BEC（商业教育委员会）合并而成。后来 BTEC 与伦敦考试与评估委员会合并为英国爱

① 原载于《高教探索》，2008 年第 6 期。

德思国家学历及职业资格考试委员会，即 Edexcel，是英国最大的学历与职业资格颁发机构。全世界共有 130 多个国家、5 700 多个中心在实施 BTEC 教育模式。该模式在中高等职业教育和人才培训方面居于世界领先的地位，在关键技能教育的拓展方面有着卓越的表现和权威性。BTEC 国家高级证书（HNC）和国家高级文凭（HND）课程教育都以职业教育为对象，在通过征询专业机构意见的基础上来发展和开发符合国际商业需求的认证资格。其特色主要体现在教育理念、课程体系、教学方法、质量监控体系四个方面，代表着国际职业教育改革与发展的主流。

1. “以学生为中心”的教育理念

传统的教育理念是“以教师为中心”，即教师是知识的传授者，是主动的施教者，监控着整个教学活动的进程；学生是知识传授的对象，是外部刺激的被动接受者。这种教育理念虽然有利于教师组织、监控整个教学活动进程，有利于系统的科学知识的传授，但却忽视了学生的学习主体作用，结果只教会了学生知识，却忽略了学生学习能力的养成；只强调了学生对当前职业岗位的适应，却忽视了为学生未来的职业生涯打基础。

但随着现代社会发展的脚步不断加快，职业岗位知识更新的速度呈几何级数增长，仅凭学校所学的知识去应对不断变化的岗位需求越来越不现实，对于作为面向生产、建设、服务和管理第一线需要的高技能人才的高职学生更是如此。为此，高职教育重要的不是教给学生知识，而是教会学生如何学习，使学生具有持续发展的能力。

而 BTEC 教育模式所倡导的“以学生为中心”教育理念，就是从学生个性发展、个人潜能开发着手的。学生是自我学习的主体，教师则是学生学习的高级伙伴或合作者。在这种教育理念指导下，学生对学习会产生强烈的兴趣，对学习会有强烈的主动性，即便是毕业后也能进行自我学习、自我发展。BTEC 教育模式中的课程体系、教学方法、考核方式、质量监控体系都是围绕“以学生为中心”这一教育理念展开并为其服务的。

关于“以学生为中心”的教育理念将在第七章第二节系统阐述，此处略。

2. “以能力为导向”的模块化课程体系

BTEC 教育模式特别强调学术和职业专业能力两方面的平衡发展，强调一定知识的拥有和职业能力的养成及其相互的均衡，挖掘学生个人潜能和可持续能力，尤其在职业教育上，突出 7 种通用能力的培养，包括管理和自我发展能力；与人共事相处的能力；沟通、交流和使用通信技术的能力；完成任务和解决问题的能力；运用数字技术的能力；运用设备和软件的能力；创新、开发和设计的能力。这7种能力的培养贯穿于教学始终。在上述7种通用能力的导向下，BTEC教育模式下的课程以单元模块为单位，单元分为必修课和选修课，既有统一要求，又能适应不同需要。7种通用能力则以各种方式渗透进模块化的课程体系之中，培养学生既会做也能说。

BTEC教育模式将学生的培养目标定位在能力模块上。能力模块体现7种通用能力与专业（方向）能力的有机结合，涵盖了当今社会从事各种专业、职业所必需的最为基本的能力和技能，充分体现学生的现实运用和未来发展、职业素养和学术拓展的要求，因此也是各个专业、各门课程的共同培养目标；同时，能力模块涵盖着特定职业、岗位核心能力。能力模块中的每一种能力都能够通过具体的可操作的指标进行检测。

3. “教、学、做”一体化的教学方法

根据“以学生为中心”的教育理念，BTEC采取了包括问题教学法、项目教学法、案例教学法和脚手架式教学法等在内的教学方法，教学活动强调“教、学、做”一体。

（1）灵活的教学内容设计。BTEC各专业16门课程按不同专业方向进行不同模块组合，没有指定教材，只给出若干建议阅读的书目，但规定每门课程必须达到若干个规定的学习成果（outcomes）。教师根据能力及学习成果要求，自行组织教学内容。

（2）富有挑战性的教学活动。课程内容设计，必须在课程内容的逻辑体系和教学方法上体现各种能力间的联系，处理好以下问题：课程内容的逻辑联系；知识的基础与拓展的关系，单元的先后顺序；各单元应该突出的基本能力；采取何种教学方法来引导学生掌握这些能力，并且将理论教学转换为能力培养；如何检验学生掌握这些能力的程度：每个单元中能力的培养都有检验的标准，但教师必须将它们细化，根据每个单元的课程内容，制定出具体的可操作的评价等级标准。

（3）鼓励学生积极参与的教学过程。组织与调动学生参与课堂交流、协作学习等。这样，不仅体现对学生的特定能力和素质的培养，而且体现理论学习、技能培养和学术训练的有机统一，体现“教学相长”和学生个性的发展与潜能的发挥。

4. 独特的课程考核与教学质量监控方式

BTEC教育模式具有独特的课程考核与教学质量监控方式。

（1）严格的考核程序，灵活的考核内容。在课程考核上，以学生在学习过程中取得的实际成果为标准，包括专业能力成果和通用能力成果，考试不再作为唯一的考核依据，学生完成课业的质量成为重要的考核指标。课业由一项或一系列有实际应用背景的任务所组成，每次课业都明确规定了学生必须锻炼的内容和展示的能力，学生不仅要展示最后的成果——课业，还要记录完成课业的整个过程，如完成课业的形式、途径等。具体体现在以下6个方面。

①BTEC的考核以学生课业为主要形式，每门课程学生必须完成3～4个课业，所有课业成绩合格该课程才可以获得学分。

②每个课业规定覆盖1～2项成果，每项成果涵盖2～4项特定技能。学生必须完成每个成果及各项特定技能，凡不完成的必须重做。

③教师课业设计必须符合规范格式和程序，体现能力培养要求，制定评价标准，按所规定的能力要求进行评审和评定成绩等级。评估标准和成绩要与学生见面，若学生有异议，可以申诉。所有成绩须经内审员、内审小组、外审员审核，经英国Edexcel总部确认后才有效。

④课业内容以学生的能力考核为主，理论和知识掌握必须转化为能力的考查；课业形式可以是个人完成，也可以是小组共同完成，但小组课业必须反映出每个学生的个性。

⑤课业必须同时体现学生的学术能力培养，符合学术规范。

⑥课业评估分四个等级：D（distinction）、M（merit）、P（pass）、R（redo），即优、良、及格和重做。作为开放性教育，未能通过考核的，可以重做。教师根据有关的规定来评估学生课业等级。

（2）严密的管理机制，清晰的监控流程。在教学质量监控方式上，BTEC教育项目有一套严格的教学质量监控系统，即教学质量内外审监控管理制度。每所院校（或中心）都“要建立由学校领导、教师组成的BTEC课程内审工作小组，对教师和学生进行‘跟进’”式的内部评估。内审组专家必须经过系统培训并考核获取资格后，受Edexcel机构委托开展校内教学审核；外审专家由英国Edexcel总部委派，通常由国际职业教育专家担任，每学期对教学质量进行一次或一次以上审核，并采取分层次（包括院校管理层、内审组专家、课程负责人、专业教师和学生甚至用人单位）、面对面的访谈，以及课业审查考核等，确保在世界范围内学生能够学习统一的、高质量、高标准的课程。

①严密的管理机制。监控机制由教师、内审员、内审小组、外审及学生申诉通道构成。其中，教师同时担任内审员角色，每个专业的教师建立一个内审小组，设组长一名；外审为BTEC总部特派专家。

②全方位的监控。监控内容包括三大方面：a. 管理质量监控，主要监控机构是否健全，管理文件是否完善以及是否正常执行、学生申诉通道是否

通畅等；b. 教学质量监控，主要监控教师是否按教学大纲进行教学、课业是否规范，是否覆盖了基本技能和学习成果、教师评价是否合理等；c. 学生进步监控。教师和学生本人都应该记录学生的进步情况，教师除了记录学生的课程学习进步以外，还必须如实记录学生的能力、社会道德等方面的进步情况，其中包括教师与学生的个别谈话记录，所有记录必须与学生见面，并有学生本人的签字。

③清晰的监控流程。BTEC 的教学质量监控体系如图 4－1 所示。

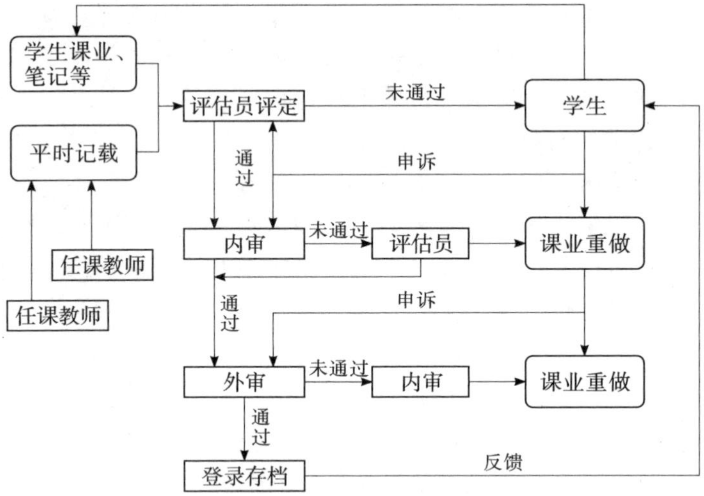

图 4－1　BTEC 教育质量监控流程

a. 课前审核。教师上课前将教学大纲、课业设计交由内审组审核，经同意后才能实施；内审组主要审核课业设计是否规范合理，时间安排上是否考虑到学生方面的因素，课业能否涵盖教学大纲所要求的基本能力，检测标准是否具体可行。

b. 教师评价。每一个单元的教学完成后，教师对学生课业和学生进步情况进行考核，按照原设计的检测标准做出等级评价，重点是学生是否达到应掌握的能力要求；对学生的优点和不足要客观地指出；所有评价要与学生见面，学生如对等级评价有异议，有申诉的权利，教师必须做出回应。

c. 内审员审核。内审员对教师的教学进行评审，主要审查学生课业是否达到单元的能力要求，教师评价是否准确；内审教师根据自己的理解做出等级评价，而不必完全同意教师的评价。

d. 内审组审核。课程完成并经教师评估和内审员审核后，内审组以会议的形式，对教师的教学进行评审，对教师的教学和学生课业的完成情况提出评议，重点讨论教师和内审员意见不一致的评价，并最终形成结论。内审组的讨论意见必须形成文字，交外审员审核。

e. 外审员审核。外审员由英国 Edexcel 总部直接派出，均为某一专业的专家，每个专业派一名外审，一般为每学期外审一次。

外审专家按照 BTEC 证书全世界统一的质量标准，对每个学期的每一门课程的教学进行审查。主要审查教师对教学大纲、课程与课业要求理解是否准确，教师和内审对学生课业的评价是否合理；管理是否规范，文件是否健全，学生课业质量；等等。同时外审专家还听取中心主任的介绍，检查图书设备是否符合要求；还与教师、学生座谈，听取对管理、教学的意见。最后把结果向中心负责人反馈，提出建议。

外审结果由外审专家向英国 Edexcel 总部提交书面报告，经总部审核后再以书面形式通知校方（中心），确认的成绩才有效。如外审不合格，该中心（专业）将暂停招生甚至撤销。

二、BTEC 教育模式的本土化实践

广东省教育厅与英国教育文化委员会开展中英职业教育合作项目，目的是加强与国外职业院校的合作交流，进一步推动广东高等职业教育健康协调发展。中英职业教育合作项目由省教育厅主持，以中英职业教育合作项目指导成员为骨干，广东技术师范学院、农工商学院、顺德职院、番禺职业技术学院（以下简称“番禺职院”）、轻工职院、水电职院、白云职院、广州大学等 10 多所院校直接参与，通过省内院校的联合，最终起到辐射华南乃至全国的作用。特别是广东省教育厅颁发了“证书试点”后，标志着中英职业教育进入了深层次的合作与交流并加快国际化师资队伍的培养（如图 4－2 所示）。农工商学院等院校对 BTEC 教育模式的实践与探索就是在这样的背景下启动的。

1. 引进 BTEC 教育模式的基本情况

农工商学院于 2002 年 5 月与英国 Edexcel 合作，引进了 BTEC 证书项目。同年 9 月，该项目被广东省教育厅确立为中英职业教育合作的试点项目。先后开设了市场营销（BTEC 商业方向、BTEC 财务方向、BTEC 人力资源方向、BTEC 旅游酒店方向 ）和计算机应用技术（BTEC 商务信息技术方向）等专业（方向）。2004 年，省教育厅批准 BTEC 证书项目与国内专业并轨，纳入广东省普通高等教育统一招生系列。2015 年经省考试院批准，BTEC 证书项目以独立代码纳入广东省普通高等教育统一招生。截至 2019 年 12 月，

图 4－2　2003 年 1 月，广东省中英职业教育合作项目第二期培训班结业合影

农工商学院是大中华地区最大的 BTEC 教育基地，累计已培养 17 届 2 385 名（含结业）学生。

2. BTEC 教育模式的本土化实践探索

（1）“以学生为中心”教育理念的学习深化。从引进 BTEC 证书项目开始，农工商学院就着手向全院推行“以学生为中心”的教育理念，并不断将该理念进行本土化实践：一方面，利用会议、报纸、杂志、校内刊物、广播和网站积极宣传、推广 BTEC 项目相关做法；另一方面，每学期组织 1 ~ 2 次 BTEC 教育模式的教学观摩活动，把 BTEC 证书项目的课程教学变为“以学生为中心”教育理念的实践平台，并积极拓展到其他各个专业、各门课程。如商务文秘专业社会调查这门课程在实践“以学生为中心”教育理念的做法是：让学生走出课堂，到社会中去实践，授课教师在讲解必要的调查方法后，即让学生分组进行社会调查，并由学生利用实际调查所得的结果，互相协作完成数据处理、分析，最后撰写调查报告。这种参与式、协作式教学巧妙地使学生由被动学习变成主动学习，激发了学生的学习兴趣，体现了“以学生为中心”的教育理念。此外，通过 BTEC 项目平台，以各种方式“教育学生树立终身学习理念，提高学习能力”，培养学生积极挑战、独立思考、主动探究的精神。

（2）以职业资格标准为基准的课程标准探索。课程标准来源于教学大纲。BTEC 教育模式的突出特点是以职业资格标准、企业需要的知识与能力作为制订教学大纲内容与要求的依据。这个大纲既符合教学规律又符合现场工作的要求，可以满足学生继续发展的需要。所以，农工商学院按照教育部关于“参照相关的职业资格标准，建立突出职业能力培养的课程标准”的要求，积极将 BTEC 教育模式“以能力为导向”的课程设计理念推广到各专业、各门课程的改革与建设中。在修订2007版教学计划及教学大纲过程中，坚持以能力为主线，以国家职业标准对相关从业人员的能力要求为标准，将能力要求的专业知识和职业岗位技能分解到不同的课程模块和实践教学之中，使职业资格标准与课程教学大纲相衔接，确保学生能够在知识拥有和职业能力养成两者之间平衡发展。如计算机科学系的商务信息技术专业就是按照BTEC教育模式的7种通用能力要求，划分出本专业中的数学分析能力、常用软件运用能力、商务流程管理能力、网络营销能力等11种职业专项能力，以此达到使学生“学会交流沟通和团队协作，提高学生的实践能力、创造能力、就业能力和创业能力”的目的。

（3）“课业”式教学法的应用。“课业”式教学法，是一种完成某项任务、实现某一教学目标的教学方法，也是BTEC教育模式的特点之一。在农工商学院，“课业”式教学法已被BTEC项目任课教师成功运用到国内其他专业与课程的教学中。如在讲授小企业特征与外部环境之间关系时，借鉴BTEC教育模式的“课业”式教学法，将教学内容巧妙地转化为布置给学生的调查任务，让学生在“教”中“做”，在“做”中“学”，在“学”中不断锻炼自身的职业能力，具体教学流程如图4－3所示。

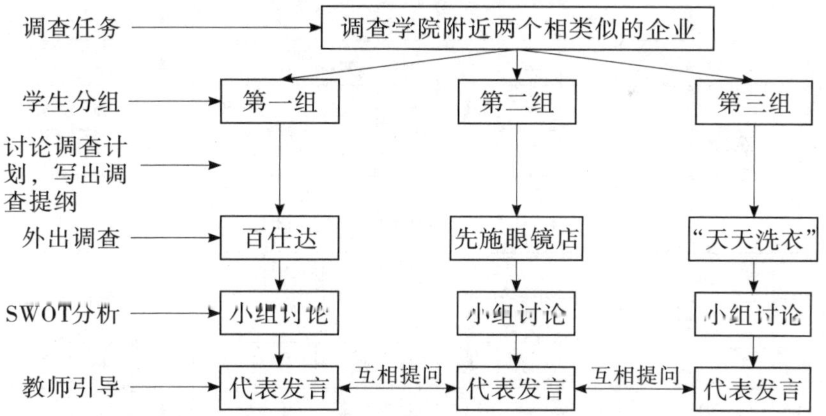

图4－3　“小企业特征与外部环境”教学方法示意图

根据调查显示，学生普遍对这种教学方式有较高的认同度。“课业”式教学法一方面调动了学生学习的主动性与积极性；另一方面也使学生在“做”中了解到了小企业与周边环境互为依托的关系，在“做”中锻炼了学生的社会交际与协作的能力，最终实现了融“教、学、做”为一体，强化学生能力的培养目标。顺德职业技术学院则对“课业”式教学法加以改革，创造性地将BTEC专业课程建设为工学结合课程，通过采用“课堂教学—企业实境教学—学生汇报答辩”的“三段式”教学模式，由企业兼职教师、专业教师和学生一起完成课程的任务和目标，使学生的知识、素质和能力全面提高，进而实现“教学过程的实践性、开放性和职业性”的教学改革目标。

（4）“形成性”课程考核设计理念的引入。在探索与创新过程中，农工商学院积极引入 BTEC 教育模式的考核设计理念，即突出职业资格考核内容，突出基本技能、技巧测试，突出综合性、形成性考核方式等。如商务系引入 BTEC 课程考核方式，学生课程成绩以课业考评为主（见表 4－1），包括课堂陈述考评和学生平时表现（见表 4－2），考评中尤其注重对学生通用技能的考察（见表 4－3）。在对学生平时表现的考评中也充分体现出“以学生为中心”的思想。在考评的内容与比重上，教师充分征求学生的意见，达成共识后再确定。在考评程序上，先由学生自评，然后教师根据自己掌握的情况与学生进行沟通，做出适当调整。

表 4－1　市场营销课程课业计划

课业	占课程考评比重	课业考核内容										
		课程目标				通用技能						
		A	B	C	D	A	B	C	D	E	F	G
课业一	15%	★				★			★			★
课业二	20%		★	★	★	★	★		★			★
课业三	15%			★	★	★		★		★	★	
课业四	10%				★	★		★	★			

表 4－2　市场营销课程考评计划

考评方法	比重	考评内容										
		课程目标				通用技能						
		A	B	C	D	A	B	C	D	E	F	G
平时表现	20%		★	★	★	★	★		★			★
课业	60%			★	★	★		★		★	★	
课堂口头陈述	15%				★	★		★	★			

注：课程目标中 A 为解释说明营销过程；B 为解释说明目标市场营销；C 为分析说明营销组合的各要素；D 为在不同细分市场运用营销组合的各种战略。在通用技能中：A 代表自我管理与自我发展的能力；B 代表人际交往能力；C 代表沟通能力；D 代表任务管理与解决问题的能力；E 代表数字运用能力；F 代表技术运用能力；G 代表设计与创新能力。

表 4－3　“小企业管理”课程的 pass 等级考察内容

项目	内　　容
A. 分析一个小型企业的经营业绩	a. 描述一个小型企业的概况 b. 回顾、评价该企业的业绩 c. 分析该企业的优势和弱势
B. 提出改进经营管理的建议	a. 提出转变该企业弱势的建议 b. 探索巩固该企业业绩的方法 c. 提出该企业发展的新途径
C. 根据所提出的变革而修订经营目标和计划	a. 评价该企业目前的经营目标和计划 b. 修改该企业经营计划以适应提出的新变革 c. 准备行动计划来实施变革
D. 在各领域实施变革	a. 评估变革对企业及有关人员带来的冲击 b. 说明如何操控该企业变革的实施 c. 监控企业经营的改善情况及管理水平

（5）“流程式”教学评估的尝试。借鉴 BTEC 教育模式的教学质量评估与监控体系，农工商学院牢牢树立了“加强质量管理体系建设，重视过程监控”的理念，并初步建立起“以学校为核心、教育行政部门引导、社会参与的教学质量保障体系”。如计算机科学系“商务信息技术”专业启动了学生评估、内审员评估、教学中心综合评估以及外审员评估的四重教学质量监控模式，共同构建全新的教学质量管理体系。具体管理流程如下。

①学生填写一张“教学信息反馈表”递交教研小组长，也可使用电子邮箱直接反映给教学中心主任。教研小组长或教学中心主任则在规定时间内将学生的意见传递给相关教师，以使相关教师及时调整教学。

②每门课程除任课教师外，专设一名教师任内审员。内审员通过听课、审查教学计划、审查课业的评定等途径对任课教师的授课进行评估，并要求教师对存在问题限期改正。

③每学期在学生评估和内审员评估的基础上，由教学中心对任课教师进行综合评估，确定优秀教学个案或改善教学的意见。

④接受国际职业教育专家评审。由于该专业还有一部分是中英合作项目，因此，在教学评估时，还包括英国 BTEC 本部派来的外审员进行评估。外审员主要通过审查课业、与学生交谈、与教师谈话等形式对该门课程进行评估，评估不合格的限期改正。

（6）“双语”教学的积极推进。全英语教学与管理是 BTEC 项目的基本要求，也是其一大特色。在实践中，农工商学院借助 BTEC 项目平台积极推行“双语（中英文）教学”，培养外向型、国际化、应用性技能人才。为此，学院先后选送 10 多批次专业教师到英国、美国、德国等进修学习，通过“送出去、请进来”和与境内外相结合的方式，培养、锻炼了一批“双语”授课的教师，而这些双语授课教师又通过双语教学观摩课的形式带动全院其他专业教师的双语教学热情。

案例分享 7

赴外访学开阔国际视野，教学科研能力同步提升

外派访学王华老师 UNITEC 理工学院外语系主任交流

教师队伍的综合素质决定学校的教育教学质量。广东农工商职业技术学院一直致力于通过多种渠道提升教师队伍的综合水平。近年来，通过国外访学项目，开阔教师视野，推动教师教学能力和科研能力的双重提升，取得了显著成效。2015 年 3 月，学院派出商务英语专业在内的多名专业教师赴新西兰 UNITEC 理工学院进行为期一个学期的国外访学。这是首批由国外大学资助完成的访学项目。教师访学期间，在生活方面，通过融入本地居民家庭，访学教师能够深入体会英语语言和新西兰文化，促进跨文化交际能力的提升。在教学方面，专业教师通过参与课堂观察活动和教学工作坊，深入了解了新西兰职业教育理念政策和教学方法，提升了自身教学能力，助推专业教学改革。在专业建设方面，通过邀请新西兰 UNITEC 理工学院语言教学专家参与我校专业建设和合作开展“3 +1”国际合作办学项目，提升我校专业建设的国际化水平。在科研方面，参与访学的教师充分发挥自身优势，与新西兰 UNITEC 理工学院的专业教师共同开展科研项目合作，发表国际期刊论文，提升了科研能力和国际视野。

通过国外访学项目，专业教师开阔了国际视野，提升了教学能力、科研水平和专业建设层次，取得了一举多得的效果。

三、引进 BTEC 教育模式的积极成效

高职教育在创立与发展时期，无论是在教学方法、教学内容，还是在考核方法、人才素质培养等方面都不同程度地存在着重理论轻实践、重知识灌输轻能力开发的问题。学生的适应能力、创新能力、思维能力、分析能力、沟通能力、学习能力等难以适应市场经济发展及经济全球化的需要。因此，中国高职教育急需探索新型的教育模式。农工商学院高瞻远瞩，面向未来，把满足社会对实用型、创新型、国际型人才的需求作为学院人才培养的新目标要素。在探索中，农工商学院认为 BTEC 证书项目，不仅迎合了中国市场对人才素质的需求，而且该项目的引进可以使学院在办学形式上、人才培养规格上多样化，在竞争中展示自己的特色。

经过短短几年的实践，农工商学院 BTEC 证书项目取得了喜人的成绩。图 4－3 所示为农工商学院首届 BTEC 证书毕业生合影。引进 BTEC 不是照搬照抄，而是借鉴国外先进的教育模式，推动本校乃至全省的职业教育改革。在消化吸收的基础上，农工商学院进行了大胆的创新，化国外优势为自己的优势。而本土化的实践极其成功，不仅证明了引进、借鉴决策的前瞻性，而且进一步扩大了学院的影响力和增强国际化办学的信心。

图 4－3　农工商学院首届 BTEC 证书毕业生合影

1. 更新与强化了教育教学改革理念

在 BTEC 教育模式引进、消化与实践过程中，农工商学院上下对“以学生为中心”的教育理念有了全面认识，重视学生的兴趣、志向、情感、需

求，尊重学生的意愿和个性差异；师生平等，教师是学生学习的引导者；动态教材与“抓中药”方式破解“必需、够用”；课业式落实过程化考核、内外审制度形成教学质量自我控制等。

2．锻炼与提升了学生整体素质

（1）竞赛技能优势凸显。BTEC 教育模式，不仅强调专业能力的培养，还包括了 7 项通用能力的训练。学生的精神面貌、自信心、活泼向上表现等整体素质都得到了提高。如在推销实战比赛中，BTEC 团队获得了比赛第一名，较获得第二名的非 BTEC 团队高出 30 多分，特别在行动计划、勇气、破冰、表达技巧、团队协作、推销业绩等方面，BTEC 学生表现出绝对的优势。BTEC 学生多次代表学院参加省、全国及全球职业技能大赛，并先后获得一等奖、金奖殊荣。

（2）岗位实际能力得到提高。BTEC 学生的实际工作能力也得到了提高。比如 BTEC 市场营销班的张淑明同学，在做暑假工期间就显现出与众不同的素质和工作岗位所需要的实际能力。她在深圳举办的“假如我是华侨城铜锣湾总经理”比赛中获得了第一名。她的情况《深圳日报》《晶报》都进行了报道。一些毕业走上工作岗位的同学，得到用人单位肯定评价，更加肯定了自己 BTEC 学习的获益。BTEC 首届毕业生董肇梅同学说：“我真的出乎意料——毕业前，老师推荐我去外省一所准备办 BTEC 的学院担任教学秘书，当时让我高兴了好一阵子。可我听说班上有的同学被公司聘用后直接派到香港工作。我也想去试一试，一头就闯进了德国认证（深圳）公司。他们的领导看了我的简历，并进行了长时间的英语交谈。我感到好紧张，因为这毕竟是一家待遇相当不错的国际性大公司。但出乎我意料的是我被录用了，而且没多久，我就升为了主管助理，真的好快哟，出乎我意料。”蔡平銮被几家涉外公司争相聘用，最后她选择了叙利亚的铻美雅创作有限公司（中国），并担任客户经理。不久，公司即派她到香港工作。

（3）学生的意志得到了磨炼。BTEC 教育模式下的学习是十分繁忙而富有挑战的。很多同学在艰苦的学习中磨炼了意志，尝到了成功的喜悦。正如首届 BTEC 学生叶苑萍同学在日记中写到的：“我感受很深——两年的学习（注：二年级由校内其他专业转入就读），确实很不容易，可以说除了苦就是累。但 BTEC 的可爱之处就在于它的与众不同，它改变了我的生活，不仅给我带来了全新的感觉，还有心灵的触动……多少个烈日炎炎，我奔波于大街小巷、公司车间、店铺摊位，目的就是为课业寻找真实有力的数据和背景材料。多少汗水和心酸，都在完成课业的刹那间烟消云散。有成功的喜悦，再苦再累也值得。成人不自在，自在不成人，BTEC 诠释了这十字箴言。”

3. 推动与形成了一批教改教研论文

（1）积极开展教研活动，交流科研成果。①专业教师积极开展 BTEC 教育模式研讨活动，撰写 BTEC 研究论文 35 篇，公开发表 13 篇，完成学院科研课题“BTEC 教育模式的引进与实践”，受到院内外评审专家的好评。②学院召开的数次学术研讨会，BTEC 教育模式的研究成果获得多次奖项。

（2）开展观摩教学活动，交流 BTEC 教学经验。农工商学院每学期组织 1～2 次 BTEC 课程的教学观摩活动，全院各教学系和教学管理人员都参加教学观摩活动，使 BTEC 的教育思想和教学方法拓展到各个专业。

4. 培养与形成了一支“以学生为中心”的师资队伍

BTEC 证书项目引进与实践，不仅培养、锻炼了一批能用英语或英汉双语授课的教师，而且培养与形成了一支“以学生为中心”的师资队伍。农工商学院组织骨干教师分期分批参加广东省教育厅、教育部出国留学服务中心、英国爱德思国家学历及职业资格考试委员会、英国文化委员会等部门举办的中英职业教育师资培训班，使全院教师把握了“以学生为中心”的教学理念，并将此贯穿于教学活动之中。教学活动发生了以下变化：①教师的角色发生了变化。教师的角色与传统的教学不同。教师不再是知识权威的象征，而是教学过程的组织者、指导者，意义建构的帮助者、促进者。②教材的地位以及教学内容和目的发生了变化。教材不再是传统概念的教科书，不再是教师传授内容的主要依据，不再是学生复习考试的依托，而是众多的参考书，是学生采集信息的来源之一；教学内容从理论知识体系的系统传授，转变到实际问题的解决；教学目的转变到注重学生思维的开发、创新能力和实际应用技能的提高。③教学的方式方法发生了变化。教学的方式方法从传统的灌输式教学转变到一系列新型教学方式方法的运用：鼓励学生主动参与、大胆创新、协作学习，创设学生自我表现机会，使学生不断获得成功体验；授课贯彻问题主线；培养学生自我调控能力，重视学生个性发展。④信息源的使用发生了变化。信息源不再主要是用于辅助教师的讲解和演示，而是用于支持学生的自主学习和协作式探索的。媒体也不再是帮助教师传授知识的手段、方法，而是用来创设情境、进行协作学习、探索和讨论交流、演示的工具。对于信息资源应如何获取、从哪里获取，以及如何有效地加以利用等学习能力和方法的获得问题，则是教师需提供帮助的重要内容。

5. 促进与深化了教育教学改革

（1）按照 BTEC 模式改革部分国内专业人才培养方案。2003 年，农工商学院参照计算机应用技术（BTEC 商务信息技术方向）开设了计算机应用技术（商务信息技术方向），在今天来看是非常超前的尝试。该专业在教学实施过程中全面贯穿 BTEC 教育理念。专业的设计从教学目标、教学计划、教学大纲、实习实训、教学方法、教材建设、考试机制、质量监控体系等，均严格按照 BTEC 教育模式进行设计：①教学目标的设计注重学生学习能力的获得、创新能力的培养、适应能力的训练、处理实际问题能力的提高，在重视专业能力培养的同时，兼顾学生 7 项通用能力的培养；②教学计划本着理论知识“必需、够用”的原则，采用以单元模块为单位的课程内容设置；③教学大纲更加贴近实际、贴近生活、贴近社会，大纲明确了课程的标准和课程考核原则、课程间的关联，并提供了课程开设的背景，使学生了解开设该课程的目的；④实习实训突出“以学生为中心”的理念，面向社会和企业的现实问题，锻炼学生的实际动手能力、管理能力，以提高学生解决实际问题的能力；⑤教学方法采用案例法、模拟法、项目法等，增加了学生协作学习的学习形式，为学生提供了更多的自主学习，以及搜集、整理、综合信息和表达、写作等方面的锻炼机会；⑥教学提倡双语授课，让学生在学习专业知识的同时还提高了英语水平，增加了就业竞争力；⑦考核不再突出记忆型的内容，而是采用解决问题的任务型课业考核。课业形式多种多样，有调查报告、设计，也有各种操作性的活动等。

（2）BTEC 教育理念和授课方法运用于国内课程教学。各教学系多次召开会议推广 BTEC 的教学模式，采取院内示范、观摩、交流等形式，推动教学方法改革。① BTEC 任课教师在国内课程的教学中运用 BTEC 的教学方法。BTEC 专业课教师在完成 BTEC 班教学任务的同时，在国内专业的教学过程中也采取了 BTEC 的教学模式，如微观经济学、宏观经济学、金融市场学等课程，进行“双语教学”，取得了较好的教学效果。② 部分非 BTEC 教师在国内课程中吸收 BTEC 的教育理念，运用 BTEC 的教学方式。许多专业教师积极学习、借鉴 BTEC 教学方法，如商务谈判课程的老师在教学中，面对企业中的现实问题进行实战模拟，以及采用其他各种互动的教学方式进行教学，课堂气氛浓烈，收到了很好的效果。广告文案课程的老师在教学中，按照 BTEC 的要求修订教学大纲和课程标准，渗透 BTEC 的教学理念和学习方法实施教学，设计课业考核方式。学生在资料的收集、材料的取舍与分析、写作技能、协作学习等方面得到了提高。

（3）BTEC 的考试模式逐步运用于国内课程之中。国内一些课程的传统考核模式已经被形式多样的以能力培养为主的考核方式所取代，如计算机网络及应用、食品理化分析技术、计算机解决方案、多媒体技术与应用、计算机应用软件等课程，都借鉴 BTEC 模式实行了考核方式的改革。

6. 拓宽与创新了学院办学思路

BTEC项目的引进和试验的成功，坚定了学院改革与创新的信心，拓宽了思路，使办学越来越灵活，路子越来越宽。目前，农工商学院先后与英国的格林威治大学（University of Greenwich）、博尔顿大学（Bolton University）、北安普顿大学（University College Northampton）、朴次茅斯大学（University of Portsmouth）、加拿大的北阿尔伯塔理工学院（Northern Alberta Institute of Technology）、马来西亚的思特雅国际大学（University College Sedaya International）等20多个国家100多所院校、教育机构进行了交流与合作。并在学历教育与职业培训并重的基础上，通过开展国内外合作办学，学院成为“面向社会的、开放的、多功能的教育和培训中心”，形成了灵活、开放的办学模式。

7. 改善与提高了生源质量

BTEC项目成功带来的直接变化是，吸引社会考生及其家长的青睐，使学生积极报考。特别需要强调的是，高职院校从无人知晓、少人报考到“热起来”走过了一段艰难的历程，而农工商学院得益于BTEC证书而“热”得不同寻常，一所“农”字院校，要从“零志愿”跃升到“须同时满足第一志愿，且高出省线数十分甚至上百分才可能被录取”，的确有品牌的魅力和国际化办学的影响。2005年5月16日，金羊网就以“报考高职的人多起来了”为题，报道了农工商学院引进英国职业证书项目的探索实践与成效。

8. 引起和获得了国内外业界的广泛认同

（1）教育主管部门给予了充分的肯定和支持。①2002年，广东省教育厅发文，明确将农工商学院BTEC证书项目确定为中英职业教育合作试点项目，并将广东技术师范学院、轻工职院、顺德职院、水电职院等10多所高职院校作为农工商学院BTEC项目试点的参与单位；②广东省政府江海燕副秘书长在农工商学院20周年庆典讲话中指出，广东农工商职业技术学院在贯彻“广东省人民政府、教育部关于共同推进广东省教育现代化试验的决定”方面，“已经先行一步做出尝试。学院十分重视教育改革和引进优质教育资源工作，在省教育主管部门的具体指导下，加强专业建设，培育精品课程，借鉴国内外先进经验，促进高职教育改革，已成功地举办了中英、中德教育合作项目和中山大学、清华大学教育合作项目，为学生搭建了更为广阔的求学平台”；③2003年1月，“中英职业教育合作项目第二期教师培训班”在农工商学院举办，广东省教育厅张泰岭副厅长、高教处胡振敏处长、吴念香副处长、外事处黄碧天副处长等领导先后亲临指导，对中英职业教育合作项目给予了极大的支持，并对“以学生为中心”的BTEC教育模式给予了充分的肯定；④广东省教育厅先后批准BTEC项目纳入广东省普通高等教育国内专业并轨和独立代码统一招生；⑤省教育厅高教处、外事处联合组织全省高职院校教务处处长、教学骨干，到农工商学院进行BTEC课程现场教学观摩；⑥省教育厅联合英国文化教育委员会在农工商学院举办全省高职院校培训、推广会议，聘请四位英国专家前来进行英国现代职业教育——“以学生为中心”的培训；⑦2004年，省教育厅举办全省高职院校、新闻界人士、外省高教管理机构和外省高校负责人参加的中英教育合作项目专题会议，邀请农工商学院副院长杨群祥教授做了BTEC教育模式创新实践的主题发言，介绍农工商学院引进BTEC证书项目的办学经验；⑧省教育厅在农工商学院、广东技术师范学院、番禺、南海等地多次举办高校会议，专门推广、介绍“以学生为中心”的教育项目等。

（2）英国Edexcel充分肯定。①2004年5月，英国Edexcel总部在北京举办以农工商学院为主的BTEC教育模式经验交流会，国内50多个举办BTEC项目的职业院校听取了办学经验介绍。②2004年12月，Edexcel专门在农工商学院举行中国地区BTEC年会，与会者对农工商学院BTEC证书项目的教学情况、配套设施、制度建设等进行了交流。③Edexcel中国地区总裁Dr. Feng对我院的BTEC教学组织、学生状况等给予了高度评价。他在给农工商学院20周年庆典所发的贺信中指出：“在与贵校教育合作过程中，我深深地感受到了贵校的远见卓识和严谨的治学态度。BTEC在贵校得到了健康而茁壮的发展，得到了英国爱德思总部的高度评价，成为中国地区具有典范性的BTEC中心。”④外审专家对农工商学院给予了较高评价。英国Edexcel外审专家Ms. Daisy Chen在外审总结中给予了充分肯定，她说，广东农工商职业技术学院在外审中所获得的评价等级，是中国地区最高的等级。

（3）合作单位对BTEC学生高度评价。德国“F+U”中国总代理Mr. Xiong先生反馈BTEC学生林志三同学在德国实习的情况说，该同学在德国实习期间表现出非凡的能力和突出的才华，由于她出色的号召力、组织能力和创造精神，自发地形成了以她为核心的学习小组。该小组思路开阔、计划周全、措施得当、步骤严密、行动迅速，圆满而创造性地完成了各项任务……英国博尔顿大学中国总代理Mary Su女士转达了农工商学院BTEC学生出国深造的情况，“贵校BTEC毕业生李雪在英国博尔顿大学的表现受到了有关方面的赞许，她将通过一年的学习获得该校的学士学位。该校十分欢迎这样的学生来博尔顿大学学习，现将该校国际教育部负责人 Alan 先生的来信转发给你们：‘…… Please pass on this good news to our current and potential students……’”。

（4）省内外兄弟院校、教育机构纷纷前来参观交流。农工商学院是最早一批设立 BTEC 证书项目的院校。学院举办 BTEC 证书项目以来，广东商学院、侨鑫教育集团、轻工职院、顺德职院、深圳职院等，先后到农工商学院参观取经并有多所院校引进尝试举办 BTEC 项目。

（5）BTEC 证书项目受到了有关方面的关注，被列为学院和国家级科研课题。2003 年，“BTEC 教育模式的引进与实践”被确立为院级研究课题，随后又被立项为中国职业技术教育学会课题、广东省高等职业教育重点教改课题等。

农工商学院引进英国 BTEC 教育模式的实践是有意义的。正如教育部副部长章新胜所言：“引进国外优质的教育资源，带动我国教育事业的发展，符合国家政策，BTEC 作为一种新的教学模式，可以更大地满足人民对教育的需求，利国利民。留学中心与英国爱德思的合作，是项目合作。BTEC 是好项目，一定要继续合作下去，使之成为特许办学模式，形成一种教育品牌。”中国（教育部）留学服务中心主任邵巍认为，BTEC 项目已经在当地政府主管部门、学校、教师、家长、学生和用人单位中间产生了良好的影响，取得了令人满意的效果。教育部高职高专人才培养评估专家组在对农工商学院人才培养工作水平进行评估时认为：“‘引进 BTEC（HND）模式，推进高职教育教学改革’项目属于创新之举，在实践中结合学校具体情况实施教学，已在学生主体、能力培养、手脑并用、启发互动、课程建设等方面取得明显效果”，“推动了职业教育教学改革，产生了较好的示范效应”。雇主对学院 BTEC 教育模式培养出来的学生也给予了很高的评价。广州壳牌石油化工有限公司人力资源部在评价学院 BTEC 市场营销专业（财务方向）毕业生时认为，BTEC 学生工作细致、负责，沟通、协调能力突出，英文基础扎实。为此，《光明日报》（2004 年 9 月 23 日）、《信息时报》（2006 年 6 月 30 日）、金羊网等媒体也对农工商职院 BTEC 项目给予了高度的评价，认为通过引入 BTEC 教育模式，“学院教学模式和教学方法的改革取得了明显的成效”，“学生整体素质和综合能力提高，就业竞争力增强”。

可以说，农工商学院在 BTEC 项目的引进与创新实践所取得的成功，进一步推动了广东省中英职业教育合作项目的运行。这一点将在第七章第二节再做系统分析讨论。

新闻链接 6

外引内联 探索新路

——广东农工商职业技术学院借助优质资源办出特色

广东农工商职业技术学院在欢庆建院20周年之际，迎来了两件喜事，一是首届中英合作办学BTEC学生经英方专家评审获准毕业，二是第四批赴德国实习学生圆满完成学习任务回国。这是学院几年来引进国内外优质资源，探索高职教育新路的又一收获。

借鉴国外先进经验走国际化发展道路

学院党委提出，要实行“两条路先走”，一方面，要“在游泳中学会游泳”，在教学实践中发现和解决问题；另一方面，要开阔眼界，学习和借鉴国际先进经验，避免走弯路。

从2001年开始，农工商学院就积极学习和引进高职教育经验。英国爱德思国家学历与职业资格考试委员会所开设的BTEC高级文凭（HND）教育，注重学生的时间能力和综合素质，强调“以学生为中心”的教学理念，对于我国的高职教育，具有借鉴价值。于是，2002年4月，学院正式向英国爱德思总部提出申请，成立广东农工商职业技术学院BTEC中心，开设市场营销和商业信息管理两个专业。经过英方专家的严格评审，于9月份如期开学。学院也成为英国官方确认的广东省第一个BTEC办学机构。

两年来，BTEC教学在学院的教师和学生中产生了广泛的影响，不仅形成了一批理论成果，教学上也受到学生的欢迎。特别是推行“以学生为本”的教学理念，学生的“学”和教师的“教”构成了一种平等互动的关系，通过互动式教学，教师和学生之间的关系更加密切，学生学习的主动性大大增强。一些学生甚至说：“我读了十几年书，想不到，学习也可以成为一件非常快乐的事情。”

学院引进国外的教育资源，办出了特色，一些留学归国人员看到了有关报道，专程登门应聘任教，认为这样的教学，给他们一个充分施展才华的机会。该项目也因此被广东省教育厅确定为中英职业教育合作项目。目前，学院的BTEC已发展到3个专业，在读学生近200人，在全国HND层次中，规模算较大的。

引进国内优质资源促进高职教育改革

在借鉴国外先进职业教育经验的同时，农工商学院还积极引进国内优质教育资源，当得知清华大学继续教育学院研发适应我国社会和企业需要的IT工程师培训课程时，学院党委敏锐意识到，这样的应用性课程正是当前高职教育所要探索的，很快就与清华大学继续教育学院取得联系，通过洽谈，使农工商学院成为IT工程师培训课程的合作院校。该合作项目，不仅使部分专业学生有机会接受清华大学教师的培训，同时还通过选派部分教师进入清华大学的学习，提高了教学水平和能力。此外，该学院还与中山大学、香港公开大学等建立各种形式的学术交流和合作关系，让师生有更多的机会和渠道，接受不同层次的教育，了解不同风格，不同理念的教学。

对于引进优质教学资源，该学院有着自己的理念。他们认为，对于高职教育来说，不只是名牌高校，名牌企业乃至社会各职业，行业生产时间第一线的行家手里，都应该成为教学引进的资源，依托企业技术力量，构建产业互动机制，这些都应纳入引进优质教学资源的范畴。为此，学院通过建立院外实习基地，成立专业指导委员会等，与社会企业的专家建立了广泛的联系，形成了教师队伍，学生时间与社会资源共享的良性互动。全院38个专业的指导委员会的120多名成员，75%是来自企业生产、管理第一线的专家，77个校外实习实训基地中，还有一批具有丰富技术经验的实习指导老师。由于有了这样稳固的教学资源，无论是在院内的教学还是院外的实习，都有了可靠的质量保障。

博采众长实现跨越

农工商学院在借鉴和引进国内外优质教学资源过程中，始终坚持一个原则：不以短期的经济效益为目的，把提高教学质量和学院发展后劲为最终目标，博采众长，是为了实现跨越。学习和借鉴国外先进职业教育理念，引进国内外优质教育资源，必须为学院走内涵式发展道路服务。

首先，转变教学理念，改革专业课程，主动适应人才市场对高职学生能力素质的要求。每一个专业的设置均经过专业委员会论证，在借鉴国内外职业教育先进成果的基础上，不断对专业与课程进行整合。3年内对教学计划做了3次大的调整，使教学内容更加适应社会需求，进一步增强了学生的就业竞争力。

其次，教学模式和教学方法的改革取得了明显的成效。2002年以来，学院试验实训室由原来的29个，增加到近60个，投入经费1 000多万元。

此外是学生整体素质和综合能力的提高，就业竞争力的增强。2003 年和 2004 年的总体就业率分别为 92% 和 95%，居省内同类院校前列。其中会计电算化、市场营销等专业的毕业生供不应求。部分学生甚至在毕业实习期间就已经担任企业中高层管理职务。最近的一次毕业生跟踪调查表明，学院的毕业生在社会上有较强的竞争力和适应力，受到了用人单位的好评。

（来源：《光明日报》教育周刊版，2004 年 9 月 23 日）

第二节　高职教育文科类专业工学结合范式的创新

“高职院校文科类专业实现工学结合，融教、学、做为一体始终是一个难题，广东农工商职业技术学院 BTEC 教育模式中的课业式教学法，推进了高职教育文科类专业工学结合范式的创新”，笔者曾在接受记者采访时回答说。因为职业教育工作者都有普遍感觉，在高职教育教学实践中，理工科类专业的工学结合教学模式改革与探索，成果是显而易见的；“一体化”的教学教法比较精细，能量化、可操作、易检测。相较而言，文科类专业能力培养“比较虚拟”，粗线条、难操作。那么，对于文科类专业如何实现“理实一体化教学”？这是高职院校必须解答的问题。农工商学院借鉴 BTEC 教育模式，经过六年的本土化实践，创造性地建立了文科类工学交替的新模式。

一、“课业式”教学法的应用

前面谈到，“课业式”教学法，是 BTEC 教育模式的特色之一，已被农工商学院广泛推广到国内文科类相关专业，总结、完善，使之更加适合国情的教育教学。所谓“课业式”教学法，就是以完成某项现实具体任务（包括企业委托的任务），实现培养学生某一职业能力为教学目标，让学生依托任务内容，采用个人或小组作业形式，对所要完成的任务进行讨论、研究、调研，独立自主克服项目工作中出现的困难，进而完成某一具体任务。教师在整个教学过程中，扮演的是导师的角色。

以市场营销 BTEC 的“小企业管理”课程为例，“课业式”教学法是首先将传统课程中以知识理论为主线的“体系”打破，重新建构成“A——分析一个小型企业的经营业绩”“B——提出改进经营管理的建议”“C——针对所提出的变革修订经营目标和计划”“D——在各领域实施变革，并在实施中修正”四块教学任务。

在学生完成“分析一个小型企业的经营业绩”的教学任务时，要求学生“描述一个小型企业的概况；回顾、评价该企业的业绩；分析该企业的优势和弱势”等课业。学生在完成课业的过程其实就是一个企业整体状况的“调查和分析”，包括了企业的经营范围、主打产品、历史与现状、财务与业绩、市场与竞争、优势与劣势等的调查和分析。就教师而言，其教学任务是指导如何做调查和分析（即“学”）；就学生而言，其任务是自主选择并深入一个小型企业展开实际调查和分析工作（即“工”）。课程教学中，每一位学生可以分别选择一个企业，也可以形成协作学习小组，不同的小组进入不同的企业。该门课程的教学计划为一个学期，教学任务 A 部分需要在一个月左右的时间完成。在这一个月内，有校内集中，有分散到企业，集中的时间和方式灵活多样。学生将调查分析中遇到的问题反馈给教师；教师本着“必须、够用”的原则解决学生遇到的问题。学生在与企业的接触中，在与师傅、同学、教师的碰撞中，形成自己对事物的观点看法，并在这种实践到课堂再到实践的反复之中不断修改、完善，形成自己的调查分析报告，进行展示交流，作为课程考核的主要依据（课程不进行传统意义上的笔试）。教学任务 B、C、D 也同样是一个交替的过程完成。

整个教学的过程包含着“学的过程”和“工的过程”的交替。学习的形式包括了独立的思考、小组的讨论、学习成果的展示交流，包括了同学之间、师生之间、师徒之间的交流和火花的碰撞。学生在辩论、争执、启发、实践验证、搜索信息和阅读参考借鉴前人认识的过程中，使自己的观点逐步形成、修正、完善。而实践证明，这种教学方法是可行有效的。

二、“以能力为导向”的模块化课程体系构建

“以能力为导向”模块化课程体系的教育模式，强调一定知识的拥有和职业能力的养成及其相互的平衡，挖掘学生个人潜能和可持续能力，尤其在职业教育上，突出 7 项通用能力的培养，包括：管理和自我发展能力；与人共事相处的能力；沟通、交流和使用通信技术的能力；完成任务和解决问题的能力；运用数字技术的能力；运用设备和软件的能力；创新、开发和设计的能力，并将这 7 项能力的培养贯穿于教学始终。以教育部高等教育出版社组织编写的 21 世纪多元整合一体化《市场营销概论》（获“十二五”国家

级规划教材）一节为例，将通用能力与专业技能并置，每个模块内容虽然侧重点不同，但连成整体就能达到全面训练。同时，将“活动过程”考核与“课业”考核相结合，确保通用能力与专业技能成果得到评价。而这种将7项通用能力以各种方式渗透进模块化的课程体系之中，较好地培养了学生既会做也能说还能写的能力。

三、“教、学、做”一体化的教学

根据BTEC“以学生为中心”的教育理念，在教学中采取了包括问题教学法、项目教学法、案例教学法和脚手架式教学法等在内的教学方法。这些教学方法的共同特点是：教学环节中都包含有情境创设、协作学习、讨论交流，并在此基础上由学生自身最终完成对所学知识的意义构建。每种教学方法都能使学生获得理想的能力。如项目教学法，BTEC教育每个专业有16门课程，每门课程有3～5个课业。每个课业都是以实际工作为基础的项目，教学内容按照一个个项目来进行，16门课程至少完成50多个课业，等于学生经手了50多个项目，“教、学、做”一体化在教学中实现，专业技能与通用能力训练全覆盖、重复固化。

农工商学院创造性地建立的文科类工学交替的新模式，以能力为主线，课业式、系列化、程序化练习、交流、评估检测，较好地解决了文科类专业“教、学、做”的“软肋”。对此，广东省教育厅高教处副处长吴念香予以充分肯定，面对媒体记者强调说：“广东农工商职业技术学院这种BTEC教学方法集中体现了‘以学生为中心’的教学思想。从教学目的、教学方法和教学效果考核等方面看，符合‘工学结合’‘项目教学法’的要求。更为重要的是，‘课业’式教学法的引进、探索与创新，突破性地解决了高职教育文科类专业实现‘工学结合’的范式问题。”

案例分享8

别样实习，精彩青春

——大学生暑期美国带薪实习项目

为拓宽学生海外实习渠道，推进国际化办学新发展。2009年3月，广东农工商职业技术学院正式启动美国官方文化交流项目“大学生暑期美国带薪实习”（Work & Travel USA），成为广东首家开展此项目的高职院校，并与美国政府授权机构 Each Future Cultural Network（USA）建立了“美国实习战略合作伙伴”合作关系。截至目前，已选送 11 批共 145 名优秀学生暑期赴美国带薪实习，主要分布在美国宾西法尼亚、新泽西、爱荷华、马里兰、密苏里等州的旅游胜地零售店、餐饮店、酒店、游乐场从事服务工作。经历了工作、旅游、生活为一体的海外实习，同学们学习现代企业管理知识、提高英语应用能力、拓展国际文化认知，获得了较好的就业机会，包括喜来登酒店、香港汇丰银行、广州半岛餐饮管理集团等知名企业，或就读英国赫尔大学、法国雷恩商学院等著名学府。

《南方都市报》对此曾做专题报道，认为“大学生暑期美国带薪实习”是高校探索开放、集成、高效国际协作新模式的有益实践。

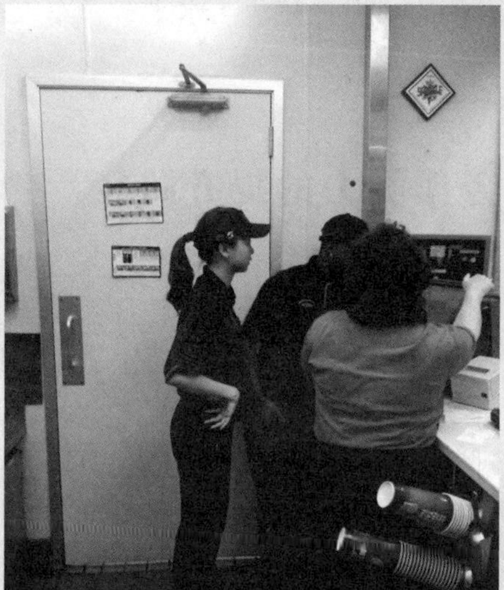

暑假赴美带薪实习学生参加岗前培训

赴美带薪实习学生在顶岗实习

第五章
高职院校国际化的合作能力提升

高职院校国际化办学还涉及国际化合作项目选择及其国际化合作能力。高职院校学习借鉴促进深度交流合作，而高质量的交流合作必须首先提高自身的合作能力，包括国际视野、资源整合能力、专业特色与水平、领军人才与师资队伍影响力、办学实力等。

第一节　高职院校国际合作能力的提升路径①

随着教育国际化在全球范围内的推行，打开国门参与国际教育竞争与合作已成为提高我国教育质量和国际化水准的重要路径。为此，《国家中长期教育改革和发展规划纲要（2010—2020 年）》明确要求扩大教育开放，加强国际交流与合作。随后，《国家高等职业教育发展规划（2010—2015 年）》也提出："加强国际交流与合作是高等职业教育适应经济全球化要求和国家'走出去'发展战略需要的必然选择，对提升我国高等职业教育国际知名度和国际化水平具有重要意义。"《国务院关于加快发展现代职业教育的决定》（国发〔2014〕19 号）中则进一步提出"完善中外合作机制，支持职业院校引进国（境）外高水平专家和优质教育资源，鼓励中外职业院校教师互派、学生互换"等国际交流与合作的具体措施。然而，中国高职教育国际化进程并非策马扬鞭、一帆风顺，相关研究表明，与欧美等发达国家相比，国内高职教育在招收国际生源、教育产品开发和贸易、发达市场环境中的运作成熟度等方面均远远落后。如何通过高职院校自身国际合作能力的提升，走好国际发展之路便成为中国高职教育面临的一项重要任务。作为行业办学的农工

① 原载于《广东技术师范学院学报》，2014 年第 10 期。

商学院积极配合广东农垦“走出去”，不断扩大对外交流，提升国际合作能力，先后接待柬埔寨（见图5－1）、泰国、马来西亚等国政府官员。

图5－1　2016年11月19日，柬埔寨农林渔业部部长翁萨坤等一行访问农工商学院

一、高职院校开展国际合作的项目类型

高等教育国际合作，是高等教育实体在境内外采取适当的途径和形式，吸引不同国籍或文化背景的高等教育主体共同参与的高等教育活动的总称，是一种跨国界、跨民族、跨文化的以人才培养和科学研究为主的高等教育实践活动。加拿大学者简·奈特认为，高等教育国际化包括基于校园的活动和跨境活动两部分，高等教育国际合作则包括如下路径：国际合作和发展项目，教学过程、课程和研究的国际性，基于校园的课外俱乐部和课外活动，交换、实地调研、学术休假和咨询工作等形式的学术流动，国际学生的招生活动，学生交流项目和国外学习，联合学位/双学位项目，结对子伙伴关系，境外分校等。

作为高等教育重要组成部分的高职教育，其国际合作活动主要是通过高职院校这一实体完成，并体现出如下特点。

1．高职院校开展国际合作的主要抓手：国际化合作项目

本书开篇分析高职院校国际化办学领域时提到，高职院校国际化交流与合作涉及面很广，包含着教育理念、校园文化、人才培养、专业标准、课程

体系、教学方法、师资队伍、实训基地和毕业生就（创）业等领域。如果进一步梳理，按一定的标准去划分，可以分为多种类型。主要有以下几类。

（1）按国际化合作项目流向划分，可以分为“引进型”和“输出型”。“引进型”合作项目，在于学习借鉴国外先进的教育理念、模式、方法，利用国外优质资源培养人才和开展社会服务、技术攻关等，如前面介绍的引进BTEC项目和天津中德应用技术大学（原天津中德职业技术学院），以及近期广东创办的深圳北理莫斯科大学、广东以色列理工学院等；“输出型”合作项目，在于利用自身办学特色和专业优势，配合国家发展战略和产业走出去的需要，将优质教育资源输往目的国（地区），输出专业标准、课程资源、资格证书，创办院校、学习中心，为当地培养专业技术技能人才，如广东建设职业技术学院与中国有色集团合作创办的“赞比亚鲁班学院”、无锡商业职业技术学院学校联合红豆集团在柬埔寨创办应用型本科大学——西哈努克港工商学院等，是目前高职院校输出国际化合作办学的典型代表。可见，相比较而言，“输出型”较“引进型”的国际化程度更高、难度更大。

（2）按国际化合作项目主体划分，可以分为政府间的交流与合作项目，校际合作项目，校企合作项目，以及与国外认证机构合作项目。政府间的交流与合作项目，如深圳北理莫斯科大学，是由中俄两国元首共同见证，深圳市人民政府、莫斯科国立罗蒙诺索夫大学和北京理工大学三方合作举办的一所具有法人资格的非营利高等教育机构；校际合作项目，如农工商学院与美国半岛学院、新西兰UNITEC理工学院、马来西亚砂拉越科技大学等合作的项目；校企合作项目，如农工商学院与广垦橡胶沙敦（泰国）公司创设的学习中心，顺德职业技术学院联合顺峰餐饮集团与马来西亚思特雅（UCSI）大学合作在当地建立的“顺峰烹饪学院”等；与国外认证机构合作项目，如农工商学院与英国爱德思合作的BTEC证书项目等。就目前看，校际合作、校企合作将成为高职院校国际化办学，特别是“走出去”办学的主要形式。

（3）按国际化合作紧密程度划分，可以分为紧密型（也称“融合式”）、半紧密型（也称“嫁接式”）和松散式三种类型。融合式，就是在人才培养过程中把中外两所院校的教学模式完全地融合在一起，近似于“照搬”。其做法是：引进外国合作院校的教学计划、教学大纲、教材和相关教学手段；聘请外国教师来中国讲课，派遣中国教师去外国进修；引入外国的教学方法；双语授课等。通过全面引进国外的教学模式，培养国际化人才，同时也进一步推动教学内容、教学方法的改革。反向亦如此。嫁接式，主要是充分保留中外双方各自的教学模式，通过双方各自对对方院校开设课程的评估，互相承认对方院校颁发的毕业证书和学位证书，具体模式有“2+1”“2+

2”“1+2+1”等，其优点是中西方教育结合，充分发挥各自优势，减少学生经济负担的同时实现接受国外教育、提升学历层次的意愿，如农工商学院早期将国内 BTEC 证书项目与英国波顿大学对接“3+1”等。松散式，是指通过聘请国外教师来国内院校讲学，国内教师去国外学习培训，学生去国外短期学习、实习等方式，实现教学与国际接轨。其优点是可以通过不同渠道吸取先进的办学经验，利用国际教育资源，提高高职院校的办学水平和办学质量，培养适应国内外市场需要的技术技能人才。这是一种渐进的国际化办学模式，也是高职院校刚步入国际化办学的优先方式。图 5－2 所示是 2012 年 11 月 2 日，印度尼西亚加里曼丹省省长科内里斯访问农工商学院。

图 5－2　2012 年 11 月 2 日，印度尼西亚西加里曼丹省省长科内里斯访问农工商学院

此外，高职院校国际化项目，按合作国别（地区）可以分为中美、中英、中德、中国－东盟、粤港等合作项目；按合作内容可分为教育理念学习借鉴、人才培养（学历教育、职业培训）、标准体系开发、师资队伍培养、教学资源建设、实习实训基地共建共享和科研技术合作等，其中协同培养人才是最普遍的项目；按合作双（多）方投资比例（性质）可以划分为独资、合资、合作等项目；按合作办学层次可以划分为高等教育、中等教育、基础教育等；按合作办学教育类型可以划分为普通教育和职业教育，或者学历教育和非学历教育等。在这方面正是普通大学与高职院校国际化办学的分水岭，普通大学国际合作更多的是开展学历对接提升项目，高职院校国际化更多的是对接企业“走出去”开展职业技能培训及服务项目，在第一章第二节“中国高职院校国际化办学纵览”内容已有过讨论。

2. 高职院校开展国际合作的根本目的：国际视野的技术技能人才能力培养提升

作为教育发展中的一个类型，高职教育肩负着培养面向生产、建设、管理、服务第一线需要的技术技能人才的使命，为实现这一目标，中国高职院校普遍开展了国际交流与合作，希望通过教育的国际竞争与合作，增强学校、教师、学生的国际交往与竞争力，培养具有国际视野的技术技能人才。

可见，国际合作本身并不是高职院校的目的，如何以国际合作为契机，提升技术技能人才的培养能力才是合作的根本目的。

3. 高职院校开展国际合作的基本原则：国际化与本土化相结合

学者石伟平认为，改革开放至今的40多年中，中国职业教育国际交流与合作经历了三个不同的发展阶段，其基本路径可以概括为：从简单照搬到借鉴学习、再到本土化、再到总结中国特色向外输出。高职院校在开展国际合作时，必须充分认识到国情的不同，在合作过程中应立足本国、本区域、本校的发展状况，有效借鉴其他国家的理念与做法，坚持本土化与国际化相结合的原则，开展最适合院校发展的项目及实施方式。

在这里，“国际化”应成为高职院校开展国际合作的指导理念，它通过将国际维度、跨文化维度和全球维度融入中国高职教育的目的、功能（主要是人才培养与社会服务）中，实现高职教育的健康、可持续发展。高职教育国际化包括观念国际化、人才培养国际化、社会服务国际化、教育资源配置国际化等；“本土化”则应成为高职院校开展国际合作的具体行动准则，其实质是适应环境与改变环境的结合。在新的环境中，将高职院校自身办学特色与本土特色融合，在适应区域环境变化中相应调整院校办学策略，从而让自身特色为本土所接受。高职教育本土化包括人力资源本土化、管理本土化、教育产品本土化等。

4. 高职院校开展国际合作的基本问题：先天劣势导致国际合作能力不足

众所周知，中国高职院校的主体是由“三改一补”而来，发展时间普遍不长，从20世纪80年代初我国部分中等城市兴起的地方性短期职业大学到现在不过30余年；办学基础先天不足，体现在师资、实验实训条件、实习基地、教学培养方案、课程设置、教材建设等指标上全面落后，这使得中国高职院校在国际合作中会遭遇很多难题。如教育基础相对薄弱、教育结构相对单一、教育能力显著不足、教育影响力缺失等客观存在。这些因素直接为国内高职院校开展国际合作带来了巨大的困难。

5. 高职院校开展国际合作成败的关键：国际合作能力的提升

针对中国高职院校先天劣势导致的国际合作能力不足，笔者认为，应重点从以下三方面提升高职院校国际合作能力：一是提升全球教育资源的整合能力，二是提升教育国际化竞争能力，三是提升高职院校品牌建设（主要从专业、课程、服务加以体现）的能力。只有在上述能力提升的基础上，中国高职院校才能进一步制定清晰的国际合作战略，选择适当的合作时机，认定正确的合作方式，迈出国际合作的步伐。

二、对高职院校国际合作能力的构成要素分析

1. 能力的构成要素分析

能力，是完成一项目标或任务所体现出来的素质。它总是和人完成一定的实践相联系在一起，离开了具体实践，既不能表现人的能力，也不能发展人的能力。根据已有的调查文献，国内学者主要从两个角度来分析核心能力的构成要素：一是资源，认为核心能力是资源的组织，可称之为“资源观”；二是能力，认为核心能力是多种能力的组织，可称之为“能力观”，具体见表 5 - 1。

表 5 - 1　“资源观”与“能力观”的构成要素对比分析表

分类	资源类构成要素											能力类构成要素																			
	软资源类									硬资源类		经营管理能力类													技术创新能力类				其他能力		
构成要素	技术	信息	知识	知识产权	企业文化	商誉	管理系统	组织结构	市场	人员	设备	产业扩张能力	高效运营能力	综合服务能力	市场营销能力	防范风险能力	资本运作能力	决策能力	协调运用各种资源能力	组织/界面管理能力	分享能力	战略管理能力	洞察预见能力	可持续发展能力	不断创新能力	研究和开发能力	转化能力	吸收能力	学习能力	前线执行能力	响应能力

2. 高职院校国际合作能力的构成要素分析

国际合作能力，原指跨国界、跨民族、跨文化的工作协调、协作能力，将其引申至高职教育领域，是指不同国籍或文化背景的高职教育主体共同开展教育、培训活动所应具备的协调、协作能力。

影响中国高职院校开展国际合作的因素多样而复杂，包括宏观的国际环境层面、中观的政府政策层面以及微观的院校能力层面，且每个层面的因素都相互联系、相互制约。如国际大环境的变化影响中国政府的国际合作政策，国际合作政策的方向又对中国高职院校开展国际合作的意愿及相关能力提升具有引导作用。这里，我们仅从微观层面的高职院校合作能力的视角，就中国高职院校开展国际合作的影响因素进行分析。

就中国高职教育的发展现状而言，高职院校国际合作能力主要包括以下四方面。

（1）高职教育国际合作决策能力。这是从表 5 - 1 中的“能力类构成要

素”视角析出的一种经营管理类能力，根据中国高职教育国际合作的特点，该能力又可体现为洞察预见能力、战略管理能力、可持续发展能力及防范风险能力等。从近 30 年来中国高职教育的国际合作历程看，政府每一时期的政策制定和变动，都客观引导了不同重点和不同程度的国际合作。根据《中华人民共和国高等教育法》和《中国共产党基层组织条例》，高职院校实行党委领导下的校长负责制，党委是领导高职院校开展国际合作的核心，其职责重在决策，关键在于把好方向，抓好大事，协调各方；校长是实施和执行党委决策的关键，其职责重在执行。针对国际大环境的变化与中国政府国际合作政策的调整，高职院校党委要洞察环境变化，把握高职教育国际合作机遇与方向，预测潜在风险，合理利用政策。高职院校校长则要在党委统一领导下，制定清晰的国际合作战略，选择适当的合作时机，开展正确的合作方式。上述方面均集中体现为高职教育国际合作决策能力。

（2）高职教育全球资源整合能力。这是从“能力类构成要素”视角析出的一种协调运用各种资源的能力，同时，其也包含有“资源类构成要素”中的软硬件资源要素。资源整合能力，即组织在运行过程中所具有的选择、汲取、配置、激活和融合不同类型资源的能力。由于中国高职教育办学基础先天不足，资源相对匮乏，而开展国际合作通常需要一定的资源为基础（包括信息、技术、知识、文化等），在这种情况下，要有效开展国际合作，就必须具备全球范围内整合资源的能力，使相关资源为我所用，弥补资源匮乏的难题。

（3）高职教育国际品牌锻造能力。这是“能力类构成要素”视角下的一种市场营销、综合服务、产业扩张、高效运营能力。众所周知，品牌也是资源，也是核心能力的构成要素，科特勒博士认为：“品牌是一种名称、术语、标记、符号或图案，或是它们的相互组合，用以识别某个消费者或某群消费者的产品或服务，并使之与竞争对手的产品或服务相区别。”教育品牌是品牌的一类，具有一切品牌所具有的共性，如给消费者带来的利益、自身具有的差异化个性、体现出的某些价值观、象征着的相关文化等。同时，教育品牌的个性在于其教育性，最终必须表现在学生创新精神和实践能力培养上，表现在为社会培养出大批合格的高素质人才上。教育品牌可以打造，就是说教育品牌是一个自觉建设的过程，能够通过人们的主观能动性，充分运用教育策划等谋略手段，有意识、有目的、有计划地建设教育品牌，使教育品牌建设获得超常规的发展，尽快成长起来。就高职教育特性而言，其国际品牌锻造主要通过教育产品（即专业、课程、服务等）方面来体现，并建立在高职院校国际品牌锻造能力提升的基础上。

（4）高职院校教师、学生国际沟通能力。这是“能力类构成要素”视角下的一种学习、执行、响应、转化与吸收能力。教师与学生是高职院校办学的主体力量，高职院校开展的国际合作最终要由教师与学生去响应和践行，其成果也要通过教师、学生的自身变化来显现。这种变化，就是高职院校教师、学生国际沟通能力的提升。国际沟通能力的本质是跨文化沟通，即拥有不同文化认知和符号体系的人们之间进行的沟通。这要求中国高职院校教师、学生具备本土情怀和国际视野。一是要尊重文化差异，增强多元文化意识；二是要重视跨文化交流学习与实践，培养文化理解力；三是要善于国际表达；四是要重视非语言交流。

培训日记

农业数据分析与市场调查

培训主题：农业数据分析与市场调查

地点：澳大利亚KG2数据农业公司的办公室

培训主讲教师：KG2公司的CEO Adam McNeill、大数据研究员Pat及Ethan、Henry等数据调查员

培训时间：2018年8月22日

首先，CEO Adam McNeill给我们介绍了KG2数据农业公司。KG2拥有一批农业企业研究专家，公司对农业企业研究有超过25年的经验，是澳大利亚农业市场研究的第一供应商。公司有一个由203 000名澳大利亚生产者组成的小组，代表了90%以上的澳大利亚农民。涵盖的农业类型包括牛肉、绵羊、乳制品、混合农业、棉花、糖、园艺、谷物、牲畜和集约化。Adam不断强调KG2公司主要使命是使农场和工业界能够利用最全面的农业综合数据集，以取得多方面的有益成果。

接着，Adam给我们分享他对大数据的理解，他认为：一小部分数据看起来无关紧要，但当它们被组合在一起时，就会变得非常有用。他认为大数据在现代农业中有着巨大的机遇，因为可以帮助农场以更少的成本生产更多的产品，比如，KG2公司25年来为203 000个农场创造600亿元的产值。

然后，KG2大数据研究员Pat为我们介绍了公司的主要业务内容。在农业方面，公司主要做农业市场研究和直接市场调查；在农场方面，公司联合银行保险公司、化肥、化学品供应商为其提供优惠。Pat详细介绍了

KG2 公司针对农场的市场调查的类型、市场细分及调查程序，特别强调更新数据库和分享数据库的重要性。

后来，兼职大学生 Ethan 为我们展示了 KG2 数据平台。总的来讲，KG2 数据平台不仅仅是收集农场数据，更重要的是应用数据，而且是双向交互应用。这就需要不断更新数据库，使得信息足够大，足够新，才能更好地进行预测。

值得一提的是 KG2 数据农业公司与大学的合作。最近四年，公司为 87 名学生提供就业和兼职的工作机会，现场的 Ethan 就是悉尼大学的在校学生，被 Adam 称为“澳大利亚农业的未来”。培训中 Ethan 从容自信的表现让我们想起自己的学生，真希望他们也能和 Ethan 一样的优秀。

在培训过程中，农工商学院教师们兴趣盎然，提出了很多自己关心的问题。如市场调查中如何鼓励农场主分享真实的数据、调查方式的选择及其效果、数据分析与大数据分析之间的关系、KG2 公司的独立性、地理信息系统与 KG2 农业大数据系统的关系等问题。Adam 都一一给我们做了解答。

KG2 公司的中国留学生 Henry 全程为我们提供了帮助。

本次培训我们受到一些启发，有一些收获：一是收集应用数据时要宏观微观相结合，二是对数据的相关性分析可以预测到一些重要信息。如 KG2 公司从农场购买化肥的周期等信息可以预测未来的天气变化，以此来降低天气变化对农场收入的影响等。

农工商学院专业带头人等赴澳培训现场

三、高职院校国际合作能力提升的路径

1．紧跟区域合作与高等教育国际化大趋势，提升高职院校国际合作的领导力

区域合作为中国高职教育开展国际合作提供了良好的大环境，它要求高职院校充分利用区域合作政策，不断提升高职教育国际合作的领导力。即制定合作战略，寻找合作机会，预见合作前景，分析合作风险，有选择地开展高职教育国际合作。

如从 2002 年开始，中国外交部、农业部、商务部等部委利用中国－东盟合作基金、亚洲区域合作专项资金、农业国际交流与合作专项资金、援外资金等在东盟国家开展了一系列农业合作项目，合作主要集中在粮食、养殖业、农业能源、经济作物等领域，这为中国－东盟间的职业教育交流与合作提供了良好的环境。广西农业职业技术学院利用广西与越南相邻的地缘优势及已有的区域合作项目，通过提升高职院校国际合作的领导力，积极开展与越南的交流合作。近 20 年来，学院依托中国－东盟自贸区建设探索面向东盟的职业教育国际化路子，先后与越南、老挝、缅甸、菲律宾、泰国、印度尼西亚等国的政府、高校及企业三个层面，在人员互访、人员培训、互派留学生与教师、双边贸易、良种推广、示范基地建设等方面进行交流合作，成效显著。图 5－3 所示是 2015 年广垦橡胶海外优秀员工与农工商学院赴泰实习生交流合影。

图 5－3　2015 年广垦橡胶海外优秀员工与农工商学院赴泰实习生交流合影

2. 牵头职业教育集团，增强教育资源整合力

职业教育集团是职业院校、行业企业等组织为实现资源共享、优势互补、合作发展而组织的教育团体，是近年来我国加快职业教育办学机制改革、促进优质资源开放共享的重要模式。推进职业教育集团化办学，有利于整合多方力量，在提升办学能力、开展区域教育竞争（尤其是国际教育竞争）方面具有重要的推动作用。

按照组建形式的区别，职业教育集团可分为行业性与区域性职教集团，区域高职院校可以根据行政区域或经济区域的划分，实现力量的有机整合；行业高职院校可以根据产业的划分，实现行业内相关资源的优质共享与互补。如 2013 年 1 月，由农工商学院牵头整合 34 家企业、科研院所、涉农中专学校组成的南亚热带农业职业教育集团成立。作为行业性职教集团，在 34 个理事单位中，农业产业企业 18 家、科研院所 2 家、涉农中专学校 2 所、广东农垦农场 11 个，职教集团涉及资产 250 亿元，土地 333 万亩，产业以橡胶、蔗糖、剑麻等南亚热带农业为主。职业教育集团的成立，大大提升了学院热作农业职业教育资源的整合能力，为学院开展国际职业教育竞争与合作提供了基础。

3. 基于国际交流与合作项目平台，提升高职院校师生的国际意识与沟通能力

高职院校要将打造中外合作办学知名品牌作为自己的战略目标，培养既懂专业又懂外语的国际化复合型人才，这种人才不仅具备系统的专业知识基础，又具备较强的外语能力，特别是外语口语交流能力。

在农工商学院，一方面，通过引入英国 BTEC 教育模式与其他教育文化交流项目，提升学生的国际化视野，加强对学生核心技能的拓展；另一方面，通过推广全院性双语教学模式与相关的东南亚小语种教学，不断增强学生多元文化意识及语言交流能力。

4. 依托优势专业，提升高职教育的品牌锻造力与国际竞争力

统计数据显示，中外合作办学的项目是否是学校的优势专业，对合作办学的社会影响力有着至关重要的影响。在合作办学进一步发展中，高职院校作为合作办学的实际操作者，应当扬长避短，拿出强势专业和优势项目进行合作办学实践，这样才能提高合作办学中的主导地位。如前面介绍到的广州民航职业技术学院的“航空乘务与管理”“飞机发动机维修”专业、顺德职业技术学院的“中餐”专业、广东食品药品职业学院的“生物制药技术和药品经营与管理”专业。这些都是学校的优势专业，同时，这些专业在区域竞争中也具有比较优势，围绕相关专业衍生出的课程、服务等，均体现出了

我国高职教育的国际竞争力。

5. 依托大型跨国企业，提升教育国际影响力

跨国企业是指以本国为基地，通过对外直接投资，在世界各地设立分支机构或子公司，从事国际化生产和经营活动的垄断企业。由于跨国公司期望获得的是具有国际化理念、能在国际流动、能够进行跨文化沟通的技能人才，这使得满足跨国企业高技能人才要求的过程必然会提升高职院校自身的教育影响力与国际合作能力。

农工商学院隶属广东农垦集团公司，根据《广东农垦经济和社会发展“十二五”规划》（粤垦字〔2010〕65 号），广东农垦集团公司将坚持实施“走出去”战略，积极推进跨国经营，紧紧围绕“推进农业现代化，打造跨国大集团、建设美好新垦区”的战略目标，努力再造“海外新农垦”。广垦橡胶集团有限公司是由广东省农垦集团公司控股，集天然橡胶种植、加工、销售和研发于一体的国家农业产业化重点龙头跨国集团公司。自 2002 年成立以来，集团公司不断加快海外项目建设和发展，如通过新建泰南、春蓬两个年加工能力 4 万吨的加工厂，持续推进印尼广垦东方剑麻种植项目，快速扩大新加坡国际营销中心的业务等方式，积极开展对外合作，不断拓展发展空间。

为提升高职院校教育影响力，农工商学院将依托广垦橡胶集团海外企业，通过建立“泰国学习中心”“马来西亚学习中心”，向广东农垦海外企业输出教育，开展文化技术培训与职业技术教育。培训对象为广垦橡胶集团的海外员工，包括泰国广垦沙墩有限公司广垦橡胶集团、泰国广垦董里有限公司、泰国广垦湄公河有限公司、马来西亚广垦砂拉越有限公司、马来西亚广垦橡胶（婆联）公司、印尼广垦坤甸有限公司等旗下海外企业，培训内容为南亚热带作物技术、国际市场营销、企业管理、信息技术等业务技术培训以及中文、英语语言培训。

此外，农工商学院还依托广垦橡胶集团有限公司，利用农垦行业优势，安排热作系作物生产技术等农业类专业学生到马来西亚广垦橡胶种植公司实习，从事热带作物橡胶树育苗工作，并计划每年派出 50 名农业类学生到广东农垦马来西亚橡胶基地见习。依托大型跨国企业，真正实现学院“省内一流、全国知名、东南亚有影响”的办学目标。

总之，高职院校开展国际合作不是目的，而是自身核心竞争力提升的手段，在开展国际合作的同时，也要对自身的国际合作能力进行相关的提升，这将有益于高职院校更为平稳、持续地开展教育国际合作。

新闻链接 7

东南亚语首进高职选修课：受学生热捧，堂堂“爆满”

东南亚旅游热带动了大学生们对东南亚语言的学习兴趣。近年来广东农工商职业技术学院继泰语选修课后，又引进了柬埔寨等东南亚小语种课程，创新课程受到学生欢迎，到课率几乎“全线飘红”。记者了解到，目前省内这类东南亚小语种除了在广东外语外贸大学等语言特色类高校有开设专业课外，其他高校，尤其是高职院校中并不多见。

广东农工商职业技术学院的王同学是一个热爱语言的女生，得知学院增设东南亚语选修课时她十分高兴。“为了能选上泰语课，简直步步惊心，必须秒杀!”据悉，这门选修课几乎堂堂“爆满”。

曾几何时，选修课难逃学生“必逃课”的命运，多数学生把选修课当作“逃与不逃，反正都过”的鸡肋。如今，小语种选修课缘何成了“香饽饽”?

选修泰语课的小王告诉记者，自己从未缺过一次课：“老师上课幽默风趣，通过制作 PPT，播放泰语录音，发放小礼物等方式激发我们学习泰语的兴趣。”

潘丽君是柬埔寨语选修课的老师，土生土长的柬埔寨人，中文讲得很流利，因为其母亲是中国人。面对如此火爆的选课场面，潘丽君说，虽然知道学生语言基础薄弱，但学生有兴趣就是最大的好事。希望学生们上完课，对柬埔寨语感兴趣，掌握基本日常用语。

据学院介绍，近年来东南亚语等小语种人才需求逐年上升，懂技术的小语种人才显得尤为紧缺，而高职院校外语教学的课程设置和教学内容相对滞后，以小语种为选修课的高职院校更是非常少见。

学院党委书记杨群祥表示，泰国跟柬埔寨等产业区技术人才需求量大：“积极开展东南亚语等小语种课程教学，把培养懂技术的小语种人才当作重要目标，以适应经济社会发展的需要。”

据了解，该学院自 2011 年开设泰语以来，一直致力于东南亚语种课程的引入。截至 2013 年下半年，学院已先后为 1 367 人（次）开展了泰语教学。作为继泰语后学院开设的又一门东南亚语言，柬埔寨语课程的开设将有利于为广东农垦培养所需的国际化人才。

（来源：高金花. 东南亚语首进高职选修课：受学生热捧，堂堂“爆满”[N]. 信息时报，2014－01－13）

第二节　高职院校师资队伍的国际化建设[①]

经济的全球化和我国“一带一路”建设发展，都迫切需要教育国际化。高职院校无论是培养国际技术技能人才，还是服务经济社会发展，抑或提升自身办学实力与水平的需要，都显示加强师资队伍国际化建设的现实性和紧迫性。那么，在这新形势下，如何加强高职院校师资队伍国际化建设就成为我们当前思考的一个重要课题。

一、高职院校师资队伍国际化的必要性

据报道，有全国人大代表就高校师资队伍的国际化问题提出了书面意见和建议，认为国内高校人才培育的国际化程度不够。而目前在国内大学里的外教，大部分是从事语言类教学或者只是作短时间讲座，没有真正影响教学内容和学生的成长。那么在人才培养的过程当中，如果师资队伍不是国际化，就很难指望纯本土化的师资队伍，能够有效地培养出国际化人才。从全国人大代表的关注说明，高校教师国际化是培育国际人才的重要条件。由此推出，高职院校师资队伍国际化建设的现实性及紧迫性至少有三个方面值得我们思考。

一是我国“一带一路”倡议迫切需要教育国际化。“一带一路”分别指的是丝绸之路经济带和21世纪海上丝绸之路。这是2013年9月7日，中国国家主席习近平在哈萨克斯坦纳扎尔巴耶夫大学发表演讲时提出来的构想。“一带一路”作为中国首倡、全球人类命运共同体共同推动的倡议，无论是对中国现代化建设还是对世界发展都具有深远的意义。“一带一路”倡议的提出，契合沿线国家的共同需求，为沿线国家优势互补、开放发展开启了新的机遇之窗，是国际合作的新平台。“一带一路”倡议在平等的文化认同框架下谈合作，体现的是和平、交流、理解、包容、合作、共赢的精神。尽管“一带一路”发展是以商贸、经济、产品、服务作为核心，但可以肯定，“一带一路”建设最基础的，或者说必须先行并且能够更为持续深入地为之服务的，应该还是教育、科技、文化领域的交流合作。换句话说，“一带一路”倡议迫切需要教育尤其是高等教育的国际化，驱动高等教育进行更加广

---

① 原载于《太原城市职业技术学院学报》，2017年第5期。

泛的国际交流。

二是高职院校服务社会使命迫切需要提升自身国际化水平。随着经济全球化的发展，教育国际化日益成为教育改革和发展的热点话题，打开国门参与国际教育竞争与合作已成为提高中国教育质量和国际化水准的重要路径。《国家中长期教育改革和发展规划纲要（2010—2020 年）》明确指出，要提高中国教育国际化水平，适应国家经济社会对外开放的要求，培养大批具有国际视野、通晓国际规则、能够参与国际事务和国际竞争的国际化人才。《国家高等职业教育发展规划（2010—2016 年）》提出："加强国际交流与合作是高等职业教育适应经济全球化要求和国家'走出去'发展战略需要的必要选择，对提升中国高等职业教育国际知名度和国际化水平具有重要意义。"高等院校本质上是一种国际机构。所以，高等院校国际化不仅是国家战略的需要，也是高等院校自身发展的内在要求，是保持可持续发展的必由之路。特别是作为紧贴经济社会的高职院校，更应该尽快提升国际化水平。

三是高职院校师资队伍国际化程度不高倒逼其需加强师资队伍国际化建设水平。从高职院校培养国际技术技能人才和服务社会角度讲，必须加强教师国际化建设。可以说，师资队伍国际化是高职院校国际化建设的核心，是高职院校国际化的最基本表现形式。近些年，迫于高职教育教学教法改革需要，特别是通过高职教育示范性院校项目建设和教师能力提升计划的持续推进，"国培""省培"和院校自选项目叠加，高职院校教师获得国际培训机会较多、面较广。从这个意义讲，高职院校师资队伍国际化建设较一般性本科院校力度要大一些、状况会好一点。以农工商学院为例，除了积极引进具有海外留学或工作背景的专业教师外，自举办高职教育以来已选送 59 批近 180 多名教师赴海外进修学习考察。其中，仅 2015 年度就有 36 名教师，先后到美国、德国、新西兰、以色列等国家和中国台湾地区培训学习。但总体而言，高职院校教师国际化建设无论从质量还是数量讲还是有差距，远未能满足高职院校国际化及人才培养、社会服务国际化要求。要尽快改变这一状况，根本办法是寻求更为有效的高职院校师资队伍国际化建设的切入口及其路径。

二、高职院校教师国际化的建设路径

高职院校师资队伍国际化建设的切入口是什么？路径有哪些？首先，可以从师资队伍国际化程度评价的指标体系中分析。根据国内外学者研究的普遍认同，高职院校师资队伍国际化程度评价一般从双语教师比例、外籍教师数和国际化教学团队水平等 3 个方面进行，具体有以下 6 个指标：有海外（含国外、境外）学习工作背景的教师数占师资总人数的比例；国内专任教师获得国际认可资格证书占师资总人数的比例；具有双语教学能力的教师占师资总人数的比例；外籍教师、专家占师资总人数的比例；专业核心课程采用外籍教师或双语教师授课的专业数；具有外籍专家教授参与组成、国际化标准的专业教学团队数等。其次，要适应国际化发展潮流做好顶层设计，建立健全全方位、多维度的国际化师资队伍培养建设体系，努力打造一支具有国际视野、素质优良、业务精湛、充满活力的高水平师资队伍。

对于高职院校师资队伍国际化建设的路径，根据农工商学院办学经验，认为可从合作、引进、派出、交流、考核等方面努力。

一是加强国际教育合作交流，增加国际化教师的工作机会与平台。高职院校应加强与国际和港澳台地区高水平职业院校进行实质性的合作，多层次开展联合人才培养，联合建设国际化特色专业、国际化特色学院。通过国际项目合作能增加教师互派数量，以及吸引海归人才前来任教。这是高职院校师资队伍国际化建设的最直接路径。深圳职业技术学院通过与世界 100 多所院校开展国际交流与合作，每年都吸引了 100 多名外国专家、教师前来讲学；农工商学院自 2002 年与英国 Edexcel 合作举办 BTEC 证书项目以来，也先后吸引了 20 多名海外留学或海外工作背景的专业人才前来参与学院的教学工作，大大提升了国际化教师队伍的比例。

二是加大海外优秀人才引进，直接增加外籍专家、教师数量。从海外引进教师，不但可以了解国外先进的文化科技、教育理念、教学模式和教学方法，而且以其较娴熟的英语教学能使学生的专业英语水平迅速提高，也能使学生更直接了解国际行业研究发展动态。但目前，高职院校教师队伍国际化建设对于如何让教师“走出去”考虑得更多，而对怎样利用国际资源、引进优秀外籍教师等方面普遍考虑不足。事实上，一方面是经济全球化加速了国际优秀人才的流动；另一方面是国内外人力资源成本差距的缩小使大量使用海外优秀人才成为可能，尤其是引进发展中国家那些曾经在西方发达国家学习及工作背景的专业人士，对于高职院校来说有很大的吸引力。而且，这些发展中国家的专业人士（特别是博士）的人才价值毫不逊色。高职院校应当树立“不求所有、但求所用”的人才理念，通过专、兼、聘方式，积极引进海外知名行业大师、知名企业高级技术人员、专业骨干教师进入校园承担专业核心课程教学。这样，就可以大量增加外教数量，特别是增加外籍教师讲授专业核心课程的专业数和具有外籍专家教授参与组成、国际化标准的专业教学团队数等，并不断为自身的师资队伍输入新鲜血液。

三是扩大教师外派学习规模，培养教师国际视野。近年来，按照科教兴国、人才强国战略和留学工作方针，国家公派出国留学人数大幅增加，2015年和2016年均比上一年度增加17%。国家公派出国留学进修规模不断扩大，为高职院校师资队伍国际化建设提供了较好的机遇。据不完全统计，仅2016年上半年，国家留学基金委、广东省教育厅就为广东省高职院校教师和教学管理骨干提供了5批次外派学习进修的机会，包括国家留学基金资助公派出国研究生项目、高级研究学者及访问学者；国家留学基金管理委员会高等教育教学法赴德国、新加坡等国研修；学生工作者赴美国研修等项目。有条件的院校要加强校内培养，抓住机会争取多选送参加相关公派出国留学。另外要增加专项经费，用于资助教师外派学习、攻读海外博士学位、做高级访问学者、考取国际认证资格、培训教学能力、参加国际学术会议、资助骨干教师赴知名涉外企业或境外学习实习研究等。值得一提的是，外派教师走出去是一举多得的事。外派教师不但可以使专业研究直接与国际接轨，拓宽研究视野，而且能在短时间内强制性地提高自身英语水平，充分进行中西文化的沟通，带回国外先进的教学模式和教育理念，甚至帮助自己所在院校开发海外资源，如通过在外面获取的各种关系，把认识的国外院校、教师带回来，促成一些项目合作、短期教学和讲座之类的活动。高职院校要努力挖掘这方面的效能，以发挥出外派教师效益的最大化。

四是开展海外实习项目，带动专业教师到国（境）外参与教学活动。大力培养“双师”素质教师和开展实践教学是高职院校当前的主要任务，也是高职院校有别于其他普通高等院校的特色所在。积极拓展海外实习项目，既可以弥补国内实践教学的不足，又可以培养具有国际视野和教学经验的“双师”素质的教师。农工商学院自2001年以来先后开展了学生赴德国、中国澳门、美国、泰国、斯里兰卡、柬埔寨等国家和地区的实习项目，短则一个月，长则半年。与此同时，也先后选派共30多批次50多名教师前往参与指导，使其成为培养国际化教师的一条重要途径。

五是开展“双语教学”，提高教师国际化能力。许多国家把外语看作是提高国际竞争力、适应全球化经济发展、促进民族相互理解融合、提高国际意识的重要工具，并为此开展了全方位的外语课程改革，积极要求英语教学与专业教学相结合，培养复合型人才。适应对外开放和“一带一路”的要求，高职院校必须加快培养技术技能型国际化人才。按照以上要求，农工商学院结合国际合作项目，在校内积极开展了“双语教学”，在推广先进教育理念的同时，推动教师外语能力、国际先进教学方法等方面的培养。学院一方面鼓励英语教师参加专业知识培训，跨学科学习，了解自己所教专业的发展背景、专业术语；另一方面是强化专业教师的外语能力，提高现有专业教师的外语交流水平。凡经考核并主动承担“双语教学”任务的专业教师，学院在课酬系数、选派出国进修等方面实行政策倾斜。目前，农工商学院自2007年以来开展“双语教师”培训，已培养“双语教师”58名，有36名专业教师开设了32门的“双语专业课程”，并有6批38名教师被先后选派到美国半岛学院等进行为期半年的培训学习。此外，学院按照服务农垦以及自身发展愿景目标，开设东南亚语种的课程教学，先后为2 000多名学生开设了泰语、柬埔寨语和马来西亚语的教学服务。至此，全院具有“双语教学”能力的教师占师资总人数的比例达到了8.5%。事实证明，开展“双语教学”，不仅能够加快培养国际化人才，而且是培养国际化教师的重要途径。

六是加强师资队伍国际化考核，形成良性循环的管理机制。建立健全师资队伍国际化考核机制虽然不是培养教师国际化的途径，但却是加强高职院校师资队伍国际化建设的重要一环。因为高职院校教师国际化的培养，相较而言是一项高投入的工作，所以进行适度考核是非常必要的。高职院校要建立健全师资队伍国际化建设的考核机制，充分发挥考核评价的“导引功能、催化功能、监督功能和反馈功能”，激励并约束职能部门及广大教师自觉加强绩效评估，如对外合作交流项目的积极作用、外派学习研修教师的综合收获、“双语教学”对培养国际型人才的实际效果等。只有这样，才能形成师资队伍国际化建设的良性循环。

案例分享9

农工商学院开启青年教师赴美任教行动

2015年9月，广东农工商职业技术学院为了提升办学国际化影响力，首次选派青年教师张寅潇赴美国特洛伊大学孔子学院任教，助推汉语国际化发展工作。特洛伊大学孔子学院是全美排名前列的大型孔子学院，在特洛伊大学的三个校区分设总院和分院，目前已在阿拉巴马州四座城市设有多个孔子课堂，影响力覆盖整个阿拉巴马州及周边地区。该院在全球525所孔子学院（2017年）中获评“全球先进孔子学院”。

张寅潇老师是一线骨干教师，有丰富的语言教学经验和专业优势。在美国任教期间，承担特洛伊大学孔子学院下属最大孔子课堂——派克路孔子课堂的教学与管理工作，并负责管理部署该孔子课堂4名汉语教师的教学工作和30多个班级共1 200多名在校生的汉语课程及中华文化宣传推广工作。

作为中国语言、中国文化的传播者，孔子学院对教师的工作要求极高，特别需要能打硬仗、能文能武的“多面手”。在美国任教期间，“5+2”“白+黑”是张寅潇老师的工作常态，工作日课程满档，周末还要马不停蹄赶赴不同校区或城市开展文化讲座、筹备学术会议和中国文化推广活动，如特洛伊大学中国春节招待会、美国东南部汉语教师协会年会、美国联邦政府“星谈”中文师生培训项目等，履行着“发言人”“宣传大使”的职责，经常向美国同行、师生、家长介绍中国、广东及农工商学院建设发展等情况，在各项对外汉语项目与文化交流活动中积累了丰富的语言教学和文化推广经验。作为派克路孔子课堂首任教师，她与团队齐心协力、攻坚克难，根据美国K-12阶段学生特点制定了系列针对性教案、教法，使教授的汉语课堂学生数从800人增至1 200余人，深受该校师生、家长们的欢迎与好评，吸引校内同行来观摩学习，并作为标杆课堂与美国其他孔子学院交流互动。张寅潇老师因工作表现优异，同时获得了“特洛伊大学优秀领导奖”和“特洛伊大学孔院优秀教师奖”等多项荣誉。

第三节　“一带一路”背景下职业教育课程包的国际化输出[①]

响应“一带一路”倡议，广东农垦在东南亚租赁数百万亩土地开展跨国经营。作为服务农垦的农工商学院，责无旁贷地担负着向东南亚亚热带农业基地输送和在东道国当地培养橡胶、剑麻、甘蔗等种植、加工及其管理经营的一线从业人员的职责。因此，“输出职业教育”也就成为农工商学院必须思考的新课题。这里请注意，笔者有意在这强调“输出职业教育”而不是“输出高职教育”的缘由：因为就“输出”而言，从产业需要及东道国（地区）国情角度讲，不仅仅有高等职业教育，也有中等职业教育，高职院校担当着的应该是整个职业教育输出的使命。

① 原载于《广东农工商职业技术学院学报》，2017年第2期。

一、职业教育国际化课程包的提出

国际化职业教育课程包是高职院校开展国际交流与合作的重要技术资源，甚至可以说是高职院校参与职业教育国际分工的核心竞争力。英国 BTEC 证书项目输往世界各国并被广泛认可，其成功就在于有优质的课程体系及标准即课程包。

在讨论高职院校国际化内涵时，我们知道职业教育与普通教育是两种不同类型的教育。职业教育肩负着培养“具有国际竞争力的技术技能人才”的任务和使命；高职院校的国际化不同于普通高等教育国际化，其核心在于“全球化”意义上的国际化，具有被世界“认同”“认可”的专业、课程、证书，包括专业标准、课程体系、课程内容、教学模式、教学方法、评价标准与评价体系等，能够培养全球“通行”的、获得“认可”的技术技能人才；面对新的历史时期，高职院校不仅需要“请进来”更需要“走出去”，从“被化”到“施化”，输出专业标准、课程包和职业资格证书等优质教育资源。就一所职业院校而言，或许一时不具备开发研制能够被世界“认同”“认可”的专业标准、职业资格证书，但以课程开发作为切入口是可以的，而且是非常有必要的。特别是在“一带一路”倡议下，中国优势产业“走出去”需要有相应的职业教育做支撑，配套的国际化课程包被提了出来。如农工商学院根据广东农垦集团在泰国沙墩府办橡胶加工厂，沙墩农业职业技术学院对接帮扶（见图 5 -4）。

图 5 -4　2015 年 7 月 22 日，杨群祥等考察泰国沙墩农业职业技术学院

二、国际化课程包建设的基本原则

由于课程输出方面的经验欠缺，课程的输出不可能是一蹴而就的。它应当是一个立足现实、不断发展完善的过程。职业教育走出去，课程包是关键一环。课程包的制定摆在农工商学院面前有三种选择：一是依据国内原有为农垦系统培养人才的模式，这显然是无优势可言的，且对职业教育的提高是

没有意义的；二是结合东道国当地的经济发展和教育市场，有针对性地设计课程包，这显然是可取但又是短视的，只能实现国与国之间“际”层面的国际化，作为策略层面的初级环节；三是着眼全球，以公认、通行的标准来培养在世界范围内具有竞争力的人才，这才是对职业教育真正走出去和跨国企业的终极利益有力的选择。

1. 着眼于东道国经济的发展，是立足之根本

从职业教育国际化的逻辑关系来看，职业教育国际化的主要动力来源于经济全球化对当地经济的推动。经济的全球化促进了当地的生产、销售以及相应的管理与服务的国际化。既符合生产、服务、管理一线人才的国际化要求，又推动了职业教育国际化发展。换句话说，教育国际化的动力主要不是在职业教育内部自发产生的，而是来源于当地经济发展的需要。因而，脱离了当地经济与社会发展的要求，职业教育国际化的发展就失去了动力。因此，在区域性与国际化的关系问题上，应将区域性作为基础和目的，而视国际化为手段和机遇。从这个意义上讲课程的国际化，不应仅站在满足当下广东农垦东南亚亚热带作物种植和经营对人才的需求，更应着眼于东道国经济发展和整个人才市场需求这个基础。在操作层面上，课程包需要把握东道国经济发展的动态，并结合当地教育市场的特点和规律。这是“国与国”层面上的国际化，是教育输出能够立足之策略，虽然带有项目的局限性和生命的有限性，但它并不妨害国际化水准上的要求。因为，离开了“全球化”水准，其产品仍然是不可能具有竞争力的。换句话说，其策略的起点与课程的标准并不冲突。

2. 着眼于全球对人才的要求，是发展之需要

一般而言，当跨国公司在发展中国家建立生产基地时，高级管理人才往往要由母国派出，而生产、服务、管理一线的技术人员，则基本上在东道国就地培训、雇用，这是成本上最优化的方式。但这种教育的输出仍然是被动的，有很大的局限性，是仅仅站在满足跨国经营对人才需求这一狭隘、短视的基础上的。而站在教育输出，长期立足于东道国的角度和在世界范围内具有竞争力的角度来看，其一，其目光还应着眼于东道国的整个教育市场，为东道国的整个经济发展培养人才；其二，还应站在更高的视野之上即站在“经济全球化”的角度看问题。因为，对东道国的教育输出，仍仅是国与国之间狭义的双边国际化，而不是广义的多边的国际化。而职业教育所言称的国际化，则是以面向全球人才需求为终极目的。退一步讲，即使站在跨国公司对人才需求狭隘的角度审视，在经济全球化的状况下，跨国公司除生产环节之外，其销售环节、服务环节也是散布世界各地的。只有着眼于全球开发

课程，职业教育课程输出才能长期生存和发展。

3. 着眼于职业教育的内在规律，是做强之关键

职业教育是特殊的教育类型，强调与国际接轨：以课程论为主的观点和视野，而不是以教学论来指导课程与教学；需要以课程标准来代替教学大纲；课程的目标、课程标准和内容，需要建立在岗位职业能力分析和工作过程分解的基础之上；教材不再是教学的唯一用书，需要成为适合学生“学”的“学材”，完成由“教材”向“学材”转变，开发学生“学”的途径和资源；教学不单是教师“教”的过程，它同时也是学生“学”的过程，课程包和教学需要改变以往突出教师灌输，特别是课堂灌输的方式，而更加关注学生的“学”；突出岗位操作技能，突出实践教学，突出以能力为中心。综上种种，从课程目标、课程标准、教学内容、教材编写到教学理念等，基本勾画出了国际化课程包开发和实施的原则要求。

三、国际化课程包的主要特点

1. 系统性

这里所说的国际化课程包，它不是内容的零散堆砌，而是针对教师有效的“教”和学生有效的“学”的一系列课程资源的总称，是以工作过程为导向的学习领域框架体系，如前面所说 BTEC 证书项目的课程体系及标准。第一，每个课程包内部的知识与能力层面自成体系，都围绕于具体工作岗位的完整工作内容和工作过程，突出具体的操作能力，同时又为看上去零散的工作任务提供可连接的载体，清晰呈现某一岗位职业技能的系统过程；第二，在课程包结构层面，围绕学习领域有着相互关联的教学资源，包括教师教学、学生学习、效果评估等教学完整的体系；第三，在课程包外部关系层面，需要与文凭、证书相关联，需要对课程包的开发做出具体的规范，创造尽可能大范围的认同条件。

2. 实用性

为确保国际化课程包尽可能被广泛认同，课程包的开发需要由行业、企业和专业教育指导委员会的参与，并结合跨国公司的人才需求和东道国的劳动力市场需求，以保证课程包能够紧密联系实际需求，使之具有高度的实用性。在程序上，课程包在完成开发工序到投入使用之前，多方参与的开发机构需证明该课程包中的能力标准与工作任务的高相关度，并得到广泛的支持，以保证课程包的实用性。

3. 时效性

随着时间的推移和社会的发展变化，同一种职业对从业者的要求也会产生变化，导致原有能力标准与实际工作要求之间产生距离。为了使国际化课程包的内容能更及时地反映实际需求，应在一定的年限内对之进行动态的修订、更新、删补与整合。

4. 可操作性

每个国际化课程包不只是理论条框的规定，而应立足于实际操作层面，具有高度的可操作性。课程包的每项表述，都应有相对应的开发、操作和评定标准；课程包使用过程中每一环节都应有相对应的依据；课程包所使用的语言，应尽可能清晰地表达，特别是每项技能、知识及要求需避免模糊性描述。

5. 开放性

在国际化课程包开发的初级阶段，“走出去”的用人企业应起主导作用，立足于用人需求、立足于输出国专家，是现实的选择。但在此后课程包的使用、完善阶段，则需要更多地关注东道国的意见和实际，广泛采纳多方建议，将课程包视作一个由多方参与、多方监督、多方使用的开放系统。需要说明的是，“全球化”“一流”水准，它只是一个水准，并不排斥内容上的鲜明特色和国情。

四、国际化课程包的基本框架

在国际化课程包开发过程中，最为核心的问题是课程包的结构体系和课程标准的制定。为方便与国际接轨，这里的课程包指“Course Package”，在结构上包括教师手册（Teacher Handbook，含课程计划、课程标准、教学方案、教学指南等）、学生手册（Student Handbook，含课程简介、课程标准、学习指南、学习记录等）、评估手册（Assessment Handbook，含评估方法、评估程序、评估标准等）和教学资源（Teaching Resources，含案例、题库系统等），如表 5 – 2 所示。教师手册、学生手册、评估手册是课程包的三个主要构件，是教师“教”、学生“学”和对学习结果评估的依据。

表 5 – 2　课程包的基本结构

序号	项目名称	具体要求
1	课程计划	明确课程的总体设计与安排。包括培养目标、就业岗位；单元之间的关联及教学内容的顺序；教学目的、教学任务、教学内容的范围；学制、学时、教学基本要求，理论教学与实践教学的比例，教学方法建议；教材和参考书目等。课程计划体现在教师手册和学生手册之中，是教师授课和学生选课的依据
2	课程标准	课程标准由课程开发团队（行业、企业和专业教育指导委员会）在岗位职业能力分析和工作过程分解的基础上开发论证的标准体系，包括内容标准、表现标准、机会标准。课程标准体现在教师手册和学生手册之中，是教师授课和学生学习所达到的质量水平依据。内容标准指对学习者应该知道什么和能够做什么的规定；表现标准指对学习者掌握内容标准的“熟练程度”之规定；机会标准是判断是否给学习者提供达到内容和表现标准的机会的规定，包括入学条件、学习条件、教学环境、师资条件等
3	教学方案	教学方案包括教师设计教学的原则指导和空白部分。空白部分由任课教师设计教案的具体内容。教学方案体现在教师手册之中
4	教学指南	教学指南为教师用书，主要由教学目标、教学内容、前导技能、教学步骤、教学方法、活动设计、设备需求、职场安全等内容组成。体现在教师手册之中
5	学习指南	学习指南包含课程介绍、生活和学习环境介绍、学习目的、前导技能、学习方法、内容描述、学生自测、实训练习、参考资料等，让学习者知晓如何就读、怎样学习、学习什么、学完后能够做什么、针对什么岗位就业、应遵守什么规则等内容。学习指南体现在学生手册之中
6	学习记录	学习记录与教学方案相对应，以课时或单元为单位，告知学习者课时的学习目的、学习要求以及重点和难点，课前应做的准备、练习内容或者活动内容，课后需完成的功课等，还包括学生的学习笔记、感悟等。学习记录体现在学生手册之中，它同时也是对学生个体学习效果评估的依据之一

续上表

序号	项目名称	具体要求
7	评估标准	评估标准是对学习者所达到的实际学习效果评估等级的明确规定。包括 fail（不及格），pass（通过），merit（优）和 distinction（卓越）等级标准。评估标准体现在评估手册之中
8	评估指南	评估指南是达到评估标准的方式、方法的指导，包括课业、考试、笔记、交流、展示、作品、成果等评估形式，也包括重修、补做、申诉方面的规定。评估指南体现在评估手册之中
9	教辅资源	将以上内容以及教师提供的演示资料、视频资料、案例等以数字文件的形式置于电子平台之上，供学生随时查阅、学习
10	题库系统	依据国外经验，一般设计 15 套以上题型、题量相同但内容不同的考卷

1. 国际化课程标准

国际化课程包的开发，最为核心的部分是课程标准的制定。课程标准是教师手册、学生手册和评估手册制定的依据和共同内容。研究认为，职业教育课程包的课程标准要包括五个方面的内容。

（1）内容标准。所谓内容标准，概括地讲它是指学习者应该知道和能够做什么的规定，它不涉及教学内容的顺序和教学法。它就是一个“标准”。

（2）态度标准。国外是规避情感、价值观的。其原因，一是情感问题难以形成可操作、可度量的标准，也难以测量；二是涉及价值文化。但研究认为，态度领域应是不可缺少的，涉及爱岗敬业、诚信无欺等内容。

（3）过程与方法标准。“过程”指学生经历知能的形成过程；“方法”指知能的学习方略。“过程与方法”不仅是手段，也是在体验学习过程。运用学习方法的同时，掌握“过程与方法”的学习目标，即获得“能够获取知识的知识”，也就是学会学习，学会反思，学会创造。它既包括“外在”的学习活动过程和方法，如资料收集、问题探究、分组学习、合作探究，也包括“内在”的学习思维的过程和方法，即“怎样知道是什么”和“为什么这样做”的思维过程与方式，如搜集资料的过程与方法，探究问题的过程与方法，论证的过程与方法，辩论的过程与方法。职业教育本身就是过程导向的教育，过程对于职业教育是十分重要的，它反映着工艺、程序等因素。

（4）表现标准。表现标准与内容标准相一致，是对完成内容标准“熟练程度”的规定，是对内容标准的进一步说明，比内容标准更加清楚、具体、可测。内容标准确定的是学生需要学习什么，而表现标准确定的是学生在内容标准方面应该掌握的知识和技能及实践能力等有多么好，并且回答“十分好到底是多好?”职业教育强调学生技术技能的实际获得和展示，它需要能够进行真实性、表现性评价。通俗地讲，职业教育培养的学生不仅要求“有驾照”，而且还要“能驾驶”，并且要对其熟练或部分熟练所呈现多个程度水平能够评价。也就是说，职业教育的课程标准不仅要描述学生应该学习的内容，而且还应描述学习这些内容应有何种表现和达到什么样的结果与质量。

（5）学习机会标准。它是判断是否给受教育者提供达到内容和表现标准的机会的规定，涉及教育的经验、资源的性质和质量。简而言之，所谓学习机会标准，是指能够让学生实现内容标准和表现标准的要求，对教育所提供的学习条件的规定，是学生达到内容标准和表现标准应该享有的权利，具体而言，它不仅是“硬件条件”，而且应当包括施教理念、施教模式、情境设置、程序规则、方法途径，特别是情境等容易被忽视的软件在内的保障性条件，也可以理解为“条件标准”“权利标准”。职业教育不是脱离情境的内容抽象的纯理论教学，它对实操环境、教学情境和教学理念有着特殊的要求。这些要求是内容标准、表现标准得以实现的保障。

2. 职业教育课程的通用能力标准

在上述标准中，内容标准是课程标准的核心。内容标准又可划分为知识标准和能力标准，而能力标准又分为核心能力标准和通用能力标准。核心能力标准针对的是学习者所将面对的职业岗位所必须具备的专业技能和知识，突出的是“专”；而通用能力标准突出“适应性”。通用能力标准的建立，通过借鉴英国 BTEC 的 Common Skills，德国、澳大利亚、新加坡的 Key Ability，美国的 Basic Technical Ability，新西兰的 Necessary Technical Ability 等，归纳为如下几个方面，其构成如表 5－3 所示。

表 5－3 通用能力标准

就业能力	具体含义 （由雇主确定这些元素，其组合和侧重点会因职业的不同而不同）
管理与发展自我的能力（有助于自我满足和成长）	安排自己的任务并承担责任； 能科学地管理自己的时间完成任务； 拥有个人主见和发展目标，对自己有充分的信心； 具有合理的自我评价和自我监控能力； 具有多样性的技能来适应新的环境

续上表

就业能力	具体含义 （由雇主确定这些元素，其组合和侧重点会因职业的不同而不同）
团队合作的能力（有助于高效完成任务）	在与人合作中能履行自己的职责； 能与不同年龄、性别、种族、宗教和信仰的人一起工作； 能发挥团体成员的优势并能进行角色定位； 在实现目标的过程中能评估自己和团队的表现； 能与他人达成共识并给予指导和意见反馈
收集信息和运用数字的能力（有助于工作的科学性、严谨性）	有目的地收集信息和寻找信息的可能来源； 对信息的相关性、准确性具有评价能力； 能选择数学思维和统计分析方法； 具备判断所需的精确度和准确度； 能核实结论并评估过程
有效沟通与信息分享的能力（有助于建立工作关系）	具有倾听的品性和理解力； 能阅读和解释文件； 确定目的、听众和环境，并能清晰、连贯地交流； 能迅速清楚地发言，并针对反馈进行修正和调整交流； 能选择适当的交际形式和风格有效说服别人
组织与规划能力（有助于进行长期和短期的规划）	能建立和利用人脉； 具备对活动进行筹划和安排先后步骤顺序的能力； 能根据任务分配人员和其他资源并有效地管理时间； 能判断意外状况并调整资源配置，以应对意外状况； 能依据现实和反馈，不断地调整和完善计划进程
解决问题能力（有助于解决工作中的实际问题）	能发现问题并对问题进行分类和界定； 在问题面前持积极态度并注意观察细节，能够预测问题的末态； 能够制定出有效的步骤、清晰的处理方案； 能够依据方案进行操作，并监控事态的发展； 能够对问题的解决进行评估，并依据事态的变化调整方案
运用技术手段的能力（有助于有效执行任务）	能够识别并依据需要选择适宜的技术设备； 能有效地操作技术设备并安全使用； 具有基本的信息技术能力； 能把信息技术作为一种管理工具

续上表

就业能力	具体含义 （由雇主确定这些元素，其组合和侧重点会因职业的不同而不同）
学习与创新能力（有助于不断完善、发展和创新）	能利用各种媒介进行自学； 能接受新观念和新变化； 能适应新环境，包括改变工作条件； 能发现他人不易察觉的机会，并生成多种选择项目、付诸行动

3. 职业教育标准制定的要求

职业教育标准制定的要求与层级限度课程包的课程标准，应当是清楚、具体、可测量的。所谓清楚，指的是能够为不同的人所理解，而不会产生歧义；所谓具体，指标准的要求清晰、详细；所谓可测量，指学生能够展示出他们掌握的知识或技能。

职业教育课程包的课程标准，是规范、准绳、准则等意义上概念，是职业操作的依据。因而，它应当是一个“硬性”标准，即为最低标准，并规定课程标准的层次级别，而不规定标准的上限。理由：其一，它首先是一个能够上岗就业的“胜任”标准。其二，在胜任岗位要求的基础上，还应当制定具有竞岗和发展能力等的层次等级。其三，它不应该是以“多数人能够达到”为参照，因为这样一个常模性的标准，很难为雇主所认同，用人雇主不会以常模而降低胜任岗位的要求。

新闻链接8

2018 年泰国农村发展研修班圆满结业

2018 年 5 月 27 日上午，2018 年泰国农村发展研修班结业典礼在农工商学院举行，泰王国驻广州总领事馆农业处领事芭桐娃蒂、农业农村部国际交流服务中心副主任罗鸣、省农垦集团公司（省农垦总局）副总经理（副局长）吕林汉、农工商学院党委书记杨群祥和泰国农村发展研修班 24 名学员等参加了结业典礼。

罗鸣对 2018 年泰国农村发展研修班 24 名学员完成培训任务顺利结业表示祝贺，对学院在精心安排培训学习给予高度评价。他说，此次培训，正值党的十九大提出实施乡村振兴战略之际，推进乡村振兴战略是国家的整体战略必不可少的重要组成部分，通过培训中泰两国共同探讨农村振兴方面的新思路、新模式、新观点，为促进中泰两国共同繁荣架起桥梁。吕林汉对培训班的精心组织和周到安排以及学员的积极参与表示充分肯定。

他说，广东农垦橡胶产业与泰国合作取得非常好的效果，期待未来与泰国在其他产业、经济贸易等方面展开多层次、多渠道的合作。芭桐娃蒂在讲话中指出，本期培训班24名学员，系统学习了农业专业知识，目睹了中国在农业技术以及社会、经济的发展现状所取得的成绩，逐渐融入中国文化，同时收获了友谊。希望学员们将此次的培训成果带回国，推动本国农业发展，并为促进中泰双边合作积极努力。

杨群祥说，举办泰国农村发展研修班，充分体现了我国服务"一带一路"沿线国家并致力推动相关国家农业领域务实合作的重要举措，而学院承担并顺利完成广州阶段的专业课程教学与组织参加考察任务，充分体现了学院的办学实力。他说，学校充分发挥办学资源优势，为农业国际化合作积极培养人才，提出了"办学理念国际化、专业课程国际化、师资队伍国际化、学生培养国际化和社会服务国际化"的目标，尤其是习近平总书记提出"一带一路"倡议后，积极拓展与东盟国家的教育合作，开设泰语、柬埔寨语、马来西亚语学习班，在广垦海外企业建立学习中心，成立东南亚研究所，招收留学生等一系列国际交流与合作的举措，为实现"国内一流、东南亚知名、世界有影响，具有南亚热带产业特色"的应用型大学奠定了坚实的基础。

2018年泰国农村发展研修班结业典礼

泰国驻广州总领事馆农业处领事和农业农村部国际交流中心、广东农垦总局、农工商学院等领导代表与泰国学员合影

培训学员代表、泰国农业部国际合作局 Manassanan Chotejirabhirom 代表学员在发言中介绍了自己在培训期间深入了解了中国农业及农村发展起点、转折和未来，表示中国在农业领域所取得的成绩是全世界有目共睹的。提高农民生活水平与收入，是中国政府一直以来的重要目标，也是泰国政府的重要工作和目标，希望双方能加强交流，实现更多项目合作，促进两国农业共同发展。

（来源：农工商学院新闻网站，2018年5月31日）

第六章
高职院校国际化的创新与服务

一直以为，引进、学习和借鉴项目是高职院校国际化的途径手段，消化、吸收是高职院校国际化的基本内功，而在此基础上的创新、服务、输出才是真正意义的国际化。这是因为，高职院校国际化应该包括“引进来”和“走出去”两个方面，没有“走出去”的国际化，就不是真正意义上的国际化，也不可能完全实现高等职业教育的国际化。这里还想特别强调的一个概念是，如果说学习借鉴国际先进职业教育理念、模式是国际化，那么更有理由说消化、创新国际先进教育模式、理念是国际化，因为它有可能成为新的国际范式。这样，我们对高职院校国际化创新就有了更全面的理解。

过去20年，高职院校国际化办学进程中的探索创新是多层面、多维度的，既有学习借鉴上的探索创新、自我完善、洋为中用，如农工商学院借鉴德国职业教育技能培养中的“生产性实习实训”模式，创设了“校内实习公司”，开辟职业教育实践教学“第三通道”；也有项目引进上的探索创新，本土化实践、自我提升，如农工商学院BTEC项目应用与“成果导向”教学改革；还有“无中生有”的探索创新，创造性发展、树我他用等，包括借鉴英国、德国等国家职业教育小班教学经验，创设“指导教师负责制”，即把高等教育——硕士生导师制培的养模式与手工业时代——师傅带徒弟的传统培养方式进行移植、优化，创造出一种新的、符合职业教育的人才培养方式，化解我国职业教育院校因“专业班大、人数多”导致的个性化指导与实习实训难的问题；瞄准农垦企业“走出去”，将校企合作关系延伸至海外，利用校企合作新机制推进国际化创新，输出优质教育资源等。

第一节　高职院校实践教学模式的创新①

进入21世纪以来，中国高等职业教育快速健康发展，不仅成为推动高等教育大众化的重要组成部分，更重要的是成为推动服务区域经济社会发展的生力军。这得益于国家职业教育发展方针政策的有效推动，也得益于广大高职院校教育工作者的积极探索与实践。与此同时，高等职业教育发展过程中也曾经面临困惑和瓶颈。其中，“实践教学难”，对于培养技术技能型人才的高职教育就是一个瓶颈。如何突破这一瓶颈，既能解决校内实训教学缺乏真实的职业场景，又能弥补校外企业实践空间距离远、学校主动性不足、学生难以接触核心技术等问题？借鉴德国职业教育“双元制”技能培养模式的精髓，农工商学院通过创建校内实习公司、培养学生职业素质，对高职院校实践教学进行了有益的探索与实践，并获得了2014年国家级教学成果二等奖。

一、高职院校实践教学面临困局

随着高等职业教育快速的发展，高职院校人才培养工作必须从数量扩张转为内涵建设与质量提升。特别是高职院校毕业生到企业一线岗位后业务能力适应性不够，倒逼高职院校必须突出实践教学环节，把实践教学置于人才培养过程中的主要位置和中心环节，以确保毕业生能够达到与社会需要相适应的人才培养规格和要求。这是职业教育的性质和社会发展的客观要求。然而，由于种种原因，在高职院校实践教学中存在着诸多问题。

（1）企业参与人才培养积极性不高、程度不深，功能发挥不够。高职教育所培养的岗位能力和综合素质，需要通过大量的实践教学来实现。在国外主要是通过企业参与人才培养过程来实现的，如德国的“双元制”。国内高职院校也不乏仿照国外的做法，但由于受到国家制度设计和传统文化的影响，校外实习基地的企业参与积极性不高、程度不深、功能发挥不够。很多学校抱怨在与企业建立校外实习基地的合作中处于“乞丐式”“挂牌式”合作的被动局面。

（2）企业有效参与人才培养的基地匮乏。一些国内高职院校在与企业合

① 原载于《中国职业技术教育》，2015年第5期。

作过程中，积极尝试“订单式”等培养模式，这虽是一种企业参与人才培养的较好范例，但多为一次性行为，实践教学不具有可持续性。而校内模拟实训又缺乏企业的参与和真实的企业环境。企业“有效”参与人才培养的基地相对匮乏，已成为高职教育发展的瓶颈。

（3）学校难以主导企业实习的实施、学生难以接触到核心技术、人才培养方案难以展开。校外实习基地的学生实习，校方缺乏实习安排的主导权。很多企业一般也不愿意让实习生接触到核心技术。比如采购岗位，学生难以接触到进货价格和渠道领域，难以获得某一岗位的亲身体验。会计岗位就更为突出。学生常常是要么“走马观花”，要么被当作廉价的劳动力来使用，实践教学难以按照教学大纲的要求展开，实习效果堪忧。

（4）实习内容与教学内容脱节，工学结合维度不高、工学交替不明显，素质型人才培养不到位。在工与学的结合上，学校与企业两个主体形式的结合虽比较普遍，但教材、教学内容与企业岗位、实习内容等深层次的结合还远远不够。实习的内容与教学计划脱节的情况较为严重。校外实习基地对于边实习边集中授课的工学交替也存在着诸多不便。

（5）校内模拟实训由于缺乏真实的企业环境和文化氛围，学生在市场竞争意识、时间观念、忧患意识，特别是真实环境下的操作能力等，均难以达到岗位的要求。再者，校内实验实训设备也存在着利用率低下、更新不及时、仿真模拟重复性、纯消耗性投入的压力问题。校内模拟实训所生产的产品往往不具有使用价值，不能作为商品进入流通领域获得经济效益，废品率较高，属于纯消耗性投入。由于实训不面向社会接受订单，设备的使用率也不高，也难以得到及时更新。

基于此，农工商学院从“生活即教育、社会即学校”理念出发，借鉴“双元制”模式，提出了服务于学院人才培养的“校内实习公司”的设想，并于 2001 年 9 月正式挂牌营业，由专业教师指导、学生自主经营。在创新中探索破解国内高职院校实践教学中普遍存在的困局。这一探索，在 2005 年教育部高职高专人才培养水平评估工作中被专家确立为“创新项目”而深受鼓舞，特别是在《教育部关于全面提高高等职业教育教学质量的若干意见》（教高〔2006〕16 号）中关于“要积极探索校内生产性实训基地建设的校企合作新模式”的精神鼓舞下，学院加大了对校内实习公司拓展和探索的步伐，又建立了“方舟财税咨询公司”等多个实习公司（车间），并先后被立项为中国高等教育学会 2007 年“十一五”教育研究规划课题、广东省教育厅 2010 年“广东省高等教育教学成果奖培育项目”。

二、校内实习公司的创新实践

通过创建校内实习公司来加强实践教学工作、培养学生职业素质，关键在于建立一个实体，引入企业元素和市场竞争环境等。这其中有 4 个问题需要明确。

（1）校内实习公司的界定。所谓校内实习公司，是通过在校内就近建立课堂授课与实习安排，由学校主导的，融企业的生产经营属性与学校的教育属性于一体，具备真实的企业环境、市场环境和生产流程，便于学生集中学习和利用图书资料及其他各种教学设施，进行“工学交替”和“教学做一体”的实体公司。校内实习公司的实践教学模式，是通过校内实习公司来培养“学术性与职业性相统一”的素质型人才的实践教学新模式，以实现学生毕业直接上岗的目的。这种校内实习公司，它既不同于新中国成立初期缺乏竞争和市场环境的校办工厂，也不同于“文革”时期“停课闹革命”的单纯性生产劳动，还不同于改革开放后脱离教学单纯追求经济利益的校办企业，而是兼具企业的“生产经营属性”与学校的“教育属性”于一体的、不同于校外实习基地和校内模拟实训的实践教学第三条新通道。

（2）校内实习公司的特点、组织形式与功能。①校内实习公司具有如下特点：公司的设立不以单纯的营利为目的，而是基于专业教学的需要；公司为真实的企业实体，具有真实的企业环境、企业文化、生产设备或服务设施和工艺流程；公司实行企业化管理、企业化运作，面向市场竞争环境，接受社会真实订单，独立核算，自负盈亏；产出具有实用价值的产品或提供有效的服务，具有经济效益和可持续发展性；校方拥有实习安排上的主导权，能够按照教学计划落实实践教学；具有就近性，便于教师集中教学、答疑，便于学生利用图书等教学设施，便于工学交替的实施。这中间，学校借鉴、融合了各国先进的实践教学模式之长，包括吸收了德国“双元制”校企密切结合、重视学生实践能力培养、教学与实践交替进行之长，规避了“双元制”中不符合中国国情的靠政府大力投入和重视操作、缺乏学术性之短。改变了“双元制”中实践教学“重心在企业”的方式。借鉴了新加坡教学工厂模式，将工厂环境、工厂的先进设备、生产流水线、管理模式引入学校，工厂即学校、师傅即教师、课程内容即企业订单，由校方专业教师主导实践教学，规避了新加坡院校完全靠政府巨资助建的方式，并将新加坡的工科模式延展到商科专业领域。借鉴了美国“合作教育”、英国“三明治”教育、加拿大“工学交替”教学形式，但又将其固定的“一个时期在校外企业、一个时期在校内课堂”的机械循环，改进为既按照教学计划又依据客观实际、在实习生遇到共同问题时随时集中解惑的、具体问题具体分析的灵活方式。②在组织形式上，公司既可以是直接注册的独立法人，也可以是准公司形式的车间、中心、工作室等。其核心是创造真实的企业环境，能够接受社会订单，参与市场竞争。在组织结构上，公司的内部结构按照企业运行的实际来设置。公司的运行通过企业与校方签订的法律合同，业务管理由公司负责，实践教学的安排由学校按照协议实施，核心是保证教学计划的实施。③在功能上，校内实习公司的主要功能是生产经营、社会服务和实践教学。其拓展功能还包括职业资格认证、牵动教学改革、示范辐射、转化研究成果、培养“双师”素质、助学等。

（3）实践教学的实施。在这种融教学、生产经营实践和企业管理于一体的真实企业环境中，教室设在车间（或商场）的一角，车间即教室、师傅即教师、员工即学徒，体现为车间、教室合一，学生、学徒合一，教师、师傅合一，作业、产品合一，教学内容与实习内容合一，研发、服务、“创收”合一，理论联系实际，学练一体。其目的是构建以职业能力为本位、以学生学习为主体、“教、学、做”融为一体的素质型人才培养模式。教学的组织实施实行导师制，即把学生分为若干个实习小组，采取有实践经验的指导教师和企业的行家共同担任导师、“师傅带徒弟”的方式实施教学，方便交流。在方式上，以体验式教学为主，让学生参与生产经营过程。如市场营销专业实习超市由学生担任理货、售货、收银，以及商场部、财务部、采购部、策划部及以上部门的管理工作，让学生在参与体验中获得理解，甚至公司的选址、商圈的调查、章程的修订等，都尽可能地让学生直接参与、经历。在方法手段上，采取任务驱动，根据岗位工作要求提出“任务”或订单，学生以完成一个个具体的“任务”为线索展开行动。由于要完成的任务与专业密切相关，教学内容便隐含在每个“任务”之中，学生自己或在导师的指导下提出解决问题的思路和方法，然后进行具体实践，导师引导学生边学边做以完成相应的“任务”。让学生亲自经历结构完整的工作过程，在工作中学会“工作过程”的方法，即确认工作任务、计划、实施、检查、评价与结果记录。在过程上，课堂集中教学与公司生产实践交替进行。第一阶段是课堂授课阶段。这一阶段本着“必须、够用”的原则进行理论教学，并明确学生的实习任务，由学生为完成任务搜集相关资料、制订完成学习任务的行动方案，如调查、服务、采购等；第二阶段是在公司初次见岗实习。在实际操作中，学生形成对所接触事物的看法，获得技能和知识，或发现问题，或产生困惑；第三阶段进行协商交流，包括教师对学生所遇到的共同问题的讲解，包括学生在实习中所获得的认识的交流、讨论，使各自的观点在辩论中得到巩固、完善或受到质疑；第四阶段为寻找证据，完善观点。学生在交流中受到的启发、质疑等，则为完善自己的观点或推翻他人的观点继续做准备，包括搜集信息、请教他人、回到公司再实践验证等。这个过程是一个循环往复的过程，既包括集中的交流，也包括个别的交流、辅导，形成指导、实践、交流、再取证的反复循环。校内实习公司师傅、导师、公司（车间）、课堂、图书馆、网络等的就近性，为实现“工学交替”提供了可能。通过这样交替的过程，培养“职业性与学术性相统一”的素质型人才。其实施过程，如图6－1所示。

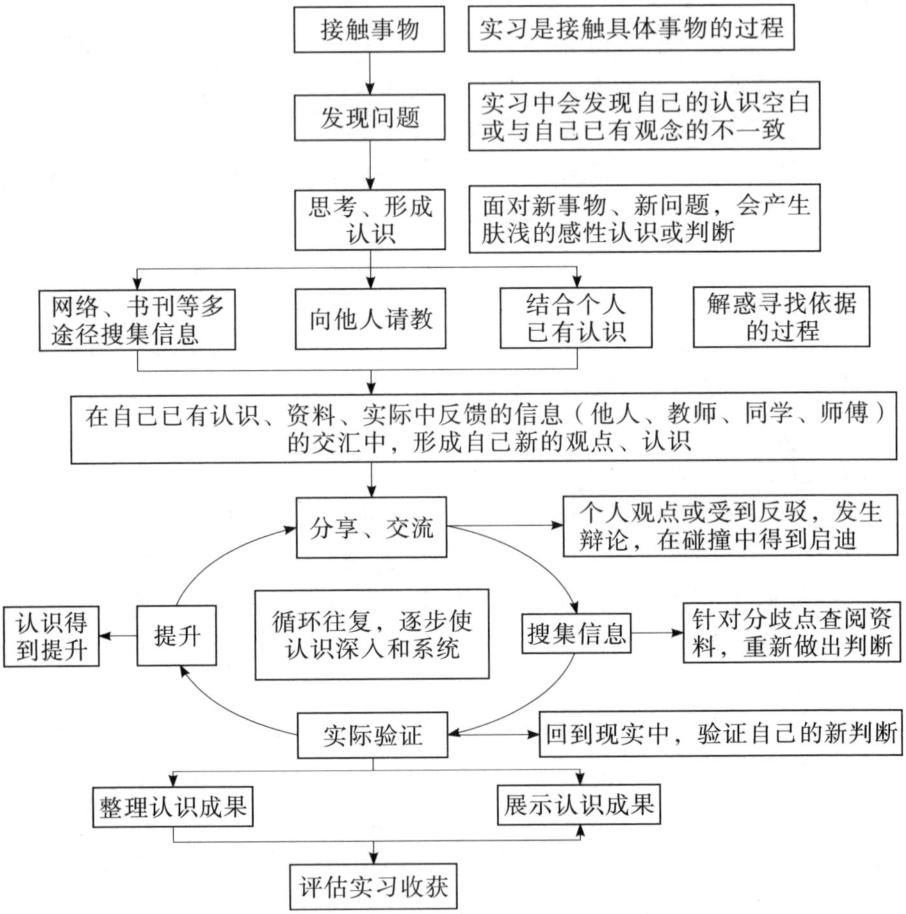

图6－1　学生素质形成的过程

（4）实践教学的评估。实践教学效果的评估不以书面考试形式和一次性考核来确定，而是按照学生是否具备胜任将来某个岗位（岗位群）工作能力的要求，采取多环节、多维度的考核领域与方式，突出过程性考核，侧重“基本技能”“应用能力”和“综合应用能力”来确定考核评价的内容。考核的领域包括：学生对生产环境和项目流程熟悉程度及操作熟练程度；是否能够独立完成实习要求，完成实习任务的准确性和高效性；能否根据已学的知识和个人的见解进行项目的设计；等等。考核的形式既包括理论形式也包括完成的产品或服务、操作的过程、设计、作业等实践形式。在评价主体上，改变以教师为主的单一评价主体的方式，采取指导教师、企业中的能工巧匠和学生共同参与的多元化主体评价模式。

三、校内实习公司是实践教学的新通道、新范式、新思路

（1）开辟了不同于校外实习和校内实训的第三条实践教学新通道。校内实习公司有机地将学校的教育属性和企业的生产经营属性融合在一起，不但较好地解决了校外实习基地企业参与人才培养积极性不高、程度不深，功能发挥不够，学生难以接触到核心技术，实习内容与教学内容相互脱节，学校缺乏企业实习实施的主导权，人才培养方案难以展开等消极问题；解决了校内模拟实训缺乏真实的企业环境和企业的文化氛围，学生感受不到真实市场的竞争压力，难以培养市场竞争意识和危机感、紧迫感，仿真工件和模拟操作缺乏产品和操作的标准化管理的实战性，实践教学效果无法与真实性企业相比拟等弊端，而且缓解了企业有效参与人才培养的基地匮乏的压力。

（2）探索了一种“学术性与职业性相统一”的素质型人才培养的新范式。人们通常将以理论教学为主、侧重于培养学生探究能力的教学，定位为培养学术型人才；而把以实践教学为主、侧重培养学生职业岗位操作技能的教学，定位为培养职业型人才。当今学术型人才缺乏操作技能、职业型人才又缺乏发展后劲的状况，为人们所广泛关注和担忧。校内实习公司这一实践教学新模式在一定程度上使这一问题得到了解决。在真实公司中按照产品标准、操作规范、作业流程的操作行为，培养了学生的岗位操作技能，印证了自己的知识或发现了与已有知识不相符的问题和困惑；在集中学习和交流讨论中分享了他人的认识，丰富了自己的知识；在“工学交替”的循环往复中，巩固、丰富或修正、完善或推倒重新建立自己完整的观点和完善的知识系统。从而，实现了“职业性与学术性相统一”的素质型人才培养。

（3）形成了职业教育改革的新思路。首先，校内实习公司是一种职业教育实践教学的新理念，其特质在于具有自身鲜明的目的性，蕴含了主动学习

的教育思想。其目的是实现学生操作技能的培养、思维能力和综合素质的提升，并为今后的职业发展奠定基础。其次，校内实习公司是一种育人的新模式，其特质在于包含了实践与教学的结合和交替。这种模式是保证其目的实现的特定模式。再次，产生一批标志性质量工程项目和成果，包括教育部“高等职业学校提升专业服务产业发展能力项目”重点专业、省级示范专业；国家级实训基地、省级实训基地；建设了国家级精品资源共享课程、国家级精品课程；等等。

（4）提升了学生的综合素质。高职院校实践教学的目标取向是学生职业素质养成，而职业素质主要体现在职业思维、职业成熟度、择业效能以及就业质量等方面。实践证明，校内实习公司实践教学模式，使得学生的精神世界在企业文化中得到了熏陶，有利于学生树立市场意识和竞争意识，也有利于培养学生形成主见性，更有利于实现学生毕业直接上岗。学生职业成熟度测试表明，校内实习公司的实践教学，有利于学生职业成熟度的提高。“职业成熟度问卷”调查显示，实验组学生在职业成熟度总平均分及职业认知、自我认知、职业态度、价值观念、职业选择和条件评估上的平均得分，都显著或非常显著高于对照组（显著性水平 $P<0.01$ 或 0.05）。学生择业效能感测试表明，校内实习公司增强了学生的择业效能感，并且与实习时间的长短有密切关系。“择业效能感问卷”调查显示，实验组学生在择业效能感总平均分及自我评价、制订计划和问题解决上的平均得分，都显著或非常显著高于对照组（显著性水平 $P<0.01$ 或 0.05）。结果还显示，学生在校内实习公司实践时间长短与职业成熟度总量表及自我认知、职业认知、职业态度、职业选择价值观念和条件评估得分均值之间存在一定程度的相关性，并且其相关系数分别达到了显著或非常高的水平（判断依据是显著性水平 $P<0.05$ 或 0.01）。学生整合思维评价表明，校内实习公司对实习学生所实施的职业实践教育，有利于其整合思维能力的提高。“整合思维评价问卷（普通版）”调查显示，实验组学生在整合思维总平均分及辩证性倾向、批判性倾向、理性权衡方法和理性综合方法 4 个维度上的平均得分，都显著或非常显著高于对照组（显著性水平 $P<0.01$ 或 0.05）。

（5）产生了示范带动效应。农工商学院“校内实习公司”以“实习超市”为起点，不仅在校内逐步拓展到了各专业，相继创设了“方舟财税事务所”“天博网络技术团队”“电子装配工厂”“邓老凉茶连锁分店”“花卉超市”“骏怡汽车维修店”“法律援助中心”“纯净水生产车间”“食品营养驿站”等生产经营实体，而且引来国内外教育同行的参观、交流，并指导或推广至多所职业院校。

“校内实习公司”的实践教学模式从实践中来，并有系统的理论指导与支撑，对学生综合素质的提高意义重大：一方面，实践本身所蕴含的诸多因素对实践能力的发展起着促进作用；另一方面，实践活动的结果对个体实践能力的发展起着迁移、推进作用；再者，对于高等职业教育来说，实践教学也是高职教育的应有之意。从更高层的意义上讲，人的主体性是通过实践教学得以体现的，实践教学还是实现人的全面发展的根本途径。而“校内实习公司”为实践教学提供了新的可能性和更强的、更方便灵活的途径。

建构主义“主动学习”的哲学思想，为校内实习公司提供了“交替式”学习的重要依据。“校内实习公司”这种接触事物—思考或发现问题—搜集解决问题的信息—思考并形成解决问题的方案—再次接触事物……反复多次的“交替”过程，不仅有利于学生知识的融会贯通，也提高了学生的操作技能和职业能力。将教学置于真实情景之中，采取实践与理论教学交替进行的形式，也是职业教育培养技术技能型、创新型人才，实现学生就业无缝对接和培养学生综合素质的重要途径。

教育家陶行知“生活即教育、社会即学校”和“教学做合一”的思想为校内实习公司“边干边学”“教学做一体”提供了教育学的理论依据和实践指导。

作为高等职业教育实践教学的一种创新模式——校内实习公司，农工商学院对其进行了积极、有益的探索，从实践范式到理论成果都有较好的收获。然而，不足也是存在的，有些问题还需要我们进一步思考研究，如在校内建立生产经营性公司（基地）的国家政策依据、主办学校的规范管理及高等职业教育专业的普适性等。但我们相信，只要坚守和不断完善，必将使校内实习公司在提升学生职业素质和推动教学改革方面发挥更大的功能。

新闻链接 9

小语种课程助高职生出国就业

南方日报讯（记者/梁文悦　通讯员/刘彬　陈丹薇　曹建静）2015年12月15日，广东省2016届高校毕业生专场招聘会高职高专专场在广东农工商职业技术学院举行。招聘单位斯里兰卡旅行社等外国公司的到来，开启了高职生出国就业的大门。

蔡伟骏是广东农工商职业学院2013届毕业生，但在招聘会当天，他的身份是斯里兰卡旅行社主管，负责招聘。蔡伟骏说，他已经在母校招了6名2015届毕业生到斯里兰卡工作，“这6名学生虽然是应届毕业生，但是由于专业知识扎实、能够吃苦耐劳，获得了好评，因此来招聘2016届的师弟师妹到国外工作”。

广东农工商职业学院相关负责人告诉记者，走出国门工作在该校并不是一件罕见的事情，很多毕业生已经在泰国、马来西亚、迪拜工作。“我们开设了泰语、柬埔寨语、马来西亚语等东南亚小语种课程，这在广东省的高职院校中还是第一家，目前已经有近2 000名学生学习了泰语，200多名学生学习了柬埔寨语，很多学生凭借小语种的优势得到了去外国工作的机会。”

此外，广东农工商职业学院先后与德国、美国、泰国、斯里兰卡、中国的港澳台等10个国家或地区的企业和高校建立友好合作关系，积极探索海外毕业生实习就业的途径。“我们与德国‘F+U’教育机构共同为学院学生开展中德合作实习实训项目，目前已先后选派16批共218名学生到该中心接受为期两个月的实训实习，2014年、2015年暑假先后选派两批共18名学生赴泰国乌隆府、沙敦府和乌拉他尼府实习。”

第二节　高职教育实行导师制的探索与实践①

实行导师制，与高职院校国际化有关吗？回答是肯定的，实行导师制是高职院校国际化进程中的自我创新。高职教育是高等教育的重要组成部分，是推动中国高等教育大众化进程的重要力量，对提高国民素质和增强国际竞争力有不可低估的作用，因而成为社会、政府关注的热点。作为高职院校，如何积极推进改革与发展，培养人才，快出人才，出好人才，始终是摆在当前的首要任务。然而，通过中外职业教育教学模式的学习比较发现，中国高职院校人才培养班建制的普遍特点是“专业人数多、班大、批量化”，影响“出好人才”，也无法因材施教、个性化培养，尤其是对于需要“手把手教、项目引导”的文科类专业而言，是相对“瓶颈”。如何破解？农工商学院结合承担新世纪广东省高等教育改革工程项目课题工作，对高职教育市场营销专业的学生进行指导教师负责制（以下简称“导师制”）培养模式的探索与实践。

① 原载于《职教论坛》，2004年1月。

一、高职教育学生学习的潜在需求

2003 年 4 月，农工商学院项目课题组指导学生进行了一次“关于导师制学生意向随机抽样调查”，对本校 2001、2002 级两个年级市场营销专业，以及 2002 级电子商务、酒店管理、物业管理、绿色食品加工与管理、会计电算化、计算机应用与维护、应用电子等 8 个专业 100 位学生进行随机问卷调查。尽管被调查的学生不多，但专业面广，涉及财经、管理及理工等各类专业，在一定程度上能够说明问题。

在 100 位学生中，认为“高职院校推行导师制”是“非常必要”“必要”的有 88 人，其中认为“非常必要”的有 51 人；而认为“不必要”和“无所谓”的有 12 人，其中认为“不必要”的仅占 3 人。调查说明从学生观点来看，绝大多数学生认为高职院校推行导师制是必要的。

在“假如学院推行导师制你是否会参加”问题上，有 95 位学生表示“非常愿意”“愿意”，其中表示“非常愿意”参加的有 51 人；认为“无所谓”的有 4 人，只有一位学生表示“不愿意”参加。这表明不仅绝大多数学生认为高职院校推行导师制是必要的，而且几乎 100% 的学生有这样的需要，希望快一点推行。这充分反映出学生盼望专业教师指导的迫切心情。

那么，高职院校学生为什么有这样的要求？

（1）这是学生个性成长与适应新学习环境要求的反映。学生从中学（职中、中专、中技）进入高校本身是一个大跨越。在这个跨越中，中学的学习模式、学习方法、思维方式等都与高校不相适应。面对更为开放和广阔的学习环境，他们对自己所学专业知识结构的认识还相当模糊，对职业前景与个人发展定位还不了解。而且，处于十八九岁的学生，个体身心正处在蓬勃发展的黄金时期，独立自主的意识已逐渐觉醒，思维活跃，灵感丰富，对实现自身的价值充满着憧憬与渴望，可有时又感到茫然无所适从，因而渴望有名师的指导。这种情况，实行学分制后将更为明显。

（2）这是现行“班建制”课堂运作模式不足的反映。“班建制”，这种沿袭 300 年的传统的课堂运作模式是以共性教育为主体的模式，教学方法仍然是“学生排排坐，教师全堂灌”，无法真正发挥学生学习的主动性和积极性、创新性和实践性。而且，“一样讲稿，一种方式”，无法满足充满个性的现代青年。其不足在高校扩招以后特别明显：一方面是高校实行扩招后，教师资源普遍处在临界状态甚至是超负荷状态，专业教师授课班级较多，导致在课余时间和学生接触比以前更少甚至没有；另一方面是政治思想辅导员或班主任的工作局限性，所管辖的班级人数较多，而且多半从管理和政治思想工作的角度做工作，很少甚至根本无法从专业角度、个性发展方面给予指导。

（3）这是高职教育特殊性内在要求的反映。高职教育是以就业为导向的教育。它以培养高等技术应用性专门人才为根本任务，以适应社会需要为目标，以培养技术应用能力为主线，设计学生的知识、能力、素质结构和培养方案。所培养的学生应具有良好的职业道德和敬业精神，具有基础理论知识适度、技术应用能力强等特点，毕业就能“顶岗胜任”。高职教育的特殊性说通俗一点，就是“技艺教育”，如同音乐、美术类教育一样，需要建立一种“一对一”的教学关系，以获取专业教师的更多指导。另外，这种教育从本质上讲，也需要有像企业里“师傅带徒弟”的职业技能培养方式做补充。

（4）这是中国高职教育发展现实要求的反映。高职教育在西方发达国家取得较好的成功，其中一个原因是专业班小、人数少，如德国“F + U”职业教育中心，一个市场营销专业或汽车装饰专业的学生不过是十来人，无论是校内还是校外进行实训实习都能较好安排，而且能得到专业教师或师傅的具体指导。但在中国，高职院校的特点是专业班大、人数多，同一专业学生人数少则五六十人，多则一两百人，处于“批量生产”。如果说仅仅是一般知识的传授与学习尚可，但作为某种技艺学习怎么能行？每个专业的学生规模大，校内专业教师难以指导，而企业接纳实训实习则难上加难。这样，学生的技能训练与职业能力提高就难以实现！

事实上，当前，中国正在加快发展高等教育大众化，在办学规模不断扩大的同时，如何保证教育质量，如何更快地培养高质量的急需人才，已成为社会关注的热点问题。因此，认真研究借鉴一些发达国家的做法和经验，对保证中国高等教育协调健康发展是非常有意义的。而多年的高职教育实践，也促使我们思考：有没有一种模式能够解决传统的课堂运作模式的不足，能更好地符合高职教育规律，更好地培养高等技术应用性专门人才？在此背景下，“导师制”方式培养高职教育人才的构想即被提出。

二、高职院校导师制的探索尝试

导师制被公认是一种先进的学生指导制度。牛津大学为英国的发展和世界文明的进步做出了卓越的贡献，曾培养出 36 位诺贝尔奖获得者和 29 位英国首相，成为世界的一流大学。其成功得益于重视创造并推行导师制，由导师负责指导学生的学业与品行。这一做法，国内大学也先后仿效。但就目前来看，导师制习惯上还只是用于硕士研究生和博士研究生层次，少数院校在本科层次教学中试行。那么，是不是导师制只适合学术型人才的培养？换句话说，导师制是不是也适合技艺型、应用型人才的培养？或者能不能把高等教育——研究生导师制（学术性教育）的培养模式与手工业时代——师傅带徒弟（职业性教育）的传统培养方式进行整合、优化，创造出一种新的、符合高职教育的人才培养模式？

为此，结合“高职高专市场营销专业技能培养的理论与实践”课题工作，我们对农工商学院 2001 级市场营销专业学生进行导师制培养模式的探索，试图建立符合高职教育规律和人才培养目标的学生指导制度。具体做法如下：

由市场营销教研室 8 位专业教师对 2001 级市场营销专业学生进行专业指导教师负责制（简称“导师制”）工作，先由 72 位学生自愿报名选择指导教师，然后由系、教研室进行平衡，确定每位指导教师所指导的学生。指导教师从学生入学到毕业，包括专业认识、思想品德、目标定位、理论学习、社会实践、技能培养及就业等，进行全过程、全方位的指导，化大班教学为“小班”辅导，以弥补目前大班实训实习的缺陷。

指导教师根据自己专业特长与近期研究重点以及本组学生的实际情况，制定每学期的导师工作计划；组织专题市场调查、广告策划、产品推介、企业家专访、营销协会活动、“金牌营销”竞赛辅导、小组交流讨论等；每周定时定点与学生见面沟通，了解小组学习计划执行情况、学生学业情况，帮助学生解决学习、生活上的困难等。学期结束时，每位学生对本学期的学习生活进行全面总结交流，并写出书面报告及下学期的学习计划。毕业时，每位学生都要在院内刊物发表一篇以上的调研报告或论文。经过三个学期多的实践，总体上达到了预期目标，一方面增强了教师的责任感，另一方面使学生的学习积极性被充分调动，挖掘了个性的潜能，增加了社会实践机会，以及相互学习、相互交流与相互合作的机会，比较明显的效果是已有多名学生在院内外刊物上发表调研报告或研究成果。

实践证明，高职教育推行导师制，对教师而言，既增强了责任感，又增加了交流机会，促进教学相长。对学生而言，一是明确学习与职业发展方向。建立导师制，可以使学生通过教师的个别辅导，落实专业的定位，获得选课的指导、学习方法和职业技能，树立正确的就业观和明确奋斗目标，努力使自己成为知行统一、脚踏实地的人。二是创造了互动的学习环境，学生既能更好地发现个人潜能，又能相互促进。三是能提升学生的专业技能、沟通和交流能力。导师制为学生熟练运用笔头、口头语言有效表达思想，以及培养团队合作精神创造了客观环境。学生可以在导师的指导下，开展经常性的交流活动，探讨问题，并在导师指导下完成有一定质量的调研报告或科技制作，为撰写毕业论文或完成毕业设计奠定基础。四是可以获得较多的、有针对性的社会实践与就业机会。导师结合自己的研究课题，或与行业协会、企事业单位的关系，组织或安排学生进行市场调查、产品开发或营销策划等，培养学生的创新精神和职业素质，甚至获得企业认可而获得就业机会。对学院教学改革而言，创造了“从游”教学模式，让学生学习像小鱼跟随大鱼学游泳一样，促进教育多样化、灵活化和个别化。甚至可能创造出一种“师兄师姐”带“师弟师妹”的规模效应，即由高年级学生带低年级学生，全专业各年级化整为零指导，从而进一步解决高职院校扩招后教师紧张的问题。

但是，我们在进行导师制培养模式的尝试中也存在不足。这从调查数据可以看出。本次调查，我们有意选择相对有一定参照意义的班级进行分析比较，即以同一专业不同年级（2001、2002 级两个年级）为例，各抽取 20 人进行随机抽样调查。背景是，2001 级班已试行导师制三个学期，而 2002 级班则尚未推行。调查结果是：两个年级认为“必要”和“愿意”的变化不大；但认为“非常必要”和“非常愿意”的差别就比较大，2001 级班人数不及 2002 级班的三分之一，学生的参与欲望明显降低。也就是说参加过导师制教学试验的学生反而有不愿意参加的了。尽管没有完全的可比性（新生老生心理上的区别），但在一定程度上说明，试行导师制教学工作中，由于个别导师工作不落实，而影响了学生参与的欲望。甚至在回答开放性问题——“你对导师制有何建议和要求”时，2001 级班的 20 份问卷中有 7 份问卷提出“希望导师有责任心”“导师制不要流于形式”。

出现以上原因，客观上是专业教师普遍教学任务重，导师工作全靠业余自觉挤时间进行，有时还因一些临时性的教学科研工作而打乱原有的指导计划，而且，在试行导师制中所有的工作都是靠自愿、无偿奉献的，没有任何奖励和表彰。从深层次讲是高职教育导师制工作还缺乏必要的理论指导，工作规范不明确，以及部分导师的责任心不强等问题导致。

三、进一步完善高职教育导师制工作重点

高职院校试行导师制的探索是富有意义的，存在的不足与问题，也是可以改进和克服的，关键是从认识到制度设计要进一步提升、完善。

1. 正确认识、统筹安排

导师制由研究生层次“下移”至高职教育是一种尝试，使高职教育由“批量式”培养转为“分流式”培养、个性化教育，目的是加速高职人才的培养，出好人才，快出专才。当然，这种培养技术技能人才的导师制与学术型的导师制，无论是要求还是实现途径都是不同的。高职院校要彻底变革传统的教育思想与教育观念，调动每一位教师参与教学改革的积极性，使新的符合高职教育规律和人才培养目标的学生指导制度为每一位教师所理解、所接受。并且，各高职院校宜试点推进，总结完善后再全面普及，待条件成熟后还应适当减少课内教学时间。

2. 选好教师

选聘好导师是顺利实施导师制极其重要的一环。而在这一环，严格把握选聘条件又是关键。一般来讲，高职教育的导师应具备三个方面的条件：一是政治素质好，责任心强，积极上进，严于律己；二是具备“双师型素质”，专业知识扎实，实践能力强，与行业学会等有较好的协作关系；三是熟悉导师职责和工作要求，真正愿意承担这份工作，并且有一定的组织管理能力，善于做学生的思想政治工作。考虑高职教育的师资条件及办学规模，导师与学生之比例可按 1∶10～1∶15 配置。

3. 实行“双向”选择与淘汰制

实行导师制，学生以自愿为原则。学院公布每个指导教师的专业特长，学生凭兴趣选择指导教师。完成指导教师的学习计划，给予一定的学分。而指导教师也按自己的标准选择学生。对不符合要求的学生，应允许指导教师取消其资格。实行“双向”选择与淘汰制，有利于实施导师制工作。

4. 导师实行聘任制，津贴与奖罚并重

导师工作是一项创造性劳动。其价值在于帮助学生建立正确的理念与方向，正确地选择与放弃，学会学习、学会生活、学会处理人际关系，切实掌握职业能力，使学生成为社会需要的、高素质的应用型人才。但是，这些劳动成果是很难用简单的数字来衡量的，而且导师工作在很多情况下是在业余时间进行的。所以，对导师的工作要给予极大的支持和理解，做出合理、公正的评价与奖励。导师在受聘期间，应给予一定的工作量，享受课时津贴；定期考核，奖罚分明。对工作成绩突出的导师，给予表彰与奖励。对不负责任的导师，取消其导师资格。导师工作业绩记入教师年度考核档案，作为教师评聘职称的重要依据。

5. 导师制工作重点是实践能力培养

高职教育是以就业为导向的教育，特别注重培养学生的职业能力和专业技能。这一点不同于硕士研究生和博士研究生层次的导师制。从这次调查结果也说明了这一点。在“你最希望导师给予哪方面的指导”问题中，40%的学生认为是“社会实践”，而“专业知识”“学习方法”“学习兴趣”依次为29%、18%、13%。另外，在回答“你对导师有何建议或要求”时，许多学生希望在“未来就业方面给予指导”，而且从问卷上看，愈高年级的学生在这方面的要求愈明显。这表明，学生更希望导师能在社会实践和就业方面给予指导。

第三节　建构基于外向型人才培养的双语教学体系①

《国务院关于加快发展现代职业教育的决定》（国发〔2014〕19号）提出“推动与中国企业和产品‘走出去’相配套的职业教育发展模式，注重培养符合中国企业海外生产经营需求的本土化人才”。为了培养适应广东外向型经济、国家“走出去”战略所需要的外向型人才，农工商学院自2002年引进英国爱德思的BTEC证书项目以来，注重加强国际交流与合作，选派了多批学生赴德国“F+U”职业教育中心实习、与美国文化教育交流机构EachFuture Cultural Network（USA）合作开展美国暑期带薪实习项目（Work and Travel Program，WAT）。为了向广东农垦在泰国、柬埔寨等东南亚国家建立的产业基地输送人才，2009年取消所有专业的“专业英语”课程，开设双语专业课，并从2011年起，面向全院学生开设泰语、马来西亚语、柬埔寨语等选修课，农课类及旅游管理类专业开设泰语课，是目前国内高职院校较早实施“双语”教学及在非语言类专业开设东南亚语种的职业院校。

实践证明，高职院校开展双语教学有利于办学国际化，有利于培养外向型的国际化技术技能人才，有利于打造具有国际视野的双语教师队伍，有利于服务产业“走出去”等。

一、建构双语教学体系的要义

“双语教学”（bilingual teaching），按照《朗曼应用语言学词典》的定义是“the use of a second or foreign language in school for the teaching of content subjects”（能在学校里使用第二语言或外语进行各学科的教学）。根据这一

① 原载于《英语教师》，2015年第12期。

概念，本书把双语教学定义为采用外文教材或双语教材，使用一定量的外语（除母语外）授课的非语言类课程的教学模式。大学英语、基础英语、英语视听说等语言类课程教学不属于双语教学的范畴。高职院校开展双语教学具有重要意义。

1. 开展双语教学有利于推动教育国际化发展

随着经济全球化进程的不断加快，教育的国际化越来越成为不可逆转的趋势。双语教学旨在实现高等教育国际化的历史任务，教育国际化体现了一种教育无国界的理念，这不仅是全球教育发展的潮流，而且成了教育现代化的核心理念。培养国际化人才日益成为教育现代化的基本价值，成为世界各国教育发展的基本出发点。因此双语教学是未来教育发展的方向，是教育改革发展的任务，也是教育国际化发展的战略，高职院校积极推行双语教学，有利于提升高等职业教育国际化水平，有利于推动高职教育国际化发展。

2. 开展双语教学有利于培养国际化复合人才

高职院校要将打造中外合作办学知名品牌作为自己的战略目标，培养既懂专业又懂外语的国际化复合型人才，这种人才不仅具备系统的专业知识基础，又具备较强的外语能力，特别是外语口语交流能力。要培养国际化复合型人才，就要通过双语教学，促使学生结合专业知识强化对英语的学习和应用，开拓国际视野。并使学生掌握学科前沿知识，接触世界先进技术和科学思想，最终在国际舞台上直接和世界其他国家开展平等对话与交流。

3. 开展双语教学有利于打造具有国际视野的双语教师队伍

高职院校要开展双语教学，需要一批实施双语教学的教师，即双语教师。双语教师既要借鉴国外先进的教学模式（如 BTEC 模式），熟悉双语教学规范；又要具有国际视野，熟悉国外的政治、经济、文化、历史，熟悉国际规范和国际惯例。因此通过系统推进双语教学，可以开拓双语教师的国际视野，提升其国际竞争能力，打造一支熟悉双语教学规范、具有国际视野和跨文化沟通能力的高素质双语教师队伍。

二、双语教学体系的建构

珠江三角洲系中国的南大门，外向型经济发展程度高、速度快。所谓外向型经济，指的是一国或地区为推动该国或地区的经济发展和增长，以国际市场需求为导向，以扩大出口为中心，根据比较优势理论，积极参与国际分工和国际竞争，所建立的经济结构、经济运行机制和经济运行体系。要适应珠江三角洲外向型经济发展就需要培养一批具有国际视野的外向型人才，外向型不仅指外语水平，更包括了解和熟悉有关国际惯例。具体地说，在技术方面，熟悉国外通用的设计规程、技术规范、实验标准等，能看懂英文的有关技术文件。在经济方面，了解国际上有关贸易、融资、工程保险以及财务的要求。在管理方面，掌握国际工程项目管理原理，特别要熟悉合同管理以及工程进度、质量和成本管理，能够使用国际上通用的计算机软件进行项目管理。在外语方面，除具有熟练的外语听说、阅读能力及较好的信函、合同书写能力外，还应熟悉和理解国际通用的项目管理专业用语、合同文本。为了培养外向型人才，学院从 2009 年开始取消所有专业的专业英语课程，明确每一个专业开设一门双语专业课。通过 5 年多的探索与实践，构建了分层次的双语教学课程体系、规范化的双语教学管理体系、过程化的双语教学质量监控体系及多渠道的双语教师培训体系。

1. 分层次的双语教学课程体系

近年来国内全面推广英语教学，广东省大部分城镇小学一年级就开设了英语课程，在校学生的英语水平也不断提高，使双语教学在实施中，学习的主体（学生）具备了较好的语言基础，同时引进的年轻教师英语水平比较高，为顺利推进双语教学打下了一定的基础。通过 5 年多的探索与实践，从每个专业开设一门双语的专业课过渡到分层次开设双语课程（名专业人才培养方案明确标注每个专业要开设的双语课程），构建了分层次的双语教学课程体系，如图 6－2 所示。

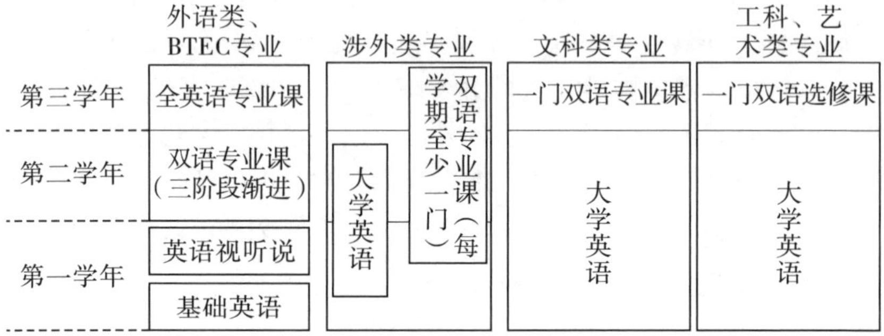

图 6－2　分层次的双语课程体系

（1）外语、BTEC 类专业的专业课均双语教学或全英语教学。外语类专业如商务英语、应用英语（外事方向）、旅游英语专业，BTEC 类专业如市场营销专业（BTEC 商业、BTEC 会计、BTEC 人力资源、BTEC 工商管理、BTEC 酒店等方向）、计算机应用技术专业（BTEC 商务信息技术方向），从英语应用基础、涉外交际能力到岗位综合技能涉外能力、业务拓展的涉外能力的培养，所有的专业课都采用双语教学甚至全英语教学。

（2）涉外专业的双语教学三年不断线。涉外专业如国际商务、会计专业（涉外方向）、文秘专业（涉外方向）等从第三学期开始每学期至少一门“双语”专业课，保证双语教学三年不断线，以加强学生涉外应用能力的培养，其双语教学的模式宜从双语过渡式渐渐地向完全沉浸式转变。

（3）分科类开设双语课程。文科类专业，在开设四个学期的大学英语课程的基础上，开设一门“双语”专业课，宜采用双语过渡式的双语教学模式；工科类、艺术类专业开设专业限选双语课，供英语基础好的学生选修该课程，宜采用维持母语式的双语教学模式，为不同的英语学习能力的学生外语应用能力提升、不间断的学习需求提供平等的机会。

2. 规范化的双语教学管理体系

建立了比较系统的双语教学管理体系（见图6－3），规范双语教学的运行与管理，稳步推进双语教学。先后下发了《关于双语教学的实施方案（试行）》《双语教学建设与管理办法》等文件，规定了双语教学建设与管理的具体实施办法、日常运行流程。

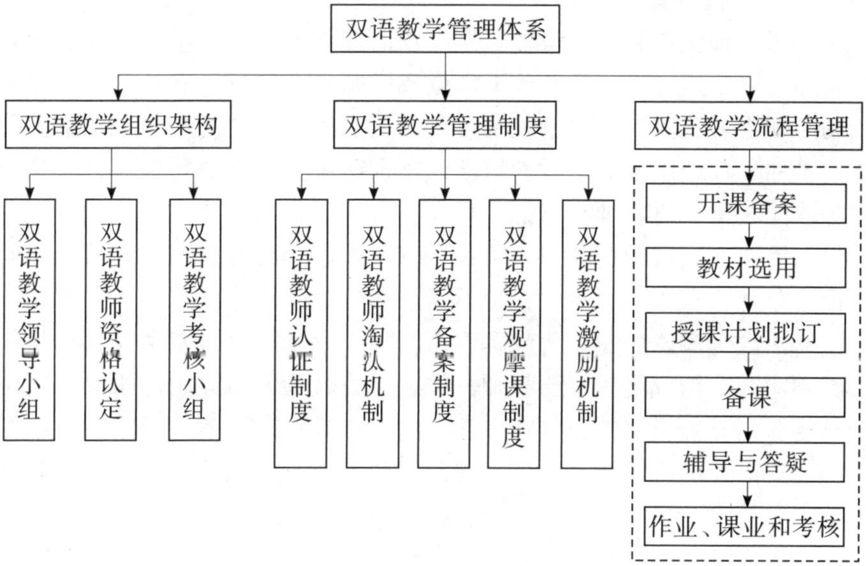

图6－3　双语教学管理体系

（1）双语教学组织架构。学院成立双语教学领导小组、资格认定专家组、教学考核小组，负责双语教学的组织、管理及推进工作。

①双语教学领导小组。领导小组由院长担任组长，主管教学副院长担任副组长，成员包括教务处处长、各教学部门负责人。下设双语教学办公室，具体负责双语教学的管理，包括双语教学开课备案受理、双语教学材料收集、教师培训与认证组织、双语教学考核材料准备等。

②双语教师资格认定专家组。双语教师资格认定专家组负责双语教师的资格认定工作，成员包括教学督导、国际交流学院领导及相关部门负责人等，专家组成员须具有英语专业背景或担任国际交流学院相关 BTEC 课程教学的相关领导、教师。

③双语教学考核小组。借鉴 BTEC 教学考核制度，成立了双语教学考核小组，主要负责对双语教师实施双语教学进行考核，评定等级。在双语教学开展之初，考核小组成员为双语教师资格认定组成员，随着双语教学工作的逐步深入，成立了专门的双语教学考核小组，其成员由学术委员会部分委员、教务处领导及相关人员组成。

（2）双语教学管理制度。

①双语教师认证制度。教师是实施双语授课的关键，学院定期进行双语授课教师资格认定工作，具有硕士学位或讲师以上职称、有扎实的专业知识和较高的外语表达能力的专业教师可以申请双语教师资格，申请双语教师资格统一参加学校组织的双语教学培训，培训结束后对其进行考核，考核合格的教师才能获得双语教师资格证。只有获得双语教师资格的专业教师方可申请开设双语课。到目前为止，已经有三批教师共 58 名获得了双语教师的资格认证（外语类及 BTEC 专业教师不需要获得双语教师资格）。

②双语教师淘汰机制。为鼓励双语教师主动积极开设双语课，尽早投入双语教学实践，抑或给予双语教师一种将压力转为开课动力的机会，原则上要求具备双语教师资格的教师在一学年内至少开设一门双语课程，连续两学年未开设双语课的将考核不合格，规定每两年对具备双语教师资格的教师进行考核，考核不合格的将取消双语教师资格。

③双语教学备案制度。根据专业人才培养方案，拟开设双语课程的教师开课前需填报“双语教学课程备案表”，制定双语课程的授课纲要，所在教学系领导审核，审核内容包括申请教师的资格、授课纲要及双语教学思路等，并签署审核意见，在规定的时间之内将备案表提交给教务处。教务处于每学期第 15 周集中受理拟在下学期开设双语课程的备案申请，并于期末在学校“双语教学平台”上向全院公布。

④双语教学观摩课制度。为了促进双语教师提高双语教学水平，加强双语教师相互之间的交流，每学期安排一名 BTEC 教师或一名双语教师上观摩课，要求每一位双语教师听课，听完课后集中召开双语教学交流会，一是对观摩课进行评课，提出值得借鉴的地方，指出不足，由领导小组成员负责向上观摩课的教师反馈；二是双语教师相互之间介绍双语教学经验，提出在开展双语教学中遇到的困境及需要学校提供的支持条件等。

⑤双语教学激励机制。学校自开展 BTEC 教育以来，授 BTEC 专业课程的教师均按普通课程的 2 倍计算课酬，并且 BTEC 班级以 25 人为一自然班，超过 25 人的计算课时系数，每超过 1 人课时系数增加计 0.1。双语专业课借鉴 BTEC 模式的计酬方法，根据双语教学考核小组对双语教师考核情况及学生对双语教师的网上评教（双语教学有专门的网上评教指标）情况评定优秀、良好和一般三个等级，评定为优秀、良好的分别按 2 倍、1.5 倍计算教学工作量及课酬。另外，对于双语教学做得比较好的教师优先选送到美国半岛学院进修学习。

（3）双语教学的管理流程。双语教学课程的实施，从开课备案申请、教材选用、授课计划拟订、备课、辅导答疑、考核等均有时间规定及具体要求，每个环节环环相扣。

①开课备案。上一学期第 15 周前完成备案申请与受理。

②选用教材。双语教学课程的教材由任课教师选择适宜的原版教材、双语教材，或根据课程的教学目标与任务自编外文或双语讲义。自编、改编和选编的讲义需经过专业负责人和系主任审核批准后方可使用，双语授课教师在授课期间需向学生推荐教学参考书和资料。

③授课计划拟订。开学第二周之前，双语教学教师要拟订好授课计划，交专业负责人、系主任审核，直接提交给教务处双语教学领导小组办公室（包括电子版），双语教学领导小组办公室汇总各双语教师开展双语教学的授课计划电子版后连同其课表分发给双语教学考核小组成员，以方便考核小组成员随时安排时间进课堂听课。

④备课。开设双语教学的教师必须认真备课，用双语写出教案，制作双语的 PPT 演示文稿。同时鼓励教师建设网络课程，参与学校双语教学平台及其教学资源库建设，为学生的双语课程自主学习创造良好条件。

⑤辅导与答疑。双语教学要求每月至少安排一次辅导与答疑，为学生解答难点，并鼓励双语教师利用网络课程等平台进行网上辅导与答疑。

⑥作业、课业和考核。每门课程由教师精心设计一定量的英文作业或课业布置给学生，要求学生及时完成，教师认真批改并写出评语。期末时，教

师根据课程教学标准和课程授课纲要所完成的教学内容编制双语试卷，或借鉴 BTEC 模式采用课业等过程化的考核方式。

3．过程化的双语教学质量监控体系

建立过程化的双语教学质量监控体系，既监控双语课程的课堂教学质量、教学环节落实情况，又对双语教师进行客观评价，如图 6－4 所示。

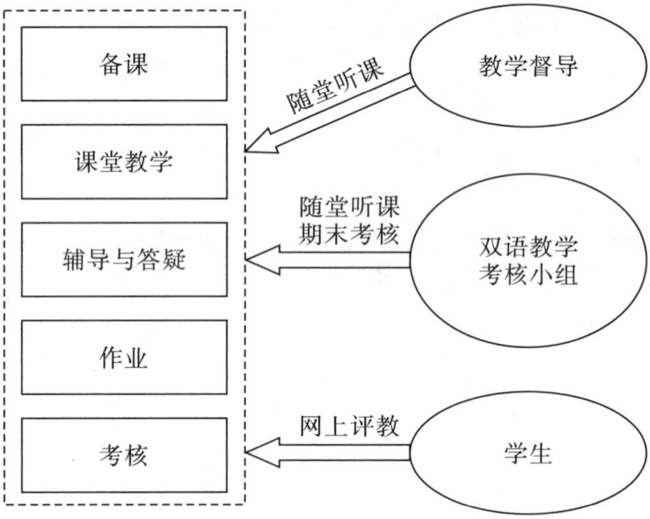

图 6－4　教学质量监控体系

（1）质量监控主体。双语教学质量监控的主体由教学督导、双语教学考核小组、学生组成。教学督导通过随堂听课、查阅教学材料进行监控，随时与双语教师交流并给予指导意见，及时向双语教学领导小组反馈双语教学存在的问题等信息；双语教学考核小组通过随堂听课、期末教学资料评估、教学总结等对双语教学全过程进行监控与考核；学生通过网上评教对教师的双语教学情况进行评价。

（2）质量监控与评价方法。双语教学质量监控与评价由双语课堂教学质量评价、学生网上评教和期末教学资料评估三个方面构成。

①双语课堂教学质量评价由考核小组成员随机进课堂听课，根据课堂教学组织情况与效果、PPT 演示文稿展示、学生的课堂表现及学生访谈意见反馈等方面对双语教师进行评分。

②学生网上评教是学生通过校园网对教师整个学期的教学情况进行评分。

③期末教学资料评估由考核小组根据双语教师所提供的教学文件和资料（包括教材/讲义、教案、教学课件、作业/课业、考试试卷和课程总结），给出评分和意见。

双语教学领导小组办公室根据考核组成员课堂教学质量评价、学生网上评教、期末教学资料评估评出综合成绩，确定拟评审等级，报学校审批确定并下文公布，于下学期补发课酬。

4. 多渠道的双语教师培训体系

为了提高双语教师的双语教学能力，开拓双语教师的国际视野，建立了多渠道的双语教师培训体系，主要包括校内双语教师培训、BTEC及双语教学观摩课、国外双语教师培训。

（1）校内培训。根据双语教学的安排，定期组织双语教师培训，到目前为止，学校组织了四期双语教师培训，近60名教师参加了双语教师培训，培训内容主要包括：开展双语教学的重要性及基本要求，BTEC教育模式及其实施要点，双语教学规范专题讲座，双语教师代表双语教学示范课及双语教学经验介绍。

（2）BTEC及双语教学观摩课。每学期组织开展BTEC、双语教学观摩课，提升双语教师双语教学水平。

（3）国外培训。要培养外向型人才，需要教师具有国际视野，最直接的办法就是让双语教师“走出去”。2007年以来，共派出六批38位双语教师赴美国半岛学院进行为期3～4个月的进修学习。派出教师针对本专业拟开设的双语专业课到美国半岛选修1～3门课程，完成每门课程完整的学习过程，一来解决双语教师的英语语言关，开阔他们的国际视野，培养他们的跨文化沟通能力；二来学习美国“以学生为中心”的教学模式、教学方法，以期在双语教学中将国外先进的教学模式、教学方法本土化，充分应用到双语教学及其他专业课的教学中。

广东农工商职业技术学院在开展双语教学方面进行了积极探索、创新实践，取得了良好成效。曾在2012—2013学年度第二学期对开设的双语课程进行了问卷调查，结果显示有63.9%以上的同学基本听懂、接受双语课程；有81%以上的同学认为所开设的双语课程达到双语教学要求；85.7%以上的同学认为双语教学达到良好以上的效果。农工商学院通过多年的探索与实践，积累了一定的经验，取得了一定的成效，实实在在培养了学生的外语应用能力，增强了毕业生的涉外就业潜力，提升了学生的就业综合竞争力，得到社会普遍认可，产生了积极的社会效应。到目前为止公开发表双语教学方面的论文 32 篇，立项院级以上教育教学改革项目 8 项，公开出版教材 4 本，建设的院级网络课程 8 门，获得省级教学成果二等奖 1 项。

案例分享 10

启动赴美访学项目　培养“双语”骨干教师

为了开阔教师国际视野，培养优秀双语教师，提升学校国际化人才培养水平，2007 年 9 月至 2008 年 1 月，广东农工商职业技术学院开启了首批教师赴美进行为期一学期的培训项目，罗小平、吴思乐、李梅和邓欢英四位骨干教师到美国华盛顿州半岛学院（Peninsula College）培训，跟班完成了 College Learning Skills、Introduction to Business、Introduction to Computer、Intro to Multimedia Web、Human Relations、Principle of Marketing、Nutrition、Web Development W/Xhtml、ESL、Fund of English 等十余门课程完整一个学期的学习任务，包括课堂面授、网上学习、课后作业、课程考核。四位教师优秀的学习表现受到半岛学院领导和老师的高度评价。教师们还参观了位于华盛顿州的华盛顿大学、微软公司等著名大学和企业。半岛学院安排四位教师寄宿在美国家庭，与主人一起度过了几个月，切身体验美国家庭的日常生活，提供了足够的英语交流沟通机会。通过一个学期的培训学习，四位教师对美国社区学院以学生为中心的教学方法、培训与升学并重的立体化终生教育机制有了深刻认识，并在本校教科研工作中学习借鉴。

访学教师与美国半岛学院课程教师 Gardner 博士合影

Humom Relations 课程全体同学合影

第四节　创新服务“产业走出去”

发展橡胶事业是国家重要战略也是广东农垦人的初心。建垦之初，按照毛主席“一定要建立我们自己的橡胶基地”的指示，先辈们怀着“向死而生”的决心深入莽莽林海开荒植胶，创造出“突破北纬17度”的奇迹。进入21世纪，为突破自然资源约束瓶颈，广东农垦人再次抱着“向死而生”的决心，2005年“走出去”在泰国收购第一家橡胶加工厂，2016年成功收购世界第三大天然橡胶企业泰国泰华树胶公司，扎根东南亚15年。其属下的广东省广垦橡胶集团有限公司（简称“广垦橡胶集团”）是首批农业产业化国家重点龙头企业之一，是集天然橡胶种植、加工、销售及研发于一体的大型跨国集团企业，注册资本19亿元，资产总额100亿元，在国内外拥有60余家天然橡胶种植、加工、贸易企业，2所科研机构及30多个橡胶种植基地农场、数百万亩橡胶园。在泰国、马来西亚、印度尼西亚、老挝、柬埔寨、新加坡建立了42个天然橡胶项目，先后在泰国南部、中部以及东北部建立了5家大型橡胶加工厂，在曼谷注册成立了1家管理运营总部。广垦橡胶集团构建了集科技研发、种苗繁育、种植基地、精深加工、仓储物流、国际贸易于一体的全产业链体系。目前，广垦橡胶集团已发展成为全球最大的全产业链天然橡胶企业，完成与国家“一带一路”倡议高度契合的农业对外合作项目布局，提前实现掌控橡胶资源150万吨的“十三五”规划目标，在世界橡胶行业获得了影响力和话语权。即使近些年处于国际天然橡胶行业低潮、价格波动大等不利环境，广垦橡胶集团通过机制创新、技术优化、精细化管理和外汇风险管控等措施，使得海外橡胶产业仍然保持良好发展态势。2019年泰国板块在产量、营收、利润等方面均超过历史最好水平。

延伸阅读 3

泰国泰华树胶（大众）有限公司

泰国泰华树胶（大众）有限公司创立于1985年，是泰国最大的天然橡胶生产者和加工者，全球第三大天然橡胶企业，其“泰华树胶”已成为世界驰名品牌。总公司现拥有10家橡胶产品分厂和7家与外商合资的橡胶加工厂（公司的每一家分厂均已取得ISO9002认证），主要市场在中国、日本、美国和欧洲国家，拥有包括固特因、米其林和普林斯通等世界著名轮胎厂的广大客户。

2016年，广垦橡胶集团成功收购泰华树胶公司，合作后双方可控制的天然橡胶年加工能力达到200万吨、种植面积达200万亩，打造成全球最大的天然橡胶全产业链经营企业，将对全球天然橡胶行业的发展以及中泰两国相关领域的合作产生重要影响。

广垦橡胶集团与泰华树胶公司签署合作协议

广东农垦橡胶产业在东南亚地区的快速推进、高质量发展，坚定了农工商学院“走出去”的信心，也拓宽了农工商学院对校企合作、国际化办学的思考。凭着“农垦产业发展到哪，学院专业服务就到哪”的办学理念，农工商学院紧跟农垦海外发展步伐，对国际化办学实施战略调整，积极探索东南亚职业教育国际交流与合作的机会，创新布局东南亚国际化交流与合作项目。

一、率先开设东南亚语种课程教学

农工商学院按照打造“省内一流、全国知名、东南亚有影响，具有南亚热带农业产业特色”高职院校的建设目标，结合依托产业需要及“走出去”特征，聘请东南亚在穗留学生，主动开设东南亚语种课程教学项目。2011年9月起，面向全校学生首次开设泰语选修课，包括基础泰语、泰语精读和泰国旅游与文化等课程；2013—2015年又先后面向全校学生开设柬埔寨语、马来西亚语、越南语等选修课；校内涉农等专业将英语外语课程改为泰语或柬埔寨语；涉农、旅游管理等专业增设专业课泰语“双语”课，开设相关讲座，引导学生更多地了解东南亚国家的人文经济，掌握与相关国家沟通交流的技能。

二、牵头成立南亚热带农业职教集团

2013年1月，农工商学院牵头成立南亚热带农业职业教育集团，联合了包括广垦橡胶集团在内的海内外农业企业、科研院所、中专和国有农场等单位，涉及海内外资产250多亿元、土地300多万亩、员工10万余人等，为学院在国际范围内开展农业职业教育输出，扩大社会服务国际化提供了坚实的基础。

三、启动骨干教师赴海外企业挂职锻炼

在国内垦区建立20个教师培训基地、每年组织新教师到农垦企业挂职培训基础上，农工商学院主动对接海外企业需求，2016年2月，选派基础部副主任赴广垦国际（柬埔寨）有限公司进行为期一年的挂职锻炼。该教师任驻柬企业综合部长，积极投身于企业经营管理，时常与驻柬埔寨大使馆经济商务参赞处沟通联系；在大型项目的并购过程中，负责对柬埔寨方面的资产交接和土地确权过程进行翻译；参与组织柴油、农药、化肥等大宗生产物资采购的招投标工作；到种植基地与中国、柬埔寨员工一起抚管保苗、抗旱防涝，还义务教授柬籍员工子弟中、英文等，受到驻外企业的欢迎与高度评价。此外，农工商学院还选派骨干教师担任农垦海外企业顾问，开展项目咨询、技术服务等工作。

四、开辟东南亚地区实习基地

在组织学生赴德国、美国和中国澳门等国家和地区实习的基础上，2014年起先后选派学生赴泰国乌隆府、沙敦府和乌拉他尼府的农垦企业和广垦柬埔寨公司、马来西亚婆联公司进行为期1~2个月的海外实习，并取得良好的效果，既让农垦海外企业通过实习学生了解学院人才培养的水平，同时学院也通过教师挂职锻炼、学生实习了解到农垦海外企业的运行机制和用人需求，并激发学生毕业后到农垦海外企业建功立业的热情与信心。图6-5所示为2015年7月24日，杨群祥看望在广垦橡胶（泰国）泰南公司实习的学生。

图6-5　杨群祥看望在广垦橡胶（泰国）泰南公司实习的学生

五、创建东南亚地区学习中心

农工商学院依托广垦橡胶集团海外企业，先后建立了“广东农工商职业技术学院泰国学习中心”“广东农工商职业技术学院柬埔寨学习中心”“广东农工商职业技术学院马来西亚婆联学习中心”，在泰国、柬埔寨等为广垦橡胶集团的海外员工搭建学习平台。同时又借助农垦海外企业，与当地职业院校开展交流、建立合作关系，推进学历互认和学分转移互认；发挥各自优势，共建研究中心；构建“国内+国外”和“送教上门”的模式，开展语言培训、技能培训，甚至有当地企业提出在所在工业园区内与农工商学院合作办学校等，成功开启与探索了职业院校依托大型跨国企业输出教育的社会服务国际化模式。

六、创设东南亚研究所

为全面有效开展职业教育国际化合作项目，精准对接东南亚职业教育需求，系统落实“国际化办学”六化标准，即实现办学理念国际化、专业课程国际化、教师队伍国际化、学生培养国际化、社会服务国际化、标准体系国际化，2017 年 3 月 7 日，农工商学院成立东南亚研究所，聘请全国知名东南亚研究专家曹云华教授担任研究所所长。这在高职院校尚属首创。其主要做法如下。

1. 广泛牵线搭桥，加强沟通联系

东南亚研究所成立前后，曹云华教授利用其丰富的东南亚人脉资源，全面加强与东南亚各国高校及华人社团、华人、驻外使馆等的联系。2017 年 2 月 24 日，马来西亚留华同学会砂拉越总会署理会长黄首咏一行首访农工商学院，揭开了农工商学院与马来西亚开展国际教育合作序幕，《国际时报》《诗华日报》《星洲日报》和《联合日报·美里日报》等媒体同日报道了农工商学院与马来西亚留华同学会洽谈合作的事宜；2017 年 4 月 18 日，马来西亚砂拉越第二财政与经济策划部长、拿督斯里黄顺舸、马来西亚砂拉越科技大学校长拿督哈金教授、马来西亚留华同学会砂拉越总会会长拿督刘乃好等一行七人到访农工商学院。经过磋商与交流，双方达成开展联合培养学生、教学科研人员交流互访、科学技术共同研发等合作事宜，签署双边合作框架协议。2017 年 6 月 15 日，农工商学院赴马来西亚砂拉越科技大学考察，正式签署合作备忘录，揭牌“国际交流合作中心”，落实师生交流访学，相互委派专业教师授课，合作开发新专业、新课程，开展双边实习项目等事宜。中国驻古晋总领馆领事付吉军见证了农工商学院与砂拉越科技大学合作协议的签署，认为广东农工商职业技术学院与马来西亚高校拓展职业教育合作，填补了中马两国之间在高职教育领域交流与合作的空白，有利于砂拉越地区经济发展和产业转型；与马来西亚留华同学会砂拉越总会签署战略合作伙伴关系协议，协议明确由马来西亚留华同学会砂拉越总会负责推广宣传、招收留学生等工作。

2. 充分发挥东南亚研究所平台，开展高层次学术交流

2018 年 4 月，东南亚研究所所长曹云华教授受邀赴马来西亚沙巴州参加国际学术会议，并与马来西亚留华同学会沙巴总会、马来西亚新纪元大学建立合作交流关系；启动国家社科重大项目课题“东南亚安全格局对我国实施‘21 世纪海上丝绸之路’战略的影响研究”（16ZDA091）推进会，以农工商

学院东南亚研究所为基地，组建东南亚区域研究团队，包括暨南大学、中山大学、云南财经大学、贵州大学、洛阳外国语大学、上海国际问题研究院等多家知名大学和研究院所共同组成的研究小组；主持中国亚太学会2018年会暨学术年会，来自中国社科院、中山大学、暨南大学、洛阳外国语学院、广西社科院、云南社科院、上海国际问题研究院、《当代世界杂志社》、广垦橡胶集团等单位的专家学者、企业家代表参加了会议。与会学者以服务企业“走出去”为背景，就“一带一路”倡议在东南亚地区实践所面临的问题和挑战等进行深入探讨。会上，农工商学院党委书记杨群祥教授向到会的专家学者介绍了农工商学院主动践行高职教育国际化，服务国家“一带一路”建设，实现国内外教育链条拓展延伸，推动国际化办学等方面所取得的成效。中国社科院王玉主教授提出，目前企业到东南亚落地遇到不少问题和挑战，说明我们的研究预测与企业国际化实践出现断层，反映出我们研究的深度和广度还不够，还不能接地气，今后东南亚研究需要紧跟企业“走出去”战略，服务企业在东南亚的可持续发展，服务我国“一带一路”倡议，这迫切需要研究队伍扎下根来，多做田野调查，多了解社情民情，只有做好前期调查研究，才能提出好的建议，真正服务企业“走出去”。广垦橡胶集团董事长陈茗向与会专家介绍了广垦橡胶集团公司“走出去”遇到的问题和挑战。广西社科院古小松教授分析了企业在越南投资需要注意的内政外交要素。云南社科院朱振明教授提出，加强对东南亚国家调查研究，才能了解他们的发展需求，也才能更好地服务企业走入东南亚。专家们探讨了中国在东南亚国家推进“一带一路”进程中，美国、印度、澳大利亚、日本等域外国家以及柬埔寨、越南、老挝、泰国、新加坡等域内国家的态度、参与方式等议题，分析了中国“一带一路”倡议在东南亚地区面临的问题和挑战，尤其是我国优势产能在东南亚投资面临的风险。

3. 开辟专题栏目，扩大东南亚研究影响

2017年《广东农工商职业技术学院学报》增加“东南亚研究”专栏。东南亚研究所以此为学术研究平台，邀请国内外知名东南亚研究专家学者开设讲座、举办学术沙龙等，其中2018年4月12日，东南亚研究所邀请西澳大利亚知名东南亚研究学者Mark Beeson，以《澳大利亚与东盟的比较》为题，以21世纪的中国为时代背景，从区域合作机制、外交战略、合作效应等方面对中国、澳大利亚、东盟之间外交关系进行了梳理。其学术观点开阔了师生的国际视野。

此外，东南亚研究所帮助学院引入东南亚各国师资，先后有泰国籍博士郭毅峰、马来西亚籍博士冯翠婷、越南籍博士黄水等到农工商学院开设泰语、马来西亚语和越南语课程，帮助学生了解东南亚各国语言、文化和民俗，同时组织学生参加在暨南大学华文学院组织的泰国泼水节等活动，让学生更深入认识东南亚国家的文化习俗等。

新闻链接10

全国首个高职院校“东南亚研究所”在广东成立

南方日报讯（全媒体记者/陶达嫔　通讯员/陆璐明　洪升）广东农工商职业技术学院东南亚研究所3月7日正式挂牌成立。据悉，农工商学院东南亚研究所作为以区域性“一带一路”职业教育合作为研究内容的研究机构，在全国高职院校尚属第一家。该学院东南亚研究所成员包括暨南大学东南亚研究专家、广东农工商职业技术学院东南亚研究人员、广东农垦橡胶集团东南亚分公司人员、东南亚各国研究人员。

农工商学院是广东唯一一所以“农垦”特色为办学背景的学院，为何要成立东南亚研究所？农工商学院党委书记杨群祥介绍，农工商学院作为广东省农垦集团公司举办的高职院校，广东农垦是国家农业“走出去”发展的排头兵，积极担当助推“一带一路”建设，近年来不断加强农业对外合作，推动农业走出去。“要推动产业‘走出去’，更为基础的是推动教育服务为‘走出去’提供人才支持。”

杨群祥介绍，有了专门的东南亚研究所，就好比学院在开展与东南亚地区的合作与发展中有了专业“智库”，对推动服务农垦产业“走出去”、科研项目合作、企业人才培训以职业教育“走出去”办学等方面都将带来积极影响。“学院也将借助类似这样的平台，探索实践职业教育跟随产业‘走出去’办学经验的探索者。”

事实上，目前国内设立东南亚研究所的高等院校并不少，农工商学院作为高职院校代表成立东南亚研究所，其具体研究内容又会有何不同？

3月7日同期受聘的农工商职业学院东南亚研究所首位所长曹云华教授介绍，本科院校的这类研究所通常开展综合研究及战略、国别方面等以理论研究为主，而与其他东南亚研究所不一样，高职院校则应该区别定位、结合产业项目和职业教育人才培养等学院特色来开展。“我会结合自己这几十年对东南亚地区研究所积累的资源和经验，来促进学院对外的合作办学和师资科研能力。”曹云华是国家社科重大项目首席专家、国内东南亚研究知名专家，对东南亚研究时间长达30多年。在他看来，农工商职业学院今后开展东南亚研究，可以发挥学校“农垦”特色，面向“一带一路”沿线国家开展农业、林业、渔业的专业研究，开展与东南亚职业教育合作办学，共同培养产业技术应用型人才。

按照农工商学院发展规划，该学院在助推广东农垦“走出去”发展战略目标中将着力构建农垦“智库”角色，计划到2020年，建设广东农垦国际合作服务中心，打造广东农垦东南亚海外员工培训基地，为广东农垦集团公司培训海外员工万人次，不断拓宽学校国际交流与合作的渠道和层次。同时，还将积极塑造东南亚高等职业教育品牌，通过输出先进的职业教育理念、先进的热带农业技术、培养和造就技术技能型人才，打造东南亚高等职业教育基地和东南亚留学生培养基地。该学院还计划到2020年，与东南亚国家同类院校建立3～5所姐妹校。

广东农垦总局党组副书记温金荣等为东南研究所揭牌

（来源：南方网，2017年3月7日）

第五节　探索输出优质职业教育资源

《试点省意见》指出，实施职业教育“走出去”战略，积极向我国港澳地区以及东南亚等地区输出我省优质职业教育资源，加强对外交流合作。支持国家示范职业院校主动参与中资企业境外员工的人才培养、职工培训、技术技能提升等工作。支持职业院校增加接收境外留学生，提升我省职业教育国际竞争力和影响力。可以说，凭借自身办学优势、主动服务产业的同时，创造条件输出优质职业教育，提供中国方案、提高职业教育国际话语权，是高职院校国际化办学努力的方向，也是“双高”计划必须实现的目标。农工商学院在国际化办学进程中进行了积极、有效的创新探索。

一、策划组建专业教育国际组织

为进一步提高国际化办学水平和国际影响力，更好地发挥广东省一类品牌专业——市场营销专业优势并在国际平台上更好地整合职业教育优质资源，提升服务“一带一路”倡议和广东农垦产业“走出去”的能力，农工商学院市场营销团队积极联系国内外专业协会组织，积极联合国内外职业院校专家学者及企业家，探索组建“协作共同体”，激发交流与合作机会，共建共享优质资源，促进共同发展进步。2016 年 11 月向全球华人营销联盟（GCMF）组织提出，联合国内外职业院校，组建全球华人营销联盟营销职业教育委员会（以下简称“全球华人营销职教委员会”）的构想，并在北京举行第 次筹备会。如图6 6 所示。

图 6－6　GCMF 代表们对农工商学院筹备工作进行审议

2017 年 3 月 1 日，全球华人营销职教委员会第二次筹备会在农工商学院召开。全球华人营销联盟（GCMF）主席、新加坡营销协会主席袁伟成，全球华人营销联盟副主席兼秘书长、全球华人营销联盟教育委员会负责人、台湾大学教授、台湾行销科学学会秘书长任立中，全球华人营销联盟副主席、全球华人营销联盟教育委员会第二负责人、香港营销师工会主席林少铭，全球华人营销联盟副主席、中国贸促会商业行业分会秘书长姚歆、中国贸促会商业行业分会副秘书长王曦，台湾行销科学学会任育颢等出席了会议，并先后调研、考察了农工商学院校园、市场专业建设、广东农垦集团公司、广垦佳鲜农庄、广垦橡胶集团等，还与农工商学院市场营销专业学生进行了一场交流见面会，分享了关于营销科学、消费者行为习惯、品牌策划、电子商务、商业模式等多个方面的营销内涵和发展趋势。如图 6－7 所示。

图 6－7　GCMF 代表在佳鲜农庄与农工商学院实习生亲切交流

GCMF 代表们经认真考察并审议文本，研究同意由农工商学院组建“全球华人营销职教委员会”的工作方案，并着手筹备成立大会，邀请海内外营销界专家学者等参与。

2017 年 5 月 6 日，在全球华人营销联盟组织支持并授权和中国贸易促进会商业行业分会协助下，农工商学院牵头正式成立了“全球华人营销职教委员会”，来自中国内地（大陆）、香港、台湾地区和新加坡、菲律宾、泰国、马来西亚等国院校及职业教育机构专家学者、企业家等 300 多名代表参加，广东省教育厅胡振敏副巡视员到会致辞并指导，台北大学教授任立中、泰国正大管理学院院长汤之敏、中国国际商会综合部副部长范培康、广东省商业联合会秘书长杨宏分别以“大数据营销”“东南亚营销创新实践”“媒体传播在市场营销中发挥的作用”“营销案例分析”为题做主题演讲。对此，广东电视台、《南方都市报》、《信息时报》、金羊网、凤凰网等多家媒体进行了专题报道。

全球华人营销职教委员会的主要职责是，在全球华人营销联盟组织指导下，进一步加强与中国境内外职业院校和相关职业教育机构的联系，一是研究中国境内外职业教育市场营销专业的发展动态，把握市场营销专业教育的发展趋势，为境内外市场营销专业教育教学改革与发展等提供指导意见，更好地发挥委员会协调、咨询、指导和服务的作用；二是建立信息交流平台和渠道，整合中国境内外职业院校市场营销资源，促进境内外职业院校交流和合作，为更多的中国境内外职业院校市场营销专业师生开展国际交流提供帮助；三是总结与推广国际上市场营销专业人才培养的成功经验，促进人才培养质量提升；四是探索建设专业课程资源、研制专业标准，开发市场营销专业国际化人才培养评估体系，促进在中国境内外院校开展和推广自愿性评估工作；五是举办多边或双边职业教育市场营销专业建设研讨会和报告会，以及专业技能赛事等国际会议（活动）；六是加强委员之间的沟通、联系与合作，增强委员会委员的凝聚力、责任感和公益意识；等等。

全球华人营销职教委员会成立后，先后承办 2017 年（新加坡）全球品牌策划大赛中国地区选拔赛、2017 年全国高校商业精英挑战赛品牌策划竞赛，来自国内 23 个省、自治区、直辖市 115 所院校 800 多名选手参加了角逐；组织国内部分委员赴新加坡参加“全球商业论坛 2017”会议，观摩 2017 年（新加坡）全球品牌策划大赛决赛；举办“营销专业的发展趋势与国际化人才培养”论坛；承办中国贸易促进会商业行业分会举办全国高等学校品牌管理课程骨干教师高级研修班；等等。

延伸阅读 4

全球华人营销联盟简介

全球华人营销联盟（Global Chinese Marketing Federation，简称 GCMF），由 4 个国家和地区的华人组成，包括中国、新加坡、中国香港地区和中国台湾地区。分别是 CCPIT－CSC 中国贸促会商业行业委员会（中国国际商会商业行业商会）、MIS 新加坡营销协会、HKIM 香港市务学会和 TIMS 台湾行销科学学会。联盟宗旨在于创新营销智慧、总结营销案例、分享营销成果、推动营销实践、促进营销教育。

二、承担职业教育国际标准研制

高职院校研制职业教育标准并输出应用是国际化办学成熟的重要标志。而承担探索研制职业教育国际化标准需要平台和机遇，并投入大量的人力、物力、财力。2015 年 5 月，中国教育部职业教育研究中心成功申请亚太经济合作组织（APEC）项目“职业教育系统开发绿色技能”（HRD 01 2014 A Systematic Design of Green Skills Development in TVET）并获得批准立项。这是新世纪以来中国申请到的第一个 APEC 职业教育项目。该项目于 2015 年 5 月 28 日在北京正式启动。

APEC“职业教育系统开发绿色技能项目”为国内职业院校提供了难得的国际性职业标准研制机会。农工商学院主动参与，并提出主持开发研制“职业教育农业类专业系统开发绿色技能”项目，联合了广东省内的轻工职院、顺德职院、广东科贸职业学院、阳江职业技术学院、揭阳职业技术学院、广州城市职业学院、广东环境保护工程职业学院等 8 所院校，进行了为期一年半的开发研制工作。

绿色技能又称“可持续发展技能”，是指劳动力支持并促进工商业和社区可持续的社会、经济发展和环境友好而需要的技术、知识、价值和态度。“绿色技能”是通用性技能，包括最大限度地减少资源使用、能够认识能源和资源利用效率的机会、减少温室气体排放、回收利用、使用环保产品、保护自然环境等内容。“绿色技能”是专业技能，主要体现在从事“绿色工作”或“绿色职业”所必须掌握的技术、知识、价值和态度之中。

绿色技能开发是国际职业教育的前沿及热点问题。联合国教科文组织第三届世界职教大会将绿色技能列为大会的专门议题；欧盟“2020 战略”提出至 2020 年，温室气体排放量至少比 1990 年减少 20%，可再生能源比例最终消费比例至少增加 20%，为实现这一目标欧盟提出职业教育与培养要开发绿色技能、培养绿色意识的倡议；国际劳工组织也提出了“绿色技能开发的全球视野”“可再生能源的职业和技能需求”“绿色建设的职业和技能需求”。澳大利亚联邦政府出台有关培养绿色技能的政策文件，如 2009 年出台的“绿色技能协议”，2010 年出台的“绿色技能行动计划”，以及“国家职业教育培训系统可持续政策及行动计划（2009—2012）等。从行业角度对如何实现绿色技能目标、实施绿色技能教育与业界互动等方面做了规划。

国内农林类职业院校十分重视学生绿色技能的开发，在高职专业目录中增加了生态农业技术、现代农业技术、休闲农业、绿色食品生产与检测等关于绿色农业产业的专业。如农工商学院专门开设了"食品加工技术专业（绿色食品方向）""农产品质量检测专业"等具有绿色农业特色的专业。在涉农专业开设了一些培养绿色技能的课程，如"生态农业""绿色农业生产技术""绿色食品标准与认证""绿色食品加工技术""绿色农产品生产技术""农产品安全与质量控制"等。同时，在其他课程中也引入了绿色技能培养的相关内容。

在农业领域的绿色职业有绿色生态农业运营师、观光休闲农业规划师、旅游观光农业导游员、农产品质量检测化验员、农业生产质量管理员等。目前，开设的农业绿色专业有生态农业技术专业、休闲农业专业、现代农业技术专业、绿色食品生产与检验专业等专业。主要在传统的农业技术和现代农业技术的基础上引入了绿色农业技术，如生物肥料、生物农药、污染生物修复、智慧农业及设施农业技术等。包括现代农业高新技术、传统生态农业实践精华、农民累积的经验等在内的农业绿色技术组装集成，然后推进本地化、规模化和规范化的集成创新，特点是农业科学与其他学科、技术的交叉融合，实现现代生态农业技术的创新突破。

在绿色经济、绿色产业、绿色职业，以及全球尤其是 APEC 可持续发展战略研究的基础上，概述了绿色技能通用内容（见表 6－1），以及作物生产技术专业按管理、技术、操作三个维度和经济、社会、环境三个要素，具体编制出 142 项绿色技能、11 项通用绿色技能清单，此处限于篇幅不做展开。

表 6－1　农业绿色技能通用内容

绿色农业领域	绿色农业技术	农业通用绿色技能
生态农业 有机农业 精准农业 休闲农业 智慧农业 光伏农业	绿色食品生产技术 测土配方施肥技术 作物病虫害综合防治技术 林下种养技术 适地种养技术 低碳收获技术 退化土壤生物改良技术 节水灌溉技术 农业废弃物利用技术 种植制度改革措施 新品种选育及应用 畜禽生态养殖技术 畜禽粪便无害化利用技术 城市立体绿化技术	生产绿色食品 测土配方施肥 作物病虫害综合防治 林下种养 确定适地种养的种类 低碳收获 节水灌溉 综合利用农业废弃物 制定合理的种植制度 选育和应用新品种 生态养殖畜禽 无害化处理和利用畜禽粪便进行城市立体绿化 规划与管理休闲农业园区

同时，根据农业类通用绿色技能开发的标准要求，系统地研究了农业类高职教育绿色技能开发的专业设置、课程体系；按照绿色理念要求，修订完善高职教育涉农专业的人才培养方案；以绿色农业技术为核心，服务农垦和地方现代农业。

三、探索输出优质职业教育资源

农工商学院伴随广东农垦“产业走出去”，与农垦海外企业建立学习中心、开辟东南亚实习基地。同时，为了更好整合职业教育与培训资源、适应当地政策法规要求等，探索通过农垦海外企业，与当地职业院校建立交流合作关系，形成新型协作链条，探索构建起“国内院校—海外企业—当地院校”的 PEP 机制。其中，PE 是国内院校（polytechnics）联合中资海外企业（enterprises）成立职业教育基地，双导师联合完成学生教学实训、海外员工培训等项目。实训基地由校企双方共同投入办学资源，分享办学效益。EP 是中资海外企业（enterprises）牵头，联合国内院校与当地院校（polytechnics）共建，培养满足海外企业需要的当地人才，服务当地产业发展。创新实现了校企“捆绑”走出去与可持续发展的高职院校国际化办学模式。在具体实践过程中，农工商学院初期尝试通过广垦橡胶泰国沙墩公司，与当地沙墩农业职业技术学院合作交流。广垦橡胶收购泰国泰华树胶（大众）有限公司后，借助这家标杆企业的影响力，与当地职业院校“抱团”交流合作：2018 年 6 月 12 日，农工商学院与泰国宗通工业职业学院、办轰工业职业学院、Prek Leap 国立农业学院、佛统职业学院、习萨刹那莱工业职业学院、清莱府藤县职业学院、北榄府农业技术学院等 10 多所院校共同签署合作协议，随后开展了多期师资培养、学生交流、共建共享优质教育资源。

在与东南亚职业院校建立广泛交流与合作基础上，将现有国家精品资源共享课、职业教育国家专业资源库等进行推广介绍，如将“商务谈判”课程资源作为交流服务内容向新加坡营销学院、马来西亚砂拉越科技大学和莱拉泰益学院等推广使用；另外，结合发展需要及共同关注的问题，开发新的优质课程资源，如“广东商业环境”就是典型案例。

案例分享11

“广东商业环境”在线开放课的建设与应用

由孔韬副教授领队开发的“广东商业环境”课程，坚持“学生受益第一、开放共享为先”基本理念，强调信息技术与教育教学深度融合，重构课程体系、课程内容和教学模式，强化线上与线下的师生互动、生生互动，在深化教育教学改革的同时为线上学员提供了大量的学习资源。

课程依据“一带一路”背景下现代商业人才需具备的基本知识与技能要求，注重商业人才职业能力培养，内容涵盖了广东省对外贸易状况、广东省的自然环境和人文环境、广东省的格局特色、广东省的历史地位和影响、粤港澳大湾区商业环境、广东省沿海经济带商业环境、广东省战略性新兴产业发展分析、广东开展与海丝沿线国家合作与交流情况等。全课程共48学时，每期为学员开放为期12周的学习时间。课程资源总数近500个，其中包括微课、拓展视频等视频166个，音频91个，文档类68个，图片56个；视频总时长886分钟，视频平均时长5.34分钟；并采取双语教学，所有课程内容均配套中英文教学资源，此外配套150个在线练习题，提供学习者进行课后巩固复习。

从课程上线至2020年2月16日，已开设两期在线开放课，累计选课人数2 982人，学员来自110个单位，其中，有来自泰国和菲律宾29所国外院校的学员，累计日志总数248 958次，获得校内学生评教及国际合作院校的一致认可及好评。

四、创办海外教育机构

近些年特别是“一带一路”倡议以来，国内高职院校国际化办学中，通过自身资源创设，或与当地政府、院校、企业合作在海外创办培训中心、学习中心、职业学校，甚至联合大学等在海外创办教育机构，已有较好的探索并获得初步成效，如前面介绍的农工商学院在泰国建立的学习中心、无锡商业职业技术学院与在柬埔寨成立的西港工商学院、广东建设职业技术学院在赞比亚建成的赞比亚鲁班学院等，相关章节先后有讨论，在此不再重复。

第七章

高职院校国际化的研究与总结

高职院校国际化探索与实践走过20年，形成了一系列成果。而对每一时序点的探索实践有相应阶段的研判与考量。这里选取几个“阶段性”的交流材料、研究报告和科学总结，以佐证探索的历程，或许个别会显得重复，但是必要的已尽可能做删减，目的是希望从时间维度、项目载体的解码中有更清晰的概念。

第一节　以市场为导向，创高职教育品牌[①]

中国高等教育大众化的实现，意味着高等教育市场竞争的开始。而随着高等教育大众化的实现，高职院校的生存与发展很大程度上将取决于其社会声誉——品牌，即取决于社会公众对其的美誉度、认可度和忠诚度。然而，一个教育品牌最持久的含义是它的价值、文化和个性。它代表着教育承办者对受教育者所提供的教育特色、利益和服务的一贯性的承诺。最佳品牌就是质量的保证。从这个意义上说，创立名牌，基础是教育质量，关键是办学特色。而教育质量取决于院校的教育理念、实施方案、专业特色、师资队伍和管理水平，取决于院校的文化底蕴、办学个性。

诚然，一所院校的品牌形成受制于多方面的因素。这里只是从农工商学院发展定位理念、专业改革、师资建设、产学结合、国际化办学等方面的主要实践，说明高职教育创建品牌的必要性及其可行性。其余则存而不谈。

创立教育品牌是每一所院校生存与发展的重要战略。农工商学院以“三

① 引自“教育部高职教育教学管理人员培训班交流材料”，2003年4月12日，有删改。

个代表”重要思想为指导，认真学习贯彻《中共中央、国务院关于深化教育改革全面推进素质教育的决定》，全面落实《教育部关于加强高职高专教育人才培养工作的意见》（教高〔2000〕2 号）的精神，以教育观念创新为先导，以转制为契机，以改革发展为主线，以专业课程为切入口，以教学基本建设为重点，坚持“市场导向，练好内功，严格管理，以质取胜”的办学方针，实施“三年打基础，上规模；五年树特色，上水平”的创教育品牌战略，不仅与时俱进完成了自身的转型，而且努力办出了自身特色。

一、顺应环境变化，调整办学模式

大学功能定位就是确定大学的责任，即大学的作用。但大学功能定位理念取决于其所处的社会环境。农工商学院前身是一所管理干部学院，是特定时期的产物。创办初期，农工商学院作为一所管理干部学院，教育培养目标或主要任务是帮助大中型企业管理层进行文化素质的提升，培养的对象是具有丰富经营管理经验和熟练生产技术的管理干部或技术骨干。建院 19 年，农工商学院为广东经济建设和社会发展培养和输送了万余名各类专业人才，其中相当一部分已成为地方政府、大中型企业领导干部和技术业务骨干。然而，随着教育市场发展变化，特别是高等教育大众化战略措施的实施推进，对管理干部学院的功能定位提出了新的思考。农工商学院通过深入市场调查研究和“教育大讨论”，及时调整、改革、充实，成为广东省 14 所管理干部学院中首家改制为职业技术学院的院校，办学规模也由 1 000 人发展到近 6 000 人。

全面更新教育观念，有所为就必然有所不为。每类大学、每所院校都有自己的长处和短处，每类每所院校不可能在所有学科、所有领域都争第一。比如，哈佛大学尽管享誉全球，其学术地位无他可比，但该校的工学院就上不去，甚至一直没能站住脚，因为哈佛大学的优势在人文社会科学和自然科学；霍普金斯大学的医学学科则是该校的看家本领。由管理干部学院改制为职业技术学院，仅仅是教育形式的调整，而更重要的是教育观念的更新。根据《教育部关于加强高职高专教育人才培养工作的意见》的精神，高等职业教育必须按照党的教育方针和我国社会主义现代化建设的要求，培养适应生产、建设、管理、服务第一线需要的，德、智、体、美、劳等全面发展的高等技术应用型专门人才。这是新时期赋予职业技术学院的基本要求。为此，农工商学院先后成立了教改领导小组、科研办、高职教育研究所等机构，深入调研，编写《高职教育参考资料》；举办专题报告会和学术研讨会；组织系、教研室及部分骨干教师前往省内外职业技术学院观摩、学习；学院主办的公开出版发行的学报也开设了专栏，发表一大批有一定的新见解和理论深度的文章，使全院上下对高职教育有一个较深入的思考。通过以上活动，全院管理层和教师对当前国内外高职教育的发展有了较清晰的认识，树立了信心，逐步形成了新的教育观念，对促进教学改革实践、办好具有农工商学院特色的高职教育打下良好的思想基础，创造了良好的条件。

二、以需求为导向，调整专业结构

职业技术学院的立足点是市场需求，竞争实力在于专业特色及其结构。而办学模式的改革与调整和教育理念的更新，首先体现于专业和人才培养规格。农工商学院的专业，原来主要是财经管理类，包括农场经营管理、工业企业管理、商业企业管理、金融、会计、政工 6 个专业。改制后，从社区人才需求状况出发，依托广州，面向农垦，服务社会，积极发展现代农业技术、流通业、信息业和涉外经济相关的应用型专业，包括绿色食品加工与管理、涉外会计、商务信息技术、网络技术、计算机软件、通信工程、计算机信息管理、应用电子技术等 22 个专业，而且新增的理工信息技术类专业数远远超过了原有的财经管理类专业数。

高职教育与传统普通高等教育相比，具有较明显的市场竞争性。为了能适应市场需求的不断变化，提高自身的市场竞争力，农工商学院加快了专业改革与更新工作，而且专业教学计划的修订周期也由四年缩短为两年，并按照“每系一专业，每专业一课程”的专业与课程调整改革和建设的思路，加大力度推动教学改革的理论研究和创新实践。近两年，农工商学院有 1 个专业——绿色食品加工与管理专业被批准为教育部高职高专教育专业教学改革试点，3 个专业改造为新专业，2 个专业调整了专业方向，3 个专业被撤销，新增 7 个专业，18 个专业进行了专业内容和课程体系的改革。专业改革和建设工作初见成效，出现“产销两旺”的好势头：2002 年新生录取实现“两高”（录取分数线高、报到率高）；2002 届（高职教育首届）毕业生一次性就业率达到 92.32%，高出全省平均数 6 个百分点；从毕业生就业及单位反馈情况来看，学生得到社会的普遍认可和欢迎，用人单位对农工商学院毕业生综合评价的满意率达 86%。

三、密切产学关系，实现按需教学

高职教育是培养具有一定科学技术知识、生产经验和劳动技能的高素质劳动者。职业技术学院必须根据职业岗位的需求和学生身心发展的特点，有目的、有意识地教育引导学生掌握职业知识、职业技能，形成职业道德，获得职业从业能力、职业适应能力和职业发展能力，使学生毕业就能“顶岗、胜任”。为此，农工商学院各系成立了由企业家、技术专家、教授及政府行政管理部门领导等组成的专业顾问委员会，其中，绿色食品加工与管理专业委员会已进行了换届，新一届的专业委员会由中华黑色食品协会理事长、广东绿色食品办公室主任、广州食品协会会长、日本高天健株式会社绿色食品专家、广东农垦集团绿佳实业公司总工程师、燕塘企业总公司总经理等行业企业知名专家、企业家组成。在教学工作中，农工商学院充分发挥专业委员会在人才培养规格、专业建设、课程设计、实习实训、学生就业等方面的作用，实现校企互动、按需教学。

注重实训实习基地建设，以加快学生职业技能的培养。农工商学院改制后，新增仿真、模拟实训（验）室30余个，新建校外包括国外实习基地60多个，基本保证了院内外实践教学的需要。如每年广州春秋两季商品出口交易会，农工商学院都安排了商务英语、商务文秘、酒店管理、市场营销等专业四五百名学生到各基地（展馆、宾馆和商务中心）顶岗实习。另外，今年初与德国“F + U”职业教育中心合作安排了20名学生赴德国企业实习，首次组织学生跨境实习获得成功。高职教育毕业生不仅全部参加了企业半年以上的实践，而且全部获取了相应的中级甚至高级职业资格证，其中30%的毕业生获取两个以上的职业资格证书。

四、培养“双师素质”教师，提高办学竞争实力

高职院校创品牌并非商品意义上的品牌。其品牌价值是教师队伍，因为教师是大学办学的主体，是学校声誉的建树者。随着高等教育大众化的实现，高职院校的声誉已经成为广大学生及其家长择校的关键因素。而一所大学能否产生并保持其优良的社会美誉度、认可度和忠诚度，获得较多学生的报考，关键在于它是否拥有一流的教师队伍。为此，农工商学院重新修订师资队伍建设计划，加大力度从全国各地高校、研究机构和企业中引进和选聘学科带头人、骨干教师和教辅人员近百名，创下历史之最，极大地充实了师

资队伍。

一个社会组织的成功取决于两个要素：客户和员工。高职院校是因为学生而存在的，但其存在的最重要条件就是教师素质的提升。为此，农工商学院既注重师资引进，更注重现有师资队伍的整合及其培养提高，一方面通过传帮带，不断教育、培养新教师。另一方面出台一系列优惠政策，鼓励教师及管理人员在职攻读高层次的学历教育或到企业挂职锻炼，或报考各类职业资格证书；选派主管教学副院长、各系系主任、教学骨干分别到德国、英国、法国学习考察职业教育；选派管理骨干、专业教师参加由广东省教育厅高教处与英国驻广州总领事馆文化教育处联合举办的“中英职业教育合作项目教师培训班”等。经过全方位的整合与培养，农工商学院的师资队伍不仅是量的扩张，更是质的提高。

五、以学生为中心，树特色创品牌

高职院校创品牌并没有商品市场上的品牌符号意义。其关键是从各方面为教育服务培养一定的特色，树立一定的社会形象，以求在社会公众心目中形成一种特殊的偏爱，形成竞争优势，以吸引更多的学生报考。为此，农工商学院与名校、国际先进教育机构合作，全面实践以学生为中心的教育理念，整合资源，创造强势，树特色，创品牌。

一是积极开展对外合作交流，吸收先进的教育理念和教育技术、教育方法，全面提升学生的职业素质。2002 年，农工商学院先后与英国爱德思、中山大学、清华大学等，开展 BTEC 证书、远程教育和清华 IT 应用工程师认证等合作项目，不仅拓展了办学空间和提升了办学层次，更重要的是吸收先进的教育理念和教育技术、教育方法，全面提升学生的职业素质。以 BTEC 证书合作项目为例，农工商学院引进的主要是商业与市场营销、商业信息技术两个（HND）专业证书，采用：①英语授课；②强调学术和职业两方面平衡发展；③重视个性，鼓励个人潜能的开发；④倡导以学生为主体的教育思想，使学生能够学会如何学习，成为学习的主人；⑤衡量学生是否达到教学目的主要标准是平时的课业，而不是最后的考试；⑥突出培养学生通用技能，包括创新和设计、交流通信、运用设备和软件、与人相处、运用数字技术、完成任务和解决问题、管理与发展自我等关键能力。参加学习的在校生除获得国内文凭外，还可以获得国际认可的学历文凭与职业资格证书。这些教学改革探索极具超前性。农工商学院边实践、边研讨、边创新，并有计划、有步骤地把这种教育模式、教育理念、教育方法推广到院内其他专业的人才培养方案上。这不仅推动学院教学改革，提升了学生职业素质和就业竞争力，而且培养了10多位“双语教学”的专业骨干教师。这在目前国内高职院校中应属首创。目前，BTEC证书项目被确定为广东省教育厅中英职业教育合作项目职业资格证书试点。2003年初，广东省教育厅高教处与英国驻广州总领事馆文化教育处联合在农工商学院举办了“引进英国职业教育资格证书有关课程现场观摩会”，省内30多位各高职院校的教务处长、专业骨干教师参加了交流研讨。与会专家、教师对BTEC教育模式及教学方法给予了高度评价。

二是培养人文素质，增强学生的就业竞争力。加强人文素质教育，增强学生的就业竞争力，一直是农工商学院追求的目标和努力的方向。农工商学院通过学生自办学术刊物，如《经济人》《绿潮》《启明星》《火鸟》等，培养学生的自学能力、收集信息能力、社会调查能力、科学思维能力、文字表达能力；组建市场营销协会、电子商务协会、舞蹈协会、电子制作爱好者协会、书法协会、乒乓球协会等，培养学生的组织能力、执行能力、团体能力、交流能力、合作能力；开设实习公司、实习超市、计算机维护室、电子维修室、手机维修室等，培养学生的创业能力、独立能力、解决问题能力和社会责任心；举办科技制作竞赛、会计知识竞赛、数学建模竞赛、电子制作竞赛、平面广告设计竞赛、十大营销之星竞赛、演讲竞赛、每月“营销沙龙”等，培养学生的竞争意识、创新精神，以及自我心理调节与平衡能力；开辟海外企业实习，培养学生国际视野和通晓国际准则[图7－1所示为杨群祥等看望在广垦（泰国）沙墩公司实习的学生]。正是这一点，农工商学院毕业生受社会的普遍认可和欢迎，有较高的就业率。

图7－1　2015年7月22日，杨群祥等看望在广垦（泰国）沙墩公司实习的学生

第二节　基于广东省中英职业教育合作项目的探索回顾[①]

进入新世纪以来，中国高职教育快速发展，不仅较好地促进了高等教育“大众化”，而且形成了自身的理论体系、办学模式。位于改革开放前沿的广东高职院校，秉承“先行先试”的精神与勇气，始终保持着持续、快速、健康的发展势头，国际化合作水平高、范围广、成效显著。先后与英国爱德思、澳大利亚 TAFE 机构、德国“F + U”职业教育中心、新加坡南洋理工学院、加拿大圣力嘉学院、中国香港专业教育学院等 20 多个国家（地区）数十所教育机构或院校合作，有力地推动了高职教育教学改革。其中一个重要原因是广东省教育主管部门致力于推动中英职业教育的合作项目。

2000 年，广东省教育厅率先开展与英国教育文化委员会的合作与交流。初期的合作与交流主要是选派职业院校专业教师到英国学习、观摩，借鉴“以学生为中心”的教育思想和教学方法，以推动职业院校教学改革。随着合作与交流的深入，特别是 2002 年 5 月，由农工商学院与英国爱德思联合举办中英职业教育合作项目——BTEC 证书项目，合作与交流有了实质性的载体与平台。它不仅仅是“以学生为中心”教育理念的学习，而且是从教育理念到职业资格证书、课程体系、教学内容、教学方法、考评方式等全方位的学习、引进、吸收、创新与推广，产生了积极的影响。中英职业教育合作项目自 2000 年正式启动以来，至今已整整 8 年，结合“新世纪广东省高等教育教学改革工程项目”，6 个围绕中英职业教育合作项目的子课题的教学研究与实践也分别展开，具体是：①广东技术师范学院黄谷甘的“以学生为中心的教育模式及评估标准——中英职业技术交流及应用研究”（粤教高〔2001〕106 号 1 – 39）；②顺德职院陈礼的“制冷工程高职专业技术应用型人才培养模式的深化研究与实践”（粤教高〔2001〕106 号 1 – 62）；③深圳职院徐小贞的“中英职教商务文秘专业课程改革与实践”（粤教高〔2001〕106 号 2 – 63）；④番禺职院王晓敏的“高职院校‘以学生为中心’的课程教

① 选自“基于广东省中英职业教育合作项目，推动高职教育教学改革的研究与实践”的科学总结，2008 年 12 月，有删改。

学改革研究与实践”（粤教高〔2001〕106号2－65）；⑤轻工职院何源的“机电高职专业‘以学生为中心’教学模式的实践及探索”（粤教高〔2001〕106号2－67）；⑥农工商职院杨群祥的“引进国外先进教育模式，推动高职教育教学改革——基于中英职业教育合作项目的研究与实践（粤教高〔2007〕154号1－02）。其中农工商学院作为该项目的主持单位，将6个子课题研究有机地融为一体，通过“以学生为中心”教育思想为指导，以广东省中英职业教育合作项目为背景，以“BTEC教育模式”研究与实践为平台，以推进文科类专业“工学结合”为突破口，以深化高职高专教育教学改革为重点，以全面提高人才培养质量为目标，就高职教育以学生为中心教育理念的实践、课程体系的构建、教学方法的革新、质量监控体系的创新等问题，进行了长达6年的研究与实践。

纵观整个研究过程，突出表现为以下几个特点：①时间长。该项目于2000年启动，2002年立项，前后共经历8年。②院校及教师参与面广、学生受益面大、辐射面宽。在广东省教育厅高等教育处、外事处、职业与成人教育处和广东省劳动和社会保障厅技能培训处的指导下，省内农工商学院、深圳职院、番禺职院、顺德职院、轻工职院、水电职院、民航职院、白云职院、广东技术师范学院等10多所院校直接参与项目的研究和实践，辐射带动了天津职业大学、无锡职业技术学院、长沙环境保护职业技术学院、江西科技师范学院、江西应用职业技术学院、香港沙田专业教育学院等省内外35所高职院校，开展相关方面的学习交流与推广。参与人员包括政府官员、院校领导、教学管理人员、科研人员以及骨干教师，形成了较好的学习交流平台。③立项研究规范。整个项目的研究是基于学习的研究，即“以学生为中心”教育理念的引进与学习；基于实践的研究，主要是英国BTEC教育模式的引进、创新与推广。自2000年起，省教育厅围绕该项目先后下发“证书试点”等6个文件，带动相关研究，形成“引进国外先进教育模式，推动高职教育教学改革”等系列研究论文73篇。④研究与实践过程严谨，循序渐进；具有多项领先。即率先在全国高职院校开展中英职业教育合作项目，率先引入“以学生为中心”教育思想的学习与实践，率先引进BTEC课程体系及职业资格证书；教育部评估专家评价高。该项目在促进广东高职院校人才培养水平工作的同时，在全国高职教育界也产生了深刻的影响。

延伸阅读5

关于开展中英职业教育合作项目职业资格证书试点工作的通知

粤教高〔2002〕120号

有关高职院校：

根据中英职业教育合作项目计划，为了借鉴英国职业教育资格证书制度，推动我省高等职业教育健康、协调发展，经研究决定，将有计划有步骤地在我省高职院校引进英国职业资格证书，……决定先在农工商职院的BTEC（HND）和白云职业技术学院的OSTA－NVQ、OSTA－C&G等四个专业开展职业资格证书试点工作，取得经验后，再进一步推广引进。

……

广东省教育厅

2002年9月16日

一、现代职业教育国际化的分析判断

随着世界全球化进程不断深入，教育国际化已成为一种趋势与目标。现代职业教育国际化是指一国职业教育目标与国际趋同，教学内容与国际接轨，师生在国际范围内相互交流，并实行跨国职业教育技术援助与合作计划。当前，中国正加快实施职业教育国际化的进程，但同时，中国职业教育国际化也存在一些问题。

1. 现代职业教育国际化的趋势

随着中国加入WTO，职业教育领域的中外交流日益增加，通过与国外院校合作来提升自身的教育教学水平，已成为国内许多职业院校的重要选项，现代职业教育国际化趋势日渐显露。

（1）职业教育资源国际化。经济全球化对职业教育的影响，首先是职业教育资源，包括人才（师资）、资金、管理、教材和信息等配置国际化。中国的职业教育也完全可以从国际上去整合、优化职业教育资源，加快教育改革开放进程，缩小中国职业教育与发达国家的差距。

（2）职业教育竞争国际化。中国加入WTO以后，职业教育市场向国际开放。发达国家对中国庞大的职业教育市场十分看好。最近，许多国家纷纷到中国举办教育展览，争夺教育市场份额。这种竞争已经十分激烈。激烈的竞争有利于我们了解、学习国外各种先进职业教育理念与模式，通过对比，以便吸收、借鉴一种或几种优质教育为我们所用。

（3）职业教育交流、合作国际化。随着职业教育国际的交流、合作日益扩大，交流的内容更加丰富，交流的方式更多，范围更广，层次更高。

（4）职业教育体系国际化。国际职业教育的交流、合作，促进了我国与国际上职业教育体系的接轨。中国的职业教育将形成相对于普通教育的独立体系。

（5）职业教育专业设置、课程国际化。经济全球化有力地推动全球经济的发展，而经济的发展需要许多掌握新的知识技能的人才。中国加入 WTO 以后，在许多领域都存在人才匮乏的问题。其中最紧缺的包括：农业、信息、金融、外贸、法律和现代管理等领域的专业人才；生物技术、环保技术、新材料等领域的高层次科技人才；熟悉世贸组织规划、适应国际竞争需要和能够解决国际争端的谈判人才；了解国际惯例的外语人才及跨领域、跨行业、跨学科的复合型人才。职业教育必须调整已有的专业设置、课程，开设相关紧缺专业和课程，以适应经济社会发展需要。

（6）职业教育观念的国际化。现代职业教育的国际化，必然带来职业教育观念的深刻变化。职业教育将不再是“二流教育”“差生教育”，到职业院校读书也将不会是“无奈的选择”。社会将大大提升对职业教育的认同，职业院校将成为许多优秀学生的首选。

2．国内职业教育国际化存在的问题

尽管现代职业教育国际化的趋势不可逆转，尽管中国正积极实施职业教育国际化战略，但在职业教育国际化的过程中也暴露出一些问题，这些问题在一定程度上制约了职业院校的国际化步伐。

（1）缺乏权威有效沟通平台。初期，中国职业院校面对迎面而来的职业教育国际化浪潮明显缺少准备。职业院校对于在哪些方面合作、资金如何运转、管理机构怎么构成等具体问题上都比较模糊，因而难以找到合适的外方院校进行配对洽谈。北京当年举办过多场大型国际职业教育专场洽谈会，虽然参会的职业院校达上百所，但能签下合作协议的只有十几所。

院校准备不足的深层次原因在于缺乏一个权威有效的沟通平台。该平台的功能不仅要及时提供中国中外合作办学的政策及发展动向，帮助寻找合适的外方职业教育合作机构，还要帮助学校去正确辨析国外教育资源的优劣，避免不必要的损失。

（2）新教育理念挑战师资水平。在目前已经达成的职业教育中外合作项目中，主要方式包括引进国外课程、师资培训、学生交流实训等，但由于中外的文化差异，外来课程“水土不服”，不符合中国国情，国内部分教师水平不高，难以接受新型教育理念和教育方式等问题，不少职业院校在项目启动后开展得并不顺利。

课程本土化程度不够、教师教学理念陈旧、学生学习能力不强等问题，是国内职业院校在中外合作中必须要下大力气解决的关键所在。而如果职业院校能够调动好教师的积极性，帮助他们通过阶段性的强化学习，尽快地接受国外的教学理念，同时为学生设计好学习方案，相信能够克服这些困难。

（3）急需制定完整的政策体系。职业教育中外合作办学开展以来，得到了教育部和各地政府的积极支持，取得了一些成果，但由于办学和管理过程不仅涉及教育行政部门，还涉及外事、劳动、金融、税务、外汇、民政及海关等多个部门，急需一套完整的政策体系。

基于以上实施职业教育国际化存在的问题，为了更好地迎接职业教育国际化的挑战，在经过充分酝酿与大量前期准备的基础上，广东省教育厅着手引进中英职业教育合作项目。21 世纪初，一种“以省教育厅主导，多所院校及企业参与，官产学合作研究”推动省内高职教育教学改革的方式在广东省内高职教育领域全面铺开。

二、开展中英职业教育合作目的

2000 年 6 月，中英职业教育合作双方在广州共同召开了一次中英职业教育研讨会，正式成立中英职业教育合作项目指导小组，指导小组成员由高职院校主管教学的副院长或教务处长及教育厅有关职能部门负责人组成，负责对项目实施过程的组织和指导，并确定首批参与中英职业教育合作项目的院校，包括广东技术师范学院、深圳职院、番禺职院等院校及相关专业。指导小组成立以来，多次召开包括英国职业教育专家在内的中英专家研讨，研究和落实项目各阶段的实施计划，商讨如何结合广东实际，有效地学习、借鉴英国职业教育制度及经验，并确定重点研究机电、工业设计、文秘等专业的建设及教学管理与评估体系等，促进广东高职教育教学改革和人才培养质量的提高。

2002 年，广东省教育厅组织省内高职院校教学管理骨干组成广东高职教育考察团，赴英国考察国家继续教育培训机构、爱德思、伦敦城市行业协会、剑桥大学考试委员会、威斯敏斯特大学、里士曼成人社区学院等学术机构、院校，听取了英国职业教育发展情况介绍，新确定重点研究借鉴英国职业教育资格证书制度，并决定以农工商职院、白云职院为重点，以商业与市场营销、商业信息技术、企业行政管理、商贸零售服务管理4个专业作为试点。详细内容参见第三章。

虽然中英两国的社会制度不同，职业教育发展的程度和规模也存在差异，但在英国职业教育悠久的历史进程中，有许多经验与教训值得我们深入研究与思考。中英职业教育合作项目的目的就是要通过了解英国职业教育发展状况，找到英国职业教育发展亮点，借助国外优质教育资源，推动国内高职教育教学改革，最终实现高职教育质量与内涵的提升。

1. 英国职业教育发展模式

英国是世界最早的工业化国家，其职业教育的发展历史源远流长。英国职业教育从13世纪的学徒制度的建立，到目前系统化、正规化的职业教育体系的形成，经历了从萌芽到成熟，从零零碎碎到成龙配套这样一个不断变化、不断完善的发展过程。尽管长期以来受传统的重人文学术、轻职业技术的思想影响，英国的职业教育与德国、美国、日本等国相比发展缓慢，直至20世纪70年代英国的职业教育体系才逐步形成与完善，但是自80年代以来，英国政府十分重视职业教育的发展，采取了包括推行职业技术教育试点、建立国家职业资格制度等一系列改革措施，使得英国的职业教育进入了一个新的发展阶段。进入90年代，随着世界经济一体化的发展，国际竞争日趋激烈，英国政府又陆续发布了《面向21世纪的教育与培训》政府教育白皮书以及“国家教育和培训目标”等促进职业教育发展的有关法规，把加强职业教育与培训、提高劳动者素质摆在十分重要的位置上，以期振兴英国的经济。

总体而言，英国职业教育发展中的亮点主要集中在以下几方面。

（1）“以学生为中心”的教育理念。比如，学校的评估员会在学生进入大学之前对学生进行评估，看看他们适合做哪方面的工作。这样，学生们就能根据自己的兴趣爱好及评估员对他的评估去选择自己未来的路。

（2）科学、成熟的职业资格证书制度。目前，在世界上比较有影响力的职业资格证书包括NVQ证书、商务英语证书（俗称剑桥英语证书）、雅思成绩单、BTEC证书等。

（3）人性化的教学方法与管理方式。鼓励学生独立解决问题，因而它能同时帮助学生发展智力技能和解决问题的技能。全面实施个人导师制，即个人导师为每个学生提供全面的一对一辅导，在导师的辅导下，由学生就前一天的学习内容填写个人发展日志。个人发展日志有利于学生增强创新与反思意识，努力尝试新思维，养成善于提问的习惯，进而形成个人发展行动计划。

（4）职业院校与企业行业密切的合作关系。在英国，大多数职业院校和企业界、用人单位、当地社区组织都建立了紧密的合作关系，在当地经济和社会的发展中发挥着重要的作用。由于主要为当地经济和社会发展及不同学习者对教育的需求服务，每所职业院校的规模、专业设置、教学计划都有所不同。在校生人数也从几百人到3万人不等。学生可以全日制、部分时间制在校学习或通过现代远程教育手段学习。

（5）完善的教育评估与质量监控制度。英国职业教育评估及质量监控制度比较先进，在国际上有较大的影响。英国的职业教育已经融入了中等教育和高等教育阶段。承担职业教育的机构并非特定的，而是由许多不同类型的学习机构来完成的，比如技术学院、继续教育学院、第三级学院、高等教育学院、城市技术学院等。但是，所有的教育机构对职业教育的评估都奉行一个统一的标准——NVQ英国国家职业资格。NVQ是英国国家职业资格委员会在1988年推出的一个建立在职业能力基本概念上的综合职业资格证书系统（相关内容已在本书第三章、第四章介绍说明，此不再赘述）。

特别值得一提的是，英国国家职业标准的建立基于一个最基本的原则：由行业制定并为行业服务。NVQ的开发主体就是英国的产业指导机构，主要由各行业的行会、行业组织以及教育培训机构的专业人士组成。标准的开发是在积极采纳各专业人士的意见和建议后，经过反复试点和验证，然后才正式向社会颁布。

2. 英国职业教育对国内高职教育改革与发展的启示

（1）关于教师教育观念转变与教学评价机制革新的问题。相当长的一段时间内，国内高职院校教师大多数是由普通高等院校培养出来后直接任教的。受传统教育观念影响，教师在课堂上仍然强调传授知识，对教学质量的评价主要是看学生掌握了多少知识。这种教学评价只注重教学的结果，忽视了教学过程中学生学习的主动性和独立性，实际上抑制了学生的创新思维和创造精神。以学生为中心的教育理念、教学方法强调教学过程，教师不在于教给学生多少知识，而在于如何指导学生学会自主地学习，主动地获取知识，在学习过程中培养探索精神和质疑能力。同时，教师要根据每个学生不同的背景和学习需求，指导学生制订自己的学习计划，再根据每个学生的学习计划制订相应的教学计划和单元模块课程。同一专业同一个班的学生可以有不同的学习进程。而目前大多数高职院校教师要采用这种以学生为中心的教学模式开展教学是很困难的。其原因：一是一些教师固守以班级为教学单位，按教学大纲对学生进行统一授课的传统模式，对以学生为中心教育教学改革有抵触心理，教师教育理念的转变需要时间。此外，这种以学生为中心的教学方式对教师素质与能力的要求也大大增加。二是学校主要通过学生的考试成绩来对教师教学质量进行评价，对教学结果的评价多，对教学过程的评价少。借鉴英国职业教育，一方面要大力转变国内高职教师传统的教育教学观念，拓宽他们的国际化视野及提高他们对教改的热情；另一方面要努力构建适应学生能力培养的全新评价机制。

（2）关于引进职业教育资格证书问题。引进英国职业资格证书，一方面能为国内高职教育适应国际职业教育发展趋势，以国际标准开展职业教育提供参照，为学生扩大就业空间，增强竞争能力，适应国际劳动力市场需要创造有利条件；另一方面能搭建一个“以学生为中心”教育理念的实践平台。但当时国内高职院校课程教学模式不适应引进证书的要求。因此，借鉴英国职业教育，就是要在引进职业教育资格证书的同时，改革相应的高职院校课程教学模式。

（3）教材问题。长期以来，国内高职院校基础课及一些专业课教材大多使用统编教材。这些教材的内容仍然按照传统的学科教育课程门类编写，所不同的只是增加了实训内容，从体现高职教育能力本位的角度讲，这些教材仍未摆脱传统课程教材的模式。另外，师生对教材有一定的依赖性，教师只要有一本教材，课就好上了；学生学好这本教材，考试过关就不成问题。英国职业学院没有统编教材，教师通常会将培养目标分解成若干个能力，每个能力有相应的模块，在教学中按照能力模块进行授课，并根据能力模块所需的知识与能力，从专业书籍或最新专业报刊中整理出具有时效性、个性化强的教学内容复印给学生。授课地点多在实训场地，学生课后要靠到图书馆查阅资料或在实训场地动手操作，巩固所学知识，学生的自学能力、创新精神由此逐渐培养而成。开展中英职业教育合作项目，借鉴英国职业教育经验和教材改革也成为一个焦点。

（4）教学管理与质量监控问题。英国的教学管理非常严格、规范。一方面，政府对大学教师教学管理人员的培养十分重视，统一安排教师参加继续教育，并以法律的形式做出明确规定。另一方面，院校对教师、学生的教与学要求十分严格。如规定教师讲授每一门课程，要认真填写课程登记簿，包括课程编号、上课地点、课程名称、课程计划学时、考试形式、教学检查时间、各周的授课课题、学习目的或技能、教学方法、活动及资源或辅助设备的使用、每周完成情况、学生课业情况、出勤情况及原因、学生进步发展情况、学生评估小结及课程结束的评估反馈意见等。学生每堂课要填写课堂考勤表，由课代表具体负责，每位学生填写报到号，教师签名、系主任审查，课程结束送存系。英国职业教育这种流程化的教学管理与质量监控方式在当时是十分值得我们学习、借鉴的。

三、“以学生为中心”教育理念的研究与实践

1998 年世界高等教育大会宣言预测，“以学生为中心”教育理念将是 21 世纪国际职业教育发展趋势。在这方面英国职业教育做出了积极探索，并取得成效。这也是广东省中英职业教育合作项目引进实践的出发点与目的。

1. “以学生为中心”的教育理念

第四章讨论 BTEC 教育模式的主要特点时首先提到“以学生为中心”的教育理念。那什么是“以学生为中心”教育理念？它的由来及主要观点有哪些？

纵观教育发展史，出现过许多教育思想，科学主义教育思想是一个里程碑。科学主义是在自然科学取得辉煌成果的时期形成的一种思潮，认为自然科学知识是人类知识的典范，科学的方法是无所不能的。科学主义思想反映在教育领域，教育就是提供客观的与事实相符的真理，就是对事实做不偏不倚的描述。

在科学主义思想制约之下的教育，是以知识、教师为中心的。这种教育模式中，教师是知识的传授者和评判的权威，操纵着整个教学过程。学生是知识传授的对象，是被灌输和被操纵的对象。这种模式便于教师组织、监控整个教学活动进程，便于制订教学计划，便于把握教学的目标、方向，有利于系统知识的传授，但忽视了学习的主体意识和内部心理过程。这使得学生的发散性思维、逆向思维和想象力受到约束，不利于创造型、能力型人才的培养。随着社会的不断向前推进，其必然让位于更先进的教育模式。

20 世纪 90 年代以后，建构主义哲学日渐风行，逐渐出现一种新的教育理念，即“以学生为中心”的教育理念。

2. “以学生为中心”教育理念的主要观点

（1）“以学生为中心”的知识观。以学生为中心和以知识为中心教育思想的差异，其根源表现在对“知识意义”观点上的差异。以知识为中心的知识观认为，知识是对客观实在的反映，教学目的就是要把人类所积淀的知识准确无误地传递给学生。而以学生为中心的知识观认为，知识（人们对事物的认识）不是对现实纯粹客观的反映，不是问题的最终答案，它只不过是人们对客观世界的一种解释或假说而已，它必将随着人们认识程度的深入而不断地变革、升华和改写，出现新的解释和假设。

（2）“以学生为中心”的学习观。基于以上对知识的观点，“以学生为

中心”的学习观认为，学习的任务更为主要的不在于继承人类对事物已有的认识（知识），而在于形成个体对事物的观点、看法。学习者在学习过程中，总是依据已有的知识和经验，对事物产生自己的看法，形成他们自己对问题的解释，提出他们的假设。学习者自己的这种解释、假设，是一种主动的意义建构过程。概言之，以学生为中心的学习观认为，学习过程更重要的不是简单的信息输入、存储与提取过程，而是一种情境的体验过程、互动的过程和主动的意义赋予过程。

（3）“以学生为中心”的教育观。“以学生为中心”的教育观是基于以上的知识观和学习观基础上的。认为继承前人积淀的知识和建构自己的知识意义，有着不同的价值。学生对这两种知识的获取，也有着不同的途径。教学的主要目的与任务应当是帮助学生完成知识的意义建构，而不是知识内容的传承。教学内容应面向社会和企业的实际问题，能够解决社会和企业的现实问题。教学的方式不应是侧重于灌输，而是应面向未来，面向学生自身的成长和发展，关注学习者思维的开发和学习能力、创新能力、适应能力的培养，帮助学生建构自己的知识意义。教学的实施应置于一定的情境当中，让学生在真实的情境之中进行体验，并注意学生已有的观念和经验，在此基础上帮助学生建构知识的意义。在教学过程中，需要通过师生之间、学习者之间的反复交流，通过分享个体思维的成果来建构和完善自己的知识意义。协作、交流是学习者主动建构意义的重要学习形式。

3.“以学生为中心”教育理念在教学要素中的体现

（1）教师角色的转变。主要来自三个层面：教师由知识的传授者，转变成为学生学习的引导者；教师由知识的权威，转变成学生学习的合作伙伴；教师由课堂的控制者，转变为教学活动的激励者。

（2）学生角色的转变。包括：由被动学习者转变为主动学习者和思想者；由被动的刺激对象转变为刺激者；由被管理者转变为学习活动的控制者和管理者。

（3）教材的地位。以学生为中心的教育模式反对向学生提供传统意义上教科书的概念教材，教师给学生提供的是大量的教学阅读、参考书籍。这些参考资料所提供的知识也不是教师所要传授的内容。这些参考资料作为知识的载体，和情景（包括实地考察的对象、操作运行的对象等）、网络、报刊资料、设备等其他教学媒体与信息资源一样，都不再是帮助教师传授知识的手段、方法，而是学生用来采集信息、创设情境、进行协作学习、讨论交流和探索及展示自己成果的工具。

4. 广东省中英职业教育合作项目下的“以学生为中心”教育理念实践

（1）邀请英国职业教育专家到有关职业技术学院讲授英国职业教育“以学生为中心”的教学方法、评估制度，帮助和指导广东高职院校的教师在专业课教学中开展“以学生为中心”教学方法的改革试验。2000 年 6 月、2001 年 7 月、2001 年 10 月英国专家分别到番禺职院、深圳职院、顺德职院、轻工职院、水电职院、交通职院、广州大学等院校访问，实地考察有关院校学习、借鉴英国职业教育经验，开展“以学生为中心”的教学方法试验的情况，帮助他们解决在试验过程中碰到的问题。英国专家的来访，使教师们开阔了眼界，更新了教育观念，了解了“以学生为中心”教学方法的教育理念，使教师在进行专业课教学改革上很受启发。

（2）组织、选派职业院校专业教师到英国学习、观摩，借鉴“以学生为中心”的教育思想和教学方法。2001 年 3 月—2002 年 3 月，广东省教育厅分别选派了两批专业课教师访问英国 Hudders field Solihull、曼城艺术与技术学院、伯明翰大学等院校，采取与有关教师座谈、跟班上课等形式，考察、学习英国职业教育在专业课教学中如何实施以学生为中心的教学方法，如何对教师教学质量和学生学习成绩进行评估，教师们反映收获非常大。比如，“以学生为中心”教学方法和评估制度重视学习过程，重视学生在教学过程中的主体地位，强调教师在学生学习过程中起指导、引导作用，这是一种体现以人为本观念的现代教育理念，反映了世界高等教育改革发展的趋势，对教师更新教育观念起很大的启发作用。这两批教师出访回来后，广东省教育厅分别组织了有关专业教学改革研讨会，请出访教师向全省高职院校专业课教师介绍访英情况，推广英国职业教育经验，研讨如何在专业课教学中学习、借鉴以学生为中心的教学方法。2003 年 3 月—2004 年 9 月，广东省教育厅又选派了多批专业课教师赴英考察、学习，并将专业扩展到计算机、应用电子技术、电子商务、数控、港口与航运等。选派教师的范围从高职院校扩大到部分条件较好的中职学校，以便完整地学习、了解英国职业教育体系，促进广东职业教育改革发展。

（3）确定开展“以学生为中心”教学方法试验的专业。根据广东实际，2001 年首先确定了文秘商务英语、艺术设计、机电和师资培训 4 个专业作为试点，开展“以学生为中心”教学方法的改革试验。随着时间的推移，各所高职院校不断将“以学生为中心”的教学方法向各个专业推广。其中，2008 年水电职院将“以学生为中心”教学方法推广到全院 35 个专业的全部课程，受益学生达 7 600 多人。

（4）举办多期教师培训班，使更多的院校更多的教师受益。2000 年 6

月，广东省教育厅在番禺职院举办了第一期教师培训班，邀请英国职业教育专家为高职院校的教师上课，介绍英国职业教育概况和“以学生为中心”的教学方法。有15所高职院校4个专业（文秘商务英语、艺术设计、机电和师资培训）近40名教师参加了培训。经过培训，教师们初步了解英国职业教育发展的历史和取得的成功经验，对英国职业教育“以学生为中心”的教学方法产生了极大的兴趣，为进行高职教育教学改革打下了基础。其中，有不少教师成为合作项目的骨干，发挥了积极的作用。

2003年1月，中英双方在农工商职院共同举办第二期教师培训班。这次，不仅有职业技术学院的教师参加，也有中等职业学校的教师参加。同时，还邀请了广东省劳动和社会保障厅有关从事职业教育的人员参加培训。在专业方面，也在原来的文秘商务英语、艺术设计、机电和师资培训等4个专业的基础上，增加了市场营销、计算机技术与应用、电子商务及管理类相关专业。这次参加培训的学校共有20多所，学员近100人，比第一期培训班人数大大增加。为了使学员能够充分利用这次机会学习英国职业教育经验，体验“以学生为中心”的教学方法，来自英国的4位专家在整个教学活动中，始终以学生为中心，从学员的学习需要出发，不仅将他们的教学经验介绍给学员，同时与学员们共同探讨在“以学生为中心”的教学理念指导下如何开展教与学的实践活动，如何通过小组讨论培养团队精神、协作精神，如何设计教案及教学计划，如何发挥现代教育技术在职业教育中的作用，等等。初次参加这类活动的教师，对英国职业教育发展概况及“以学生为中心”的教学理念、教学方法有了初步的了解；参加过培训或者对英国职业教育“以学生为中心”的教学理念有所了解的教师，对“以学生为中心”教学理念的理解比过去更加深入，引起更多的思考。

图7－2所示为2003年1月，广东省中英职业教育合作项目第二期师资培训班结业典礼。

图7－2　2003年1月，广东省中英职业教育合作项目第二期师资培训班结业典礼

为了使培训收到更大的成效，省教育厅要求参加培训的教师要认真总结和回顾培训班学习的情况，进一步理解、消化所学内容，结合课程教学，在“以学生为中心”的教学理念指导下，开展教与学实践活动的尝试。同时，要求以学校为单位，由参加培训的教师组成研究小组或课题组，定期研讨“以学生为中心”的教学理念在教学应用中碰到的问题，并把它列进学校的教学改革项目，深入进行探索和研究。

（5）构建“以学生为中心”教育理念的实践平台。在中英职业教育合作第一阶段（即双方的合作主要是选派职业院校专业教师到英国学习、观摩，借鉴“以学生为中心”的教育思想和教学方法）的基础上，为了更好地搭建一个“以学生为中心”教育理念的实践平台，广东省教育厅下发《关于开展中英职业教育合作项目职业资格证书试点工作的通知》（粤教高〔2002〕120号），决定先在农工商职院的BTEC（HND）与白云职业技术学院的OSTA－NVQ、OSTA－C&G等4个专业开展职业资格证书试点工作，此后，水电职院、交通职院、民航职院、轻工职院等也分别开展相关的职业资格证书试点，“以学生为中心”的教育理念得以在更广阔的平台上实践。

四、中英职业教育合作项目下师资队伍建设与成效

师资队伍建设是发展高职教育的关键。中国高职教育大力推行国际化战略、进入跨越式发展的同时，师资队伍建设也面临着诸多挑战，不少教师教学理念与教学方法陈旧、国际化视野缺乏，甚至有少数教师对教学改革抱有抵触情绪，如果教师队伍水平不高，中国职业教育国际化战略将很难顺利进行，提升高职教育内涵与质量将成为一句空话。广东省教育厅希望通过中英职业教育合作项目，培养一批具有国际视野、熟知职业教育规律的骨干教师队伍，并通过这批教师辐射带动省内其他教师的教学改革，最终有利于加快广东乃至全国职业教育国际化进程，提升高职教育内涵与质量。

事实上，由于国内高职院校起步较晚、条件薄弱、师资投入引进力度不够等原因，师资队伍总体表现为：①教学理念、教学方法陈旧。大多数教师仍然采用传统的知识传授模式，教师课堂上讲，学生课堂上听，缺少师生互动，教学方法陈旧。②缺乏国际化视野。由于过去缺少职业教育国际交流的政策与平台，许多高职院校教师处于一种封闭或半封闭状态，缺乏国际交流与国际化意识，教学无异于坐井观天。③对教改缺乏热情。教学改革是一项

系统工程，其从理论到实践都有大量工作需要去完成。但事实上多年来由于职称政策、教学评价等原因，许多教师对教学改革缺乏热情、投入不足，甚至有一些教师对教改存在抵触心理。

经过8年的大规模、国际化、持续的交流、学习、培训，广东高职院校师资队伍呈现出积极的变化。

1. 教师教育观念的更新与能力的提升

实践“以学生为中心”教学理念的一个最大挑战就是观念的更新，这种观念不但学生不适应，教师也不习惯。有些教师简单地以为，中英职业教育合作项目下的课堂教学就是“专业＋英语”，按照这种教学理念，结果必然是“新瓶装旧酒”，走上传统的“以知识为中心”的老路。但随着中英职业教育合作项目的推进，教师们逐渐意识到，双语是次要的，提高学生的能力是关键，双语只是一种手段，最终是为学生能力养成服务的。

另外，中英职业教育合作项目下的课程教学要求教师是教学活动中的组织者和指导者，这就要求教师的知识面宽广，能够融会贯通多门课程的知识，这使担任相关课程教学的教师普遍感到压力很大，但也正是这种压力推动教师不断充电，提升自身能力，也才有了后来大批名师与精品课程的出现。

2. 教师国际化意识的增强

中英职业教育合作项目一个最直接的成效在于：一大批教师能够到职业教育较为先进的国家和地区接受教学理念、教学方法以及语言的培训，有助于国内教师国际化意识的增强，加速培养了一大批通晓外语，熟悉国际职业教育发展趋势的国际化名师。此外，也有一些教师通过定期参加国内外的相关职业资格认证的培训与考核，强化了自身的国际竞争力。同时，国内教师的国际化培训使他们找到了自身的差距，尝到了教改带给他们的甜头，进而能够不断增强他们的国际化意识，有利于增强他们教改的热情与信心。

3. 培养了一批具有国际视野、熟知职业教育规律的骨干教师队伍

据不完全统计，从2000年6月番禺职院第一期师资培训班开始，通过“送出去，请进来”、境内境外相结合的方式，广东省中英职业教育合作项目共培养教师13批560余人次，其中有3人成长为国家级名师、4人成长为省级教学名师。

案例分享 12

借鉴国际先进农业理念，助力区域现代农业发展

在大数据时代的背景下，学习和借鉴发达国家在推进农业信息化、利用信息技术建设现代农业方面的成功经验，了解物联网、云计算、移动互联网等现代信息技术在农业领域的作用及影响，用大数据理念、方式、技术开展农业信息的采集与挖掘利用，不断完善农业生产和农产品市场运行的监测预警分析体系，是院校更好地服务国家“一带一路”建设、更好地培养国际化人才、更好地服务“三农”的必要选择。

农工商学院专业负责人考察澳大利亚水利设施

农工商学院专业负责人等考察墨尔本大宗商品交易市场

2018 年 8 月，广东农工商职业技术学院组织并选派了农产品检测专业负责人、省级教学名师尹凯丹教授等 19 名省“一流”院校建设项目、省级品牌专业负责人、骨干教师赴澳洲参加为期三周的“大数据技术在现代农业生产经营中的应用”培训。培训内容包括澳大利亚精准农业、物联网、电子商务、移动互联等技术在农业中的应用情况；澳大利亚大数据战略的基本内容、实施情况及对农业的影响；澳大利亚农业数据资源开发利用现状、特点及发展趋势等内容。培训期间，教师们系统地了解了当地农业产业化、农产品加工及销售市场、蔬菜基地等，并与有关科技人员、农场主、市场管理员、水资源利用企业家等进行座谈、交流，对澳洲的现代化农业有了较深的认识，必将助力区域现代农业发展。

五、中英职业教育合作项目下的专业建设与实践

专业，是指高等学校或中等专业学校根据社会专业分工的需要设立的学业类别，是高等院校服务于社会的基本教育单位。专业建设包括课程建设和教材建设，是保证高等院校不断向前发展的重要支柱，是提高学校整体实力和办学水平的客观要求，是与社会、区域经济保持同步或适度超前的重要纽带。作为与地方社会、经济发展联系愈加密切的高职教育，专业建设显得尤为重要。

1. 职业教育专业的特性

（1）贴近市场。普通高校专业建设注重的是学科建设与发展，这与它主要培养理论型、研究型人才的培养目标是相符合的。相对而言，高职教育专业具有更大的可变性和开放性，更容易受到市场变化的影响，主要以市场需求为导向。这主要是由于高职教育培养的是高等应用型技术人才和管理人才。较之理论型、研究型人才，这类人才与一定区域的市场、职业、行业、产业、技术等有着更直接、更密切的关联，其专业具有较强的职业定向性与针对性。

（2）以职业岗位为依据。所谓以职业岗位为依据，就是或针对一个行业岗位，或针对一组相关的职业岗位来设置、建设专业。

（3）能力导向。高职教育的主要特色在于培养的人才具有较强的技术应用能力和较高的职业素质，因此，高职教育专业根据高职教育培养目标要求构建相应的课程体系和教学内容，建立新的理论教学体系和实践教学体系以及学生相关能力培养体系，开发职业能力实训模块，加强学生的基本实践能力与操作技能、专业技术应用能力与专业技能、综合实践能力与综合技能的培养。

2. 专业建设路径

在学习、研究“以学生为中心”的教育理念、教学方法，不断完善教学管理机制的基础上，广东省教育厅着手了解、推动引进英国职业资格证书制度。以英国职业资格证书制的引入，促进广东高职教育专业建设的改革与发展。

2002 年 9 月，广东省教育厅正式在农工商职院 BTEC（商业与市场营销、商业信息技术）、白云职院 NVQ 企业行政管理和 C&G 商贸零售服务管理 4 个专业开展试点。两所试点院校先是对 4 个试点专业从课程体系、教学模式、教学内容、教学方法、教材、考试方法等方面进行中英比较，找出需

要学习、借鉴之处，使引进和借鉴更有针对性和实效性，然后，确定有关专业课程教学内容、教学方法。除农工商职院和白云职院外，参与中英职业教育合作项目职业资格证书试点工作的院校还包括水电职院、交通职院、民航职院、轻工职院、顺德职院、番禺职院、广州大学、广东技术师范学院等。

2003 年 3 月，广东省教育厅在农工商职院召开了现场观摩会，组织省内高职院校教学管理骨干及专业课教师 30 多人，现场观摩农工商职院商业与市场营销、计算机两门专业课运用 BTEC 证书教学模式进行教学的情况。听课教师反映这种教学模式与广东高职院校现行的教学模式比较，其最大的不同是充分调动学生学习的主动性和积极性，这对当下广东高职教育教学改革将有很大的推动作用。

以英国职业资格证书制的引入为平台，广东高职院校专业建设取得了很大的进展，截至 2008 年，共建成基于中英职业教育合作项目的省级以上优质专业 14 个，其中国家级 5 个，省级 13 个。

3. 课程改革实践

课程，是指学校学生所应学习的学科总和及其进程和安排。广义上的课程是指为了实现学校培养目标而规定的所有学科的总和，狭义上是指某一门学科。课程是学校教育的基础和载体，一切教育教学改革都是围绕课程建设来进行的。可以说，课程模块化是国内高职院校教学改革的重点与难点。一方面，高职教育各种配套改革都是围绕着课程模块化改革进行；另一方面，由于缺少与课程模块化相配套的载体，导致国内高职教育教学理念仍旧是传统的“以教师为中心”“以知识为中心”，教学方法仍旧采用传统的“三段式”，职业标准与课程标准仍旧难以打通，课程的能力模块最终无从实现，模块化改革进展缓慢。

而英国的职业教育课程体系，是由国家职业标准与岗位职业技能决定的，讲求职业性与灵活性。同时研究表明，中英职业教育合作项目下的课程充分体现了“以学生为中心”的教育理念。广东省高职院校通过中英职业教育合作平台，借鉴英国职业教育课程体系建设方案，以若干通用能力为基础，课程的模块化改革始终围绕这些通用能力与专业能力展开，各种配套改革也都为学生通用能力与专业能力的培养服务，高职教育课程模块化改革有了实践的土壤与配套的服务，并得以向前推进。如借鉴 BTEC 证书项目的做法，创造性提出并实践了包括“以能力为导向”的课程体系、“课业式”教学法、“教、学、做”一体化的教学等理念，前面章节已做系统介绍，此不做重复。

此外，农工商学院、番禺职院等高职院校为了加强学生通用能力与专业能力的培养，先后在市场营销、工商管理等专业上大胆创新探索，分别创设了校内实习公司、工商模拟市场等，让学生“真刀真枪”地实践，被誉为“学子的乐园、老板的摇篮”，并整体推进课程教学改革与实训，成为高职教育文科类专业课程实现“工学结合”的典型范例。8 年来，共建成基于中英职业教育合作项目的“工商模拟市场实训”等 10 门国家级精品课程、“市场营销”等 4 门省级精品课程。

4. 教材改革与实践

教材是课程建设的直接成果，有了成熟的课程，自然能编写出适当的教材。在“以学生为中心”教育理念指导下，教材的地位发生了根本变化，教材不再是传统的概念教科书，不再是教师传授内容的主要依据，不再是学生复习考试的依托，而是众多的参考书之一，是学生采集信息的来源之一。如果将英国职业教育课程比作一剂良药的话，英国职业教育教材就是构成这剂良药的药方，药方不固定、不唯一，而是根据良药的性质进行最佳搭配。

“抓药方”是中英职业教育合作项目下教材建设的通俗说法，虽然通俗，但却形象地诠释了英国职业教育教材建设的方式。以农工商职院商务信息技术专业为例，该专业通过引入中英职业教育合作项目后，所有的专业课程教材全部采用英文原版，这些教材虽然均为国际知名 IT 教材，但内容通俗易懂，实践性强，便于学生学习；此外，在选择教材时，采用“抓药方”的方式为学生提供若干本相关参考书，互相补充。如“计算机应用软件”课程除了教材 *Computers*，*Communications*，*and Information* 外，还提供了几本参考书，如 *Internet*，*Computer Concepts* 等。

在采纳国外优质教材的同时，广东省高职院校不断积累经验，与企业合作，共同开发教材。2000—2008 年，广东出现了一批特色教材。其中，由广东省高职高专市场营销专业教学指导委员会组织规划与审定、广东高等教育出版社出版、具有地方特色（典型案例）的市场营销系列教材 10 本，有 6 本被确立为国家级规划教材。

六、中英职业教育合作项目下的教学评估改革与实践

当前，国外先进教育模式普遍采用内、外审相结合的“流程式”教学评估方式。所谓“流程式”教学评估，是指包括教师聘用、教学过程监控乃至课业、课程成绩审核评估、社会和雇主评估等一系列的流程。通过中英职业教育合作项目，部分高职院校引进并借鉴了“流程式”教学评估方式，增加了学生能力评估的效度，整个教学评估前后衔接，自成体系，一定程度上弥

补了国内高校教学评估与监控断裂性的不足。

1. 英国职业教育评估特色

（1）以学生为本的评估理念。英国“以学生为中心”的教育理念认为，能力包含多种维度，仅对学生进行纸笔测验或考查学生的部分操作水平是不能充分证明学生能力的。所以英国职业教育基本上不采用传统的纸笔测验形式来评价学生的能力，取而代之的是课业，而课业的具体形式多种多样，使教师和相关评估人员能参照对应的评价标准，利用多种途径和方法，在不同时段对学生进行多次观察、评估与测试分析，搜集、整理和评估全面的、合乎逻辑的证据，从而对学生的能力做出多维度的准确评价。

（2）评估的科学化、系统化。中英职业教育合作项目本土化后，广东高职院校一改过去评估方式单一的缺陷，注重评估证据的多样性，如专题讨论、项目调研、案例研究、实验室的试验、工作现场的实际操作、顶岗实习、社会调查和项目设计等；在证据材料的收集上，不仅包括书面证据，还包括学生作品、学生近期取得的资格证书、能力证书以及雇主或提供工作岗位人员所出示的书面现场观察证据，评估更能对学生职业能力进行有效评价，与国内的评估方式相比更具有科学性。

课业评估同样遵循着一个系统化的流程。在教师对学生课业进行相关评估后，由内审员对学生课业进行评审，审查学生课业是否达到学习成果的能力要求，教师的评价是否得当。如果内审员评审结果与教师有分歧且协商无果，则由内审组以会议的形式，对所有课业进行评审，对教师的教学和学生课业的完成情况做出评议，重点讨论教师和内审员意见不一致的评价，并最终形成结论。再交由外审员进行再审，以保证内审的科学性。该评估体系以教师、内审、外审三个层面的结合实现评估的科学性。

（3）评估的多样化。国外高等教育尤其是职业教育评估注重专业评估，而且内外审相结合，邀请有经验的、经过良好训练的同行专家参与评估过程，建立高校自评和外部评估有机结合的有效运行机制，进而保证教育评估的客观性与公正性。反观国内，传统的高等教育评估体系是单一的，评估主导者是政府教育主管部门。政府既当“运动员”又当“裁判员”，具有绝对的权威性，非政府的高教评估影响不大，这种评估体系难以保证评估的客观性与公正性。

（4）评估的人性化与弹性化。国内学生评估大多是终结性的评估方式，评估只是对学生过去成绩的总结，难以起到促进学生改进学习方式的作用。评估缺少人性化与弹性化。采用中英职业教育合作项目评估机制，在评估等级中只设有“合格”“良好”“优秀”三个等级，而没有“不及格”等级，对不及格的学生采用的也是“重做”的方式，能实现评估的人性化与弹性化。

2. 农工商职院教育教学评估的改革与实践

借鉴BTEC教育模式的教学质量评估与监控体系，农工商职院牢牢树立了“加强质量管理体系建设，重视过程监控”的理念，并初步建立起“以学校为核心、教育行政部门引导、社会参与的教学质量保障体系”。如计算机科学系“商务信息技术”专业启动了学生评估、内审员评估、教学中心综合评估以及外审员评估的四重教学质量监控模式，共同构建全新的教学质量管理体系。本书第四章已做介绍，不再赘述。

可以说，广东省中英职业教育合作项目实施以来，直接参与职业院校多，辐射、带动职业院校广（包括省内外及港澳地区的院校），参与研究人员有政府教育主管官员、院校领导、教学管理人员、科研人员及专业骨干教师，形成了较好的学习交流平台，有利于项目成果进一步深化、推广、应用。其改革探索与实践成果荣获第六届（2009年）广东省高等教育教学成果一等奖。

第三节　基于农工商学院国际化办学探索创新的教学成果

随着中国高职教育快速发展，特别是在“一带一路”倡议和推进中国高职教育国际化办学背景下，针对高职院校国际化的方向和路径、国际化能力提升的内容和方法，以及国际化可持续等问题，农工商学院运用教育共生理论、系统理论和产业耦合理论等，以与德国“F+U”职业教育中心合作为切入口，以2002年广东省中英职业教育合作试点——BTEC证书项目为基础，以2012年省级教改重点项目“高职院校国际化研究与实践”为依托，以2014年伴随广垦橡胶“产业走出去”落实到东南亚教育合作为检验，在广东省省级示范性院校、省“一流”高职院校重点建设项目支持下，通过引进、创新、输出三阶段递进式研究，系统总结了服务“产业走出去”的高职院校国际化范式，创新提出了“教育理念国际化、标准体系国际化、专业课程国际化、教师发展国际化、学生培养国际化、社会服务国际化”的理论，构建了PEP机制，实现了校企“捆绑”走出去与可持续发展，有效推进了再造“海外新农垦”阶段性目标，提升了国际化人才培养的能力与水平。农工商学院国际化办学起步早、项目探索时间长、理论研究成果多、实践受益大、辐射带动强、社会评价高。

一、农工商学院国际化办学研究与实践过程

1. 提出背景

2005 年起，为了发挥国家农业队作用和保障重要战略物资供给，广垦橡胶在泰国建起第一家工厂，迄今已在泰国、马来西亚、柬埔寨、印度尼西亚、老挝、新加坡等“一带一路”沿线国家投资建设了 40 多家企业，为相关国家提供了 3 万多个就业岗位，辐射带动 8 万多名胶农，产品远销 70 多个国家和地区，形成了集天然橡胶研发、种苗繁育、种植、加工、物流、贸易于一体的全产业链经营体系，是全球天然橡胶行业全产业链最大的跨国公司。海外橡胶产业快速发展客观上对人才培养培训提出了较大的需求。这是其一。

2010 年《国家高等职业教育发展规划》要求“面对‘走出去’国家战略，高等职业院校应该融入其中，伴随产业企业走向世界”；2014 年《国务院关于加快发展现代职业教育的决定》要求“推动与中国企业和产品‘走出去’相配套的职业教育发展模式，注重培养符合中国企业海外生产经营需求的本土化人才”；2015 年《高等职业教育创新发展行动计划（2015—2018)》要求高职院校配合国家“一带一路”倡议，助力优质产能“走出去”，扩大与“一带一路”沿线国家教育合作；等等。这是其二。

是此，农工商学院积极落实国家职教发展规划，充分发挥地处改革开放前沿的区位优势，主动提出“农垦产业发展到哪，学院专业服务就到哪”的办学宗旨，助力广东农垦再造“海外新农垦”发展战略，发挥技术服务和人才培养等功能，积极开展服务产业“走出去”国际化探索。

2. 探索实践历程

20 世纪 80 年代中期起，农工商学院前身广东农垦管理干部学院先后为广东乃至全国农垦举办世界银行项目班、海外经营管理班等，为国际化办学奠定了基础。转制为职业技术学院后，积极思考，率先行动，2001 年与德国“F + U”职业教育中心合作，开展教师交流及学生海外实习。2002 年 6 月，被确立为英国 BTEC 证书项目合作院校。同年 9 月，被广东省教育厅确立为中英职教合作项目职业资格证书试点院校。

2009 年，为了精准对接广垦橡胶“产业走出去”的需要，农工商学院进一步提出了建设“省内一流、全国知名、东南亚有影响”的具有南亚热带农业产业特色的高职院校的目标，并启动双语授课项目和每专业一课程；2011 年开设东南亚语种课程教学和农垦海外企业员工培训；2012 年立项为

广东省高等职业教育教学改革A类（重点）教改项目，并将“国际化办学”列为省级示范性院校建设重点项目；2015年依托农垦海外企业在东南亚地区建立学习中心；2016年列入广东省“一流”院校建设深化国际化办学项目；2017年成立东南亚研究所和牵头组建全球华人营销职教委员会；2018年承担“泰国农村发展研修班”“发展中国家农业科技创新研修班”等国家级援外培训任务等。

与此同时，从实践摸索中总结提升，先后开展了“‘一带一路’教育行动下中国－东盟职业教育共同体建设研究”“‘一带一路’背景下广东高职院校国际化发展路径研究”“高职院校服务产业‘走出去’的国际化研究”等一系列省级、学会、教指委课题。

图7－3所示为2017年4月11日，杨群祥主持中荷都市和现代农业职教论坛。

图7－3　2017年4月11日，杨群祥主持中荷都市农业与现代农业职教论坛

二、农工商学院国际化办学成果的主要内容

农工商学院国际化发展从“请进来”到“走出去”，依托服务“产业走出去”，创新“六化”模式，探索出国际化发展的新范式。

1. 服务“产业走出去”，明确了国际化发展方向与路径，形成了校企“捆绑”走出去的高职院校国际化新范式

农工商学院既依托广垦橡胶海外企业，又发挥作物生产、市场营销等专业优势服务海外企业，一是服务“产业走出去”在海外建立 11 个合作基地，向海外企业输出教育，开展职业教育和员工培训；二是选派师生在海外企业挂职或实习，培养国际化师资队伍和技术技能人才；三是向海外企业输出技术，开展全产业链服务，形成校企“捆绑”式走出去。

2. 构建“PEP”三方互动运行机制，推进职业教育共同体建设

第六章在“探索输出优质职业教育资源”中曾讨论了农工商学院与农垦海外企业联合探索建构了 PEP 机制，创新实现了校企“捆绑”走出去与可持续发展的高职院校国际化办学范例。这是农工商学院国际化办学探索创新的一个亮点，其主要机理及内容如图 7－4 所示。

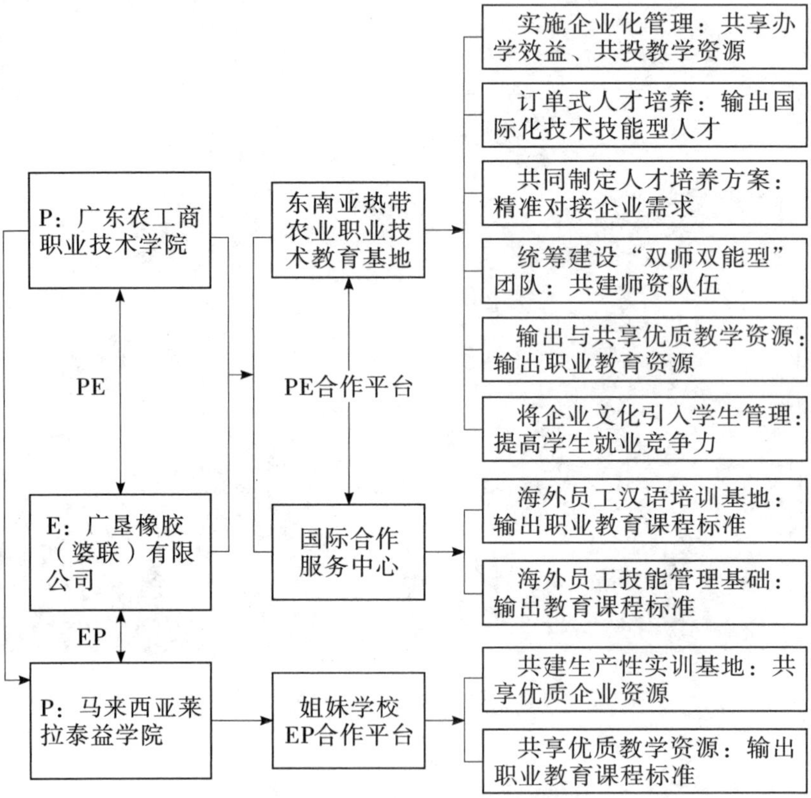

图 7－4　“PEP”三方互动运行机制

3. 形成理论创新，率先提出高职教育国际化“六化”模式

农工商学院经过多年国际化办学实践总结，创新性提出高职院校国际化“六化”理论及其实践模式（见图7－5）。

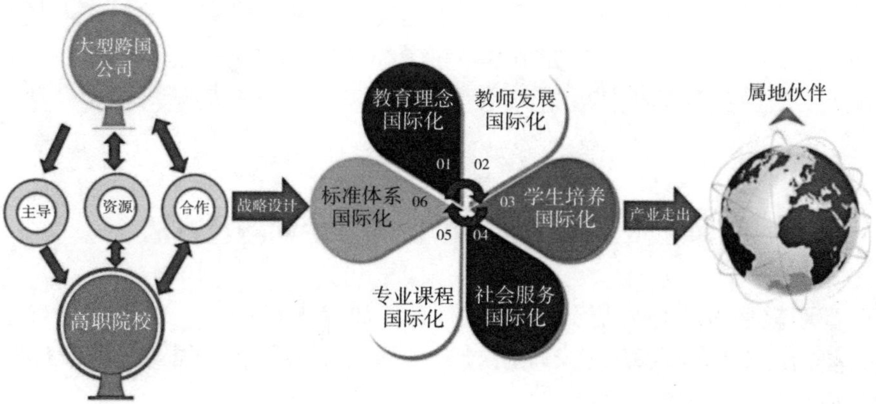

图7－5　高职院校国际化“六化”理论及其实践模式

（1）教育理念国际化。对接国际先进教育理念，践行“以学生为中心”，以BTEC项目为示范，实施“学习成果导向”教学改革，突出学生综合能力培养。

（2）标准体系国际化。研究总结认为，掌握标准就掌握话语权；只有标准体系国际化，才真正达到国际化水平，并致力推进标准体系研制。农工商学院在教育部职业技术教育研究中心带动下，主持完成了亚太经合组织（APEC）“职业教育系统开发绿色技能”项目中的农林类专业绿色技能标准研制；自主开发的《橡胶加工安全生产规范》标准被泰国、柬埔寨、马来西亚和印度尼西亚等国家的27家广垦橡胶海外企业使用。计划与国内科研院所、国际组织联合开发研制热带农业及职业教育市销专业的标准等。

（3）专业课程国际化。一是将现有国家精品资源共享课等优质教育资源在国外合作院校推广使用；二是根据当地产业需要开发新课程与培训包，目前已完成《广东商业环境》线上线下资源，并被泰国、柬埔寨、马来西亚等国家的20多所职业院校选用。

（4）教师培养国际化。依照国际化办学需要，外引内培国际化教师：一是招聘具有海外留学或工作背景的专业教师；二是培养“双语”教师团队；三是选派专业教师赴国外访学或短期培训；四是组织教师参加国际资格认证；五是选派教师到海外企业挂职等。

（5）学生培养国际化。一是将有国际视野、熟悉国际规则、掌握外国语

言等要求融入人才培养方案；二是海外产业引导，通过专题、参观等帮助学生了解优势产业走出去的大局大势；三是项目驱动，通过与境外合作项目组织学生赴海外实习培训。

（6）社会服务国际化。一是承担国家、省农业援外培训项目；二是协助海外企业建立学习中心；三是开展“送教上门”；四是选派教师担任海外企业顾问；五是引导学生到农垦海外企业等就业；六是开展项目咨询、技术服务等。

三、农工商学院国际化办学解决的主要问题及方法

高职教育国际化发展到今天，仍面临如何走得更实、更高、更好的问题，仍困惑于如何“输出”优质教育，如何服务“产业走出去”的难题。农工商学院探索创新提供了借鉴，解决了以下主要问题。

1. 通过服务“产业走出去”，力求解决高职院校国际化的方向和路径问题

高职院校积极开展国际化的困局一，往往存在方向不明或路径不清的瓶颈。即使是已开展的国际化办学的院校，也主要是与国外院校合作开展学历教育、参与孔子学院开展语言教育或“走出去”进行某项技术培训，着力点是国内院校的“推”。农工商学院是通过长期探索抓住了“产业走出去”的契机，以服务为宗旨“捆绑”企业共同走出去，着力点是海外产业需求的“拉”，为方向不明、路径不清的院校提供了一条可借鉴的“农工商方案”。

2. 通过构建“PEP”合作机制，力求解决高职院校国际化可持续发展的有效约束问题

高职院校积极开展国际化的困局二，无论是引进学历教育还是走出去培训，项目单一、缺少支撑，存在可持续发展问题。农工商学院以“共建教学资源、共享办学效益”方式建立起来的“PEP”机制，加上海外企业巨额投资和众多海外项目对人才需求的长期性、多样性，较好地解决了高职院校国际化可持续发展的问题，也为高职院校开展境外产教融合、校企合作提供了案例。

3. 通过“六化”模式，力求解决高职院校国际化能力的内容和方法问题

高职院校积极开展国际化的困局三，究竟怎样才是国际化、如何提高国际化能力等问题缺乏理论指导。农工商学院通过“教育理念国际化、标准体系国际化、专业课程国际化、教师发展国际化、学生培养国际化、社会服务国际化”的理论建构与实践，系统回答了高职院校国际化能力的内容和方法。

四、农工商学院国际化办学成果的特色与创新

持续、系统总结出的高职院校国际化的农工商解决方案，在理论创新、机制创新和范式创新等方面起示范引领作用。

1. 创新性提出了高职教育国际化“六化”模式理论

农工商学院以系统理论为指导，将分散的、互不联系的国际化要素进行整合，形成了“以提升国际化能力为核心、以教育理念国际化为引领、以社会服务国际化为目标、以标准体系国际化为平台、以专业课程共建、学生培养共育、教师发展共享为路径”的“六化”模式。在这个理论基础上又创新性提出了“高职教育走向国际化是必然的发展趋势”“高职院校的国际化是基于国际视野条件下，依据经济全球化并充分利用国际教育资源要素来开展职业教育活动；高职院校的国际化必须与产业发展、企业结合，才能真正‘走出去’并走得更高更远”“高职院校必须凭借自身专业优势、主动服务产业的同时，积极利用国际教育资源要素来开展职业教育实践活动，才能持续地推进自身的国际化进程”“与此同时，资本、生产要素在全球范围内的自由流动和优化配置，必将带来教育要素的流动与整合，我国经济发展对东盟形成辐射带动的同时，国内的先进教育资源要素也具备向东盟国家流动的现实性、可能性，并可预期未来我国在文教、科技等领域将对东盟形成巨大的影响”等鲜明论点，并刊载于《职教论坛》2016 年第 36 期，引起职业教育的普遍关注与认同。国内著名学者石伟平教授在其《职业教育国际化水平和国际竞争力提升：战略重点及具体方略》一文中引用了其中观点。

2. 创新性构建了高职院校国际化的“PEP”机制

农工商学院以耦合理论为指导，首创性总结出“PEP”机制，有效促进国内院校国际化技术技能人才海外培养、中资企业海外员工培训、海外院校本土化人才培养、中资海外企业技术创新、企业服务当地产业发展等多重利益与目标的实现。

3. 创新性总结了跟随“产业走出去”的高职院校国际化范式

农工商学院以教育共生理论为指导，以服务“产业走出去”为基础，率先总结了高职院校跟随“产业走出去”的校企“捆绑”的国际化合作范式，形成高职院校与中资海外企业的利益共同体，协同培养人才和培训员工，共同开展标准开发、技术研发、培训课程包制作、全产业链技术指导等合作，为高职院校开展国际化办学提供了可借鉴的实践范式。

五、农工商学院国际化办学成效与成果应用

1. 农工商学院国际化探索创新提升了师生的获得感

农工商学院国际化探索创新受益学生近 6 万名，其中 3 000 多名学生选学了泰国、马来西亚、柬埔寨等东南亚语种；2 000 多名学生获得了国际职业资格证书；学生获国际竞赛奖 19 项；1 000 多名学生参加了海外实习与培训，涉及 12 个国家和地区；300 多名学生到海（境）外就业，其中 2012 届热带作物技术专业毕业生陈峰先后在马来西亚婆联公司、柬埔寨春丰公司工作近 8 年，从普通员工培养成海外公司总经理助理，负责柬埔寨橡胶基地管理。300 多名教师到德、美、英等国家培训，76 名获“双语”教师资格，5 名教师获得省级教学名师，6 个教学团队获得省级优秀教学团队等。

案例分享 13

中马院校专业对接　开启师生访学项目

为践行国家“一带一路”倡议，促进国际交流与合作，彰显学校国际化办学特色，推进“省内一流、全国知名、东南亚有影响的高职院校”建设目标，根据两校的合作协议，2017 年 9 月 12—21 日，广东农工商职业技术学院迎来了马来西亚砂拉越科技大学首批本科食品专业 12 名师生前来访学。

砂科大师生访学期间，农工商学院食品加工技术专业团队安排来访师生实地考察了食品类专业群“绿色果蔬加工”“绿色乳肉制品加工”等校内特色专业实训室，以及“营养驿站”“农兽药残留检测”等大学生创新创业工作室。砂科大来访师生对农工商学院食品加工技术专业产教融合实训项目产生了浓厚的兴趣，并高度认可食品类专业“大学生创新创业工作室的建设管理模式”。

为充分介绍农工商学院食品专业践行高职“工学结合”教学改革建设思路，由专业负责人刘波副教授等陪同砂科大来访师生团队先后调研了 10 家专业群校外合作实践教学基地，包括广东九江双蒸食品有限公司、广东美味鲜食品有限公司、广州珠江饼业食品有限公司、中山聚香园食品有限公司、英德尚明轩茶叶有限公司、广州市清香农产有限公司、广州鹰金钱企业集团公司、广东省食品工业研究所、中山大学达安基因有限公司、广州宝桑园生态科技有限公司等广东特色大型食品企业。现场观摩了企业规范的生产过程与企业管理模式，并深入探讨了大型食品企业实训基地与校

内专业课程建设、实训内容、教师挂职、科研合作、学生实习就业等有机融合方式和成果。

首批访学成功，获得来访师生及两校管理层的高度肯定，坚定了农工商学院食品加工技术专业教学团队对“实训教学模式创新”的信心，也进一步促进了两校的交流合作。为此，马来西亚马来文报纸 *Utusan Borneo* 等媒体做了相关报道。

砂科大来访师生调研广州鹰金钱企业集团公司

马来西亚马来文报纸对砂科大学生到访农工商学院做专题报道

2. 农工商学院国际化探索创新发挥了示范带动作用

先后培训华中农大等院校教师500多名；湖南省教育科学院、江苏经贸职业技术学院、浙江商业职业技术学院、黑龙江职业技术学院等70多个（所）教育机构前来学习交流国际化模式，辐射带动20多所东南亚职业院校；牵头组织了国内外28所高职院校成立“全球华人营销联盟职教委员会”；参与组织了国际农牧类高等职业教育联盟；承办了广东省“一带一路”职教联盟年会；接待了瓦努阿图副总理等“一路一带”沿线11个国家80多名官员来访与洽谈合作。研究成果先后在世界教育协会上海会议、中国职教年会等国际性、全国性会议上交流推广。

3. 农工商学院国际化探索创新带来良好的美誉度

农工商学院被评为“国际影响力”“服务贡献”“教学资源”三个全国“50强”；连续两年（2017年、2018年）被评为“国际影响力”全国“50强”；获全国优秀案例2项；理论研究成果在《高教探索》《职教论坛》等刊物发表31篇，相关文章被引用255次，其中《引进国外先进教育模式，推动高职教育教学改革》《我国的高职院校国际化合作能力提升研究》先后获广东省高等职业教育优秀论文一等奖。撰写国家部委内参《中国高职“走进东盟”的作用与建议》1份；完成高职院校国际化相关研究报告4份；先后获第六届（2009年）广东省高等教育教学成果一等奖、2019年度广东省高等职业教育教学成果一等奖。中国驻马来西亚古晋总领事付吉军认为，农工商学院与砂拉越科技大学的合作“填补了中国与马来西亚高职教育领域交流与合作的空白”。《光明日报》《南方日报》、广州电视台和马来西亚 *Utusan Borneo*、《诗华日报》等主流媒体先后24次报道，在国内外产生了重大影响。

随着广垦橡胶海外产业快速发展，农工商学院将以东南亚为重点深化国际化办学，在全面总结国际化办学的基础上，完成高职院校国际化理论与实践专著，促进更大范围的高职院校国际化办学经验的交流与分享，引导、激发相关学者进一步思考与研究。

第八章 高职院校国际化的未来与展望

高职院校经过近 20 年国际化办学发展、探索，有了一定的基础，积累了一些经验。部分高职院校则处于厚积薄发的态势。特别是在“职教 20 条”及“双高建设”等政策的推动下，“产教融合、校企合作”的解读与实践将超越国（境）界，将有一批高职院校脱颖而出，在国际交流与合作中发挥重要作用，至 2022 年将基本完成高职院校国际化办学的“势力”版图，并将以东盟国家为重点，辐射带动“一带一路”沿线国家，至 2035 年将成为世界职业教育高地。

第一节 职业教育国际化办学的重点区域

在第一章开篇讨论高职院校国际化办学的政策导向中，曾经扼要介绍“中国经济发展与东盟国家合作的辐射带动”和“‘一带一路’倡议下的教育先行”等因素，这里为了进一步把握高职院校国际化的未来发展趋势，将对以上因素进一步展开论述。

中国与东盟各国山水相连，文化交融，血脉相亲，双边合作经历了复杂多变、交错融合的发展历程。1991 年开启对话进程，1996 年成为全面对话伙伴，2003 年建立“面向和平与繁荣的战略伙伴关系”，中国与东盟关系不仅成功走过了“黄金十年”，而且开启“钻石十年”。2013 年 10 月，习近平主席在印度尼西亚郑重提出携手共建更为紧密的中国－东盟命运共同体倡议和中国－东盟共建“21 世纪海上丝绸之路”的倡议。2015 年发布了《推动共建丝绸之路经济带和 21 世纪海上丝绸之路的愿景与行动》，标志着“一带一路”成为中国与东盟的共同愿景，为中国与东盟合作注入了新的动力。这也为中国－东盟教育合作尤其是职业教育合作开启了新的篇章。在这样的背景下，东盟地区自然将成为中国职业教育国际化交流与合作的重点区域。

中国－东盟职业教育的交流与合作，将是中国与东盟各国开展的职业教育资源全要素的合作，包括教师、生源、专业建设、课程教学、实习实训、在线资源等，合作目的在于实现共建共享，提升职业教育实力，培养满足产业发展尤其是东盟国家内部产业结构优化、转型升级需要的高素质技能人才。相信，有过去20年探索、交流基础，中国－东盟职业教育合作必将发生巨大变化，成为“民心相通”的重要组成，融入中国－东盟合作重要内容。

一、互利共赢的中国－东盟合作关系为职业教育交流与合作提供了良好基础

中国与东盟具有天然地缘和人文近通的优势，尤其是近10年中国－东盟经贸合作互利共赢获得广泛认同，并取得卓越成效。2010年1月1日，中国－东盟自由贸易区建成，中国与东盟贸易额均以20%的速度递增，据中国海关统计，2018年中国与东盟贸易额达到5 878.7亿美元，中国向东盟出口3 192.4亿美元，中国从东盟进口2 686.3亿美元。中国－东盟自由贸易区作为世界上三大自由贸易区之一，成为世界上人口最大、发展中国家最大的自由贸易区，其涵盖11个国家、19亿人口和1400多万平方公里面积；中国、缅甸、泰国、越南、老挝、柬埔寨、马来西亚和新加坡8个国家共建共享开发“中国－中南半岛经济走廊”，起点为中国广西南宁和云南昆明，终点为新加坡，是沟通太平洋和印度洋的路上桥梁，是陆上丝绸之路和海上丝绸之路的连接纽带，是中国与东盟合作的跨国经济走廊。自该经济走廊建设以来，中国－东盟合作取得了重要进展，一是积极连通与中南半岛各国的陆上通道建设，到2016年年底，广西境内已开通12个通往中南半岛的国际公路通道节点，11条客货运输线路；二是加快对中南半岛各国的投资贸易，截至2018年底，中国和东盟双向累计投资额达到2 057.1亿美元，东盟成为中国企业对外投资的重点地区；三是中国与中南半岛各国的产能合作良好，中老、中泰铁路已经启动实施，中国企业在中南半岛纷纷投资建设钢铁厂、水泥厂、玻璃厂；四是开启了人民币在中南半岛区域化进程，中国与泰国、马来西亚和新加坡签署了双边货币交换协议。此外，1992年成立的大湄公河（由中国、缅甸、老挝、泰国、柬埔寨、越南六国共同参与）次区域经济合作机制，经过近30年的发展，成员国间合作不断拓展，涵盖交通、能源、通信、环境、农业、人力资源开发、贸易、旅游、经济走廊等项目，投入资

金总额约 100 亿美元，对次区域各国经济发展起到重要的推动作用。中国政府结合湄公河次区域国家发展需求，积极参与交通、电力、电信、环境、农业、人力资源开发、卫生、旅游、贸易便利化和投资、禁毒等合作，推动次区域国家的繁荣与稳定。图 8 –1 所示为 2019 年 10 月 18—20 日广东农垦集团公司董事长陈少平陪同国家农业农村部部长韩长赋考察广垦橡胶集团橡胶种植园。

图 8 –1　国家农业农村部部长韩长赋考察广垦橡胶泰国企业

此外，为共同实现“五通”，即政策沟通、设施连通、贸易畅通、资金融通和民心相通的愿景，中国与东盟加强了在电力、金融、港口建设等方面的合作，如：基础设施建设合作方面，中国南方电网与越南、老挝、缅甸、泰国等开展电力贸易；资金融通合作方面，中国与新加坡等国共同投资建设亚洲基础设施投资银行，中国出资 400 亿美元成立丝路基金，优先支持东盟海上丝绸之路基础设施建设，并向东盟提供 100 亿美元优惠贷款；人文交流合作方面，中国与东盟开展各种文化交流活动，促进双方人文交流，增进民间友谊，开展中国与东盟高等教育合作，共建教育共同体；等等。这些都为中国 –东盟职业教育交流与合作提供了良好基础。

二、东盟经济转型升级对技术技能人才培养提出了新要求

在全球经济增长放缓形势下，东盟国家成为世界经济增长的一个亮点，根据《东盟 2018 年统计年报》，2010—2017 年东盟整体经济增长率为 5.2%，其中柬埔寨、缅甸两国 GDP 增长超 7%，菲律宾、越南两国 GDP 超 6%，印度尼西亚和马来西亚 GDP 增长率达 5% 以上。在世界经济增长放缓和出口贸易严重受阻情况下，东盟国家推出扩大内需和刺激经济的政策措施，扩大基础设施投资，国内需求成为经济增长的动力，同时为了应对国际金融危机，东盟各国积极调整中长期经济发展战略，实施经济充足和结构调整，加快经济转型和产业升级的步伐。印度尼西亚提出重点建设六大经济走廊，即爪哇走廊、苏门答腊走廊、加里曼丹走廊、苏拉威西走廊、巴厘和努沙登加拉走廊、巴布亚和马鲁古走廊，重点发展服务业和高科技产业，同时振兴钢铁、汽车、天然气、棕榈油、石油化工等产业；马来西亚提出发展教育、保健、批发零售、电子电器等行业，大幅度提升服务业比重。2010—2018 年东盟服务业比重年增 6%，到 2018 年东盟服务业整体比重占 GDP 总额 50.1%。

与此同时，东盟各国正处于经济转型升级的关键阶段，技能型人才短缺已成为东盟经济转型升级的瓶颈。东盟各国重点产业包括农业、渔业、林业、制造业、建筑业、零售业、酒店业、交通运输业、通信业、金融保险业、采矿业、电力等行业。根据《东盟一体化报告（2019）》，东盟 2018 年国民生产总值达到 3 万亿美元，成为世界第五大经济体，成为全球贸易的发动机，其贸易总额达到 2.8 万亿美元。随着全球兴起的工业 4.0 革命，东盟各国提出了参与数字经济时代的挑战和措施，各国对数字化时代的认识不够，缺乏数字技术的专家与人才成为阻碍东盟各国发展数字经济的瓶颈，加强对数字经济人才的培养与培训成为东盟职业教育发展的关键。东盟教育部长会议秘书长瓦林佐拉（DR. Ethel Agnes PValenzuela）提出，东盟各国开展职业教育合作尤其重要，因其对各国开发人力资源极为关键。文莱教育部部长哈吉苏拉曼认为，职业教育发展对东盟至关重要，未来东盟应提升职业教育的有效性，应建立职业教育的生态系统，通过投资和改进硬件设施提升信息化教学能力，提升学生技能，适应未来新兴就业市场的需求，应紧跟工业发展的趋势，开发新的课程，提升教师能力，促进终生教育。

三、中国优势产业"走出去"势能对高职教育形成了巨大拉力

随着"一带一路"倡议的持续推进，中国企业对东盟投资逐年增加，东盟国家已成为中国企业海外投资的主要投资地之一。根据商务部《中国对外投资发展报告（2018）》及中国驻东盟使团经济商务参赞处提供的数据，中国2017年对外投资增速最快的地区为东盟，占中国对外投资总额的8.9%；2018年中国对东盟累计投资890.1亿美元，东盟对华累计投资额1 167亿美元，东盟成为中国第二大对外投资目的地。另据海关统计，2018年，中国与东盟贸易额高达5 878.7亿美元，同比增长14.1%，成为继欧盟、美国之后的中国第三大贸易伙伴。

坚定发展与东盟的友好合作关系，进一步加强"一带一路"倡议与东盟区域战略和东盟国家发展规划对接，是中国面向东盟推进"一带一路"建设的工作方向，完全符合东盟国家意愿，得到东盟国家的强烈回应。中国在老挝修建的中老铁路，正在使老挝从"陆锁国"变成"陆联国"；在印度尼西亚，雅万高铁连接印尼首都雅加达和旅游城市万隆，最高设计时速350公里，正成为推动印尼经济社会发展的重大工程；中国企业在越南投资兴建的海阳燃煤电厂是"一带一路"倡议与越南"两廊一圈"规划对接的重大项目；在柬埔寨，中国正兴建金边第三环线公路；在文莱，中国帮助文莱创下渔业养殖多个第一，包括第一个出口国外的鱼产品货柜、第一个规模化鱼苗养殖基地、第一个深水网箱养殖基地；中泰两国央行签署规模700亿元人民币的双边本币互换协议，中国向泰方提供500亿元人民币合格境外机构投资额度，在曼谷设立人民币业务清算银行。

中国在东盟投资涵盖电力生产供应、采矿、批发零售、制造、租赁、商务服务、建筑、金融、交通运输、仓储、农林牧渔等领域，中国对东盟的投资为促进区域内各国经济增长、带动就业发挥了积极作用。同时，新兴产业的发展，尤其是中国先进的工程制造、交通运输、电子商务服务、智慧农业等产业在东盟的快速增长与发展，对东盟各国人才需求提出了更高要求。东盟各国职业教育难以满足新兴产业人才培养需求，加强与中国职业教育合作，联合培养新兴产业高素质技能人才，成为中国与东盟各国职业教育合作的动力。

四、“一带一路”倡议下教育必须先行

自“一带一路”倡议提出以来，东盟作为中国与沿线国家合作的重点区域，已成为各领域建设的先行者。特别是2016年7月，教育部印发了《推进共建“一带一路”教育行动》（以下简称“教育行动”）。“教育行动”指出，“一带一路”沿线国家教育加强合作、共同行动，既是共建“一带一路”的重要组成部分，又为共建“一带一路”提供人才支撑。肯定教育在共建“一带一路”中的基础性和先导性作用，教育交流为沿线各国民心相通架设桥梁，人才培养为沿线各国“五通”提供支撑。“教育行动”提出了三方面重点合作内容，对接沿线国意愿，互鉴先进教育资源，全面推动各国教育提速发展：一是开展教育互联互通合作，加强政策沟通，合作渠道畅通和语言互通，推进民心相通和学历学位认证标准连通；二是开展人才培养培训合作，实施“丝绸之路”留学推进计划、合作办学推进计划、师资培训推进计划和人才联合培养推进计划；三是共建丝路合作机制，加强人文交流高层磋商、充分发挥国际合作平台作用，实施“丝绸之路”教育援助计划。合作交流是沿线各国共建“一带一路”教育共同体的主要方式。

延伸阅读6

教育部关于印发《推进共建“一带一路”教育行动》的通知

教外〔2016〕46号

各省、自治区、直辖市教育厅（教委），各计划单列市教育局，新疆生产建设兵团教育局，部属各高等学校，部内各司局、各直属单位：

为贯彻落实中办、国办《关于做好新时期教育对外开放工作的若干意见》和国家发展改革委、外交部、商务部经国务院授权发布的《推动共建丝绸之路经济带和21世纪海上丝绸之路的愿景与行动》，我部牵头制订了《推进共建“一带一路”教育行动》，并已经国家教育体制改革领导小组会议审议通过。现印发给你们，请结合实际认真贯彻执行。

教育部

2016年7月13日

……

文件提出：中国倡导沿线各国建立教育共同体，聚力推进共建“一带一路”，首先需要中国教育领域和社会各界率先垂范、积极行动。(1) 加强国内各部门各地方的统筹协调工作，有序开展“一带一路”教育合作交流。推动中国教育治理体系完善、相关法律法规修订和教育综合改革，提升中国开展“一带一路”教育行动的质量和水平。教育部与国家发展改革委、外交部、商务部等部门和全国性行业组织紧密配合，围绕共建“一带一路”大局，寻找合作重点、建立运行保障机制，畅通教育国际合作交流渠道，对接沿线各国教育发展战略规划。(2) 突出地方推进共建“一带一路”的主体性、支撑性和落地性，要求各地发挥区位优势和地方特色，抓紧制定本地教育和经济携手走出去行动计划，紧密对接国家总体布局。各级学校有序前行。(3) 各级各类学校秉承“己欲立而立人”的中国传统，有序与沿线各国学校扩大合作交流，整合优质资源走出去，选择优质资源引进来，兼容并包、互学互鉴，共同提升教育国际化水平和服务共建“一带一路”能力。

“一带一路”教育行动通过教育合作交流，培养高素质人才，推进经济社会发展，提高东盟各国人民生活福祉，是双边共同的愿望。通过教育合作交流，扩大人文往来，筑牢地区和平基础，是双边共同的责任。中国愿与东盟各国一道，秉持开放合作、互利共赢的理念，共同构建多元化教育合作机制，制订时间表和路线图，推动弹性化合作进程，打造示范性合作项目，满足各方发展需要，促进共同发展，共建教育发展命运共同体。

伴随着“人类命运共同体”构建，中国高职教育走进“一带一路”沿线国家特别是东盟国家是必然选择，也必须先行；“一带一路”建设倡议，最基础、最先行的是教育、科技、文化；而从生产要素流动规律看教育要素的流动，中国高职院校走进东盟是完全可能的，并以此作为国际化交流、输出的重点。中国与东盟开展职业教育交流合作，在促进当地产业优化升级的同时，促进双方人文交流，增进民间友谊，将进一步促进中国与东盟的合作共建共享关系。以良好的教育共同体，促进“人类命运共同体”的构建。

当然，美好愿景下，高职院校“走进东盟”国家也面临许多困难。一是多个国家、多个民族文化背景，不同的社会管理制度特别是教育管理制度等，都需要研究相应模式、举措。二是当下“内热外冷”现象仍然存在。高职院校服务东盟不应是中国一个国家的“独奏曲”，而是中国和东盟各国的“大合唱”。由于历史和政治等方面的原因，如何使东盟各国心甘情愿、积极主动地接受中国的橄榄枝，仍是一个重大挑战。因为高职院校实践中遇到合作方由于经济条件等只求给予、只讲帮助，“免费”的情况还常常出现。三是高职教育系统对东盟国家高职教育市场需求调研缺乏，对东盟各国经济所需要的技术技能人才和职业教育嵌入方式了解不足。对外合作项目的风险评估机制也不健全。东盟各国以新兴经济体和发展中国家居多，是当今世界地区安全热点问题较为集中、地缘政治矛盾比较复杂的地区，政治、安全和市场方面的风险较高。因此，如何建立有效的合作项目风险评估体系，是高职院校开展东盟合作中亟待解决的问题。四是高职院校国际合作能力还有差距，如基础条件相对薄弱、结构相对单一、自身特色不鲜明、教育品牌影响力缺失等，再加上“四面开花”或“急于求成”“为国际化而国际化”等做法导致效果差。五是政府和行业的支持不够。总体上而言，目前中国高等职业教育的对外输出还处在起步阶段，高职院校作为输出的主体，其自身的能力和资源是有限的。这不仅需要政府完善双边职业教育合作方面的制度和法规，如双边国家学历互认，东盟国家留学生奖学金制度，留学生服务和管理制度等，还要借助行业的力量特别是标杆企业在开拓职业教育服务市场，提高专业输出水平方面给予高职院校支持与帮助，等等，以上问题与困局，都需要上下协力破解，需要在探索发展中解决。

新闻链接 11

广东农工商职院赴东南亚贯彻落实“一带一路”教育行动

2017 年 6 月 10—17 日，广东农工商职业技术学院党委书记杨群祥一行 6 人应邀前往新加坡和马来西亚开展国际教育合作交流，取得了一系列具体成果。中国驻马来西亚古晋总领馆总领事付吉军认为，广东农工商职业技术学院与马来西亚开展的教育合作，“填补了我国与马来西亚高职教育领域交流与合作的空白”，是“贯彻教育部《推进共建‘一带一路’教育行动》行动最快的一所高职院校”。

农工商学院与砂拉越科技大学签署合作备忘录

中国驻马来西亚古晋总领馆总领事付吉军，以及马来西亚砂拉越州第二财政部长兼国际贸易及电子商务部部长拿督斯里黄顺舸，马来西亚诗巫市市长拿督张泰卿立委，马来西亚华校董事联合会总会主席天猛公拿督刘利民，马来西亚留华同学会砂拉越总会会长拿督刘乃好，全球营销联盟主席、新加坡营销学会主席袁伟成等领导和嘉宾，见证了广东农工商职院与马来西亚、新加坡相关教育领域合作与交流的仪式，并开展了深入合作洽谈。马来西亚《联合日报·美星日报》《星洲日报》《诗华日报》分别在各报的中、英文大版面做了报道。

农工商学院与新加坡营销学院签订合作意向书

1. 填补中马高职教育领域交流合作空白

广东农工商学院到访了马来西亚砂拉越科技大学和莱拉泰益学院。双方致力于通过加强教师、学生、专业技术人员以及管理人员在教育、学术和文化领域内的交流活动，扩展和深化合作项目，搭建区域职业教育协同育人共享平台。在马来西亚砂拉越科技大学挂牌“国际交流合作中心”，双方就设立联合研究学习中心，落实教师交换项目和学生交换项目，合作开设新专业和新课程，开展双边企业实习项目等进行了深入探讨，并以涉农类专业为纽带，共同建设适合当地产业需求的新专业、新课程；在砂拉越莱拉泰益学院商讨了开展师生交换项目，以及共建协同育人合作机制。

中国驻马来西亚古晋总领馆总领事付吉军等为
农工商学院与砂科大合作的国际交流中心揭牌

2. 搭建广东农工商职院与新加坡高校的合作桥梁

广东农工商学院作为全球华人营销职业教育委员会的牵头单位，杨群祥书记还出席了全球品牌策划大赛开幕式并发言，看望了广东农工商学院荣获大赛全球金质奖的国际交流学院师生团队，出席了全球营销品牌策划大赛及全球华人营销联盟论坛会议。在大赛开幕式上，举行了广东农工商学院与新加坡营销学院（亚太地区 18 家市场营销专业组织组成的亚太营销联邦的教育总部）合作的“国际交流合作中心”揭牌仪式，并签署了合作谅解备忘录。还与新加坡营销学院签署了市场营销专业姐妹专业关系框架协议等。

农工商学院学生代表队荣获“2017 年全球品牌策划大赛”总决赛金奖

3. 深化与马来西亚留华同学会的战略合作伙伴关系

广东农工商学院与马来西亚留华同学会砂拉越总会就建立教育战略伙伴关系进行了深入洽谈，双方签署了教育合作协议，包括共同招收马来西亚学生到广东农工商学院就读、广东农工商学院专业教学团队为砂拉越提供技术培训、开展两国现代农业技术和旅游合作与交流，提升砂拉越地区的产业发展、促进文化交流、拓展教育合作领域等。

农工商学院与马来西亚留华同学会砂拉越总会签署教育战略伙伴关系协议

4. 建设新一批东南亚学习中心和实习项目

广东农工商学院还在广垦橡胶（婆联）有限公司成立了马来西亚学习中心，设立了实习基地。这是继广东农工商学院在广垦橡胶集团公司东南亚有关分公司建立泰国和柬埔寨“东南亚学习中心”和在泰国、柬埔寨、马来西亚建立8个实习实践基地之后，又一批新建的学习中心和实习基地。广垦橡胶集团董事长陈茗、广垦橡胶（婆联）有限公司总经理赖雄辉、马来西亚婆联木业有限公司董事长黄国忠等对广东农工商学院在婆联公司建立东南亚热带农业职业技术教育基地、马来西亚学习中心表示高度认可，希望各分公司领导给予积极支持，并就如何更好地利用好农工商学院的教育资源，进一步落实好垦区海外企业管理骨干培训项目、开展专业技术技能培训、广东农工商学院教师在婆联公司挂职锻炼、选派优秀学生实习等进行了深入商谈。

农工商学院在广垦橡胶（马来西亚婆联）有限公司举行“马来西亚学习中心”“东南亚热带农业职业技术教育基地”挂牌仪式

（来源：广东省教育厅网站，2017 年 9 月 12 日，有删减）

第二节　高职院校顺势而为创新国际化办学

“一带一路”倡议、中国－东盟密切互动，促进经贸、人文、教育交流，而资本、生产要素的区域间流动必然带来了教育资源要素的流动。高职院校应当抢抓机遇、顺势而为，提升国际化办学水平。正如《试点省意见》提出的，实施职业教育“走出去”战略，积极向港澳、东南亚等地区输出广东省优质职业教育资源，加强对外交流合作。东盟国家是“一带一路”中的重要门户，从“一带一路”倡议可以看出，中国高职教育走向东南亚、面向东南亚开展国际交流与合作具有重要意义，并将在服务东盟国家职业教育交流与合作率先取得成功，推动中国高职教育成为世界职业教育高地。

一、中国高职教育将成为类型教育的世界高地

《国家高等职业教育发展规划》指出：加强国际交流与合作是高等职业

教育适应经济全球化要求和国家“走出去”发展战略需要的必要选择，对提升我国高等职业教育国际知名度和国际化水平具有重要意义。高职院校的国际化不是简单的对外合作，而是包含着教育理念、校园文化、人才培养模式、专业标准、课程体系、教学方法、师资队伍、实训基地和毕业生就（创）业等领域，是全过程全方位的国际性的深度融合。反之，高职院校学习、借鉴、引进、吸收国际先进教育理念是必要的，但更重要的是要在此基础上实现创新与教育输出。高职院校的国际化要与产业发展、企业结合，才能真正“走出去”，并走得更实、更高、更好。所以，高职院校凭借自身专业优势、主动服务产业的同时，要积极利用国际教育资源要素来开展职业教育实践活动，才能持续地推进自身的国际化进程。而且资本、生产要素在全球范围内的自由流动和优化配置，必将带来教育要素的流动与整合。换句话说，我国经济发展对东盟形成辐射带动的同时，国内的优质教育资源要素也具备向东盟国家流动的必要性、可能性，并可预期未来我国在文教、科技等领域将对东盟形成巨大的影响。因此，伴随着“一带一路”倡议，中国高职教育走进东南亚是必然选择，必须先行。而从生产要素流动规律看教育要素的流动，中国高职教育走进东盟是完全可能的！

综上研究所得，笔者判断，高职院校国际化的未来有“三个可能”：中国是人口大国也是职业教育大国，在不久的将来可能成为世界职业教育强国。中国应该有这担当，向世界职业教育输出中国经验、中国方案。高职院校是重要支撑点；中国高等职业教育相较普通高等教育更具创新力，更具活力，更有可能成为类型教育的世界高地；中国高等职业教育将首先在服务东盟地区乃至“一带一路”沿线国家中取得较大突破，至 2035 年将可能成为高职教育的领航者，为提前实现教育强国的“中国梦”做出贡献。

二、优化顶层设计与协同推进

中国要建设高职教育的世界高地，就必须政府主管部门、职业教育研究机构做好顶层设计、政策引导，高职院校协同努力，分步、分类、分项推进；各职业院校错位发展、循序渐进。

1. 政府做好顶层设计，完善监督评价

建立健全高职院校国际化办学运行机制，政府、行业主管部门、院校、企业应当共同做出努力。政府、行业主管部门及教育研究机构等，通过完善制度、政策扶持、办学指南等合力推动国家职业教育国际化战略；院校和企业等机构合作实施国际化办学战略。沈阳师范大学教育科学学院教授韩玉在

《日本高职教育国际化办学战略探析》一文中介绍了日本官民合力推动高职教育国际化的做法，面对经济全球化、跨国优秀人才的竞争日益激烈、对技术人员的要求越来越高的国际形势，日本中小企业想尽办法留住“亲日”优秀留学生，希望他们毕业后留在亚洲各地的日资企业工作，而高职院校国际化办学是实现其利益诉求的根本路径。本着官民一体促进国际合作的战略思想，日本通过《教育振兴基本计划》等政策，管理、引导中小企业招揽优秀留学生，并通过就业援助体系建设促进学校、企业和留学生相互了解，增强企业的理解、支持和参与。在各大使馆及海外公共办事机构的合力推动下，建设海外实习基地和宣传网。面向中小企业等人力资源管理负责人开展研讨会，促进其认识“出口”国际职业教育方案，并共同开发该方案。除此之外，还与海外企业开展合作教育培养国际技术人才；建立并实施海外企业短期实习制度，进行问题发现解决型实习训练；多机构联合举办机器人大赛、程序设计大赛、服装设计大赛等技术大赛活动；定期举办技术咨询会、企业合同说明会等活动，与海内外产业界联合培养国际高技能应用型人才；等等。日本高职教育国际化举措值得我们学习借鉴。

总体讲，中国高职院校国际化办学仍处于“雏形”，国际化水平不高，但极有希望未来几年在与东盟国家职业教育合作中获得显著成效。因此，为了进一步推动中国高职教育“走进东盟”，建议政府有关部门重点突破：制定系统科学的战略发展规划，完善相关政策法规体系的建设，加大经费投入并完善投入机制，建立多元参与的质量评估体系，加强科研力量并完善平台建设，具体做好以下四个方面的工作。

（1）把高职教育“走进东盟”作为“一带一路”倡议的重要组成部分，加以重视，引导社会共识，使之更加可为。《推进共建“一带一路”教育行动》明确提出：“中国倡导沿线各国建立教育共同体，聚力推进共建‘一带一路’，首先需要中国教育领域和社会各界率先垂范、积极行动，加强协调推动。加强国内各部门各地方的统筹协调工作，有序开展‘一带一路’教育合作交流。推动中国教育治理体系完善、相关法律法规修订和教育综合改革，提升中国开展‘一带一路’教育行动的质量和水平。教育部与国家发展改革委、外交部、商务部等部门和全国性行业组织紧密配合，围绕共建‘一带一路’大局，寻找合作重点、建立运行保障机制，畅通教育国际合作交流渠道，对接沿线各国教育发展战略规划。”笔者认为，推进“一带一路”教育行动、共建教育共同体，建设高职教育东盟合作体是重中之重，需要先有此共识！

（2）加强高职教育“走进东盟”的规划设计和统筹安排，使之错位推进、更加有效。包括区域、国家与高职院校的选择、成立协调机构等，避免高职院校国际化办学，特别是“走出去”办学陷入无序竞争。建议由国务院职业教育工作部际联席会及其下设机构进行统筹协调。

（3）完善高职教育“走进东盟”的配套政策和工作指南，尤其是经费资源的合理配置，使之发挥孔子学院不可替代的作用。可以说，职业技能培养是“民心相通”工程，要比语言类培训更符合国家战略，更符合当地尤其是东南亚国家的需要而更受欢迎。但目前，“中国－东盟合作基金”“亚洲区域合作专项资金”等每年都面向普通本科院校资助多项培训和交流项目，东盟籍留学生也只有本科院校的学生可以获得中国政府提供的奖学金等，这些是不足够的，需要重点突破顶层设计。根据《推进共建“一带一路”教育行动》：“未来 3 年，中国每年面向沿线国家公派留学生 2 500 人；未来 5 年，建成 10 个海外科教基地，每年资助 1 万名沿线国家新生来华学习或研修。”笔者认为此项工作应考虑甚至优先考虑高职院校，并将普通本科院校创设海外孔子学院转为高职院校在海外创设职业分校、培训中心；招收国外留学生资助任务由普通本科院校转由高职院校承担等。

（4）开展第三方机构考核评价。一方面是做好对外国际化办学的风险评估，另一方面做好高职院校国际化办学的质量监控。据《中国教育报》报道，老挝导游郑女士有点烦恼，因为她的女儿在中国并没有学好汉语。“现在在老挝，如果你拥有一口流利的汉语，会找到很好的工作。”郑女士说，所以去年她把女儿送到云南的一所职业学院去学习汉语。然而，一年下来，女儿的汉语并没有学好。无奈之下，她决定让女儿退学，准备下半年把女儿送到新加坡的学校去学习汉语。“听说那边的教学要严格得多，能够真正掌握流利的汉语。”郑女士的烦恼，反映了当前我国高职院校中外合作办学在教学质量上存在的一些问题。在国内办国际化项目尚且如此，走出去又如何控制？目前，部分高职院校的国际合作办学，更多的是追求了“形式上”的国际化，而忽视了“实质上”的国际化。很多高职院校师资的国际化水平较差，最基本的英文教学可能都达不到，而在课程设置、教材编写、教学理念上更多的是中国传统应试式、填鸭式的，根本没有与国际接轨。因此，中国可以借鉴发达国家已经形成的一些成熟做法，如英国高等教育质量委员会（HEQC）、高等教育质量保障局（QAA）及澳大利亚大学质量局（AUQA）等机构的做法，建立完善质量评估机制，对高职院校整体的教育质量，特别是国际化办学项目教育质量进行监管和评价，并要求高职院校内部也相应设立合作办学项目质量监控部门，严格依据合同协议，加强对合同协议所规定具体条款实施过程的日常监控。

2. 高职院校错位发展、协同推进

高职院校国际化是每所院校必须努力的方向，但由于所处区位不同、办学历史、办学条件及办学基础、办学目标不同，对国际化的要求程度不同。对于“一流”高职院校必须在“走出去”上有所担当，而对于刚创办的高职院校则应树立国际视野，努力学习借鉴国际先进职业教育理念与方法。但就总体而言，应该做到以下几点。

（1）高职院校要明确国际化办学的“初心”与“担当”。石伟平教授在《职业教育国际化水平和国际竞争力提升：战略重点及具体方略》一文中指出，职业教育国际化水平和国际竞争力的提升是当前国际职教界聚焦的核心问题，是倒逼职业院校办学要素系统优化的重要契机，是服务国家对外战略的重要基础。提升职业教育国际化水平和国际竞争力，需要把握好“适应规则”与“制定规则”的关系、“引进来”与“走出去”的关系、“顶层设计”与“基层创新”的关系。高职院校国际化办学是响应国家倡议、服从国家产业发展战略需要，担当起职业教育骨干与引领作用，担当起中国职业教育迈向世界职业教育强国的重任。特别是近些年，中国优势产业、标杆企业走出去的越来越多，中国产品走出去的越来越多，必须加快发展与中国企业以及产品走出去相配套的职业教育发展模式，使走出去的企业获得更好的技术服务和人力资源支撑，使中国产品的国际市场能够更加巩固、更加高效和有更大的发展潜力。同时，国际化办学将产生“鲇鱼效应”。高职院校要把国际化办学当作一种文化来培养，以国际化倒逼、激活自身管理机制创新、人才培养模式改革、学生服务、课程资源建设、教师培训、文化建设、后勤管理等工作。

延伸阅读 7

国际农牧业高等职业教育联盟简介

国际农牧业高等职业教育联盟是由成员单位自愿结成的非营利性国际行业组织。联盟的使命是：携手为各国现代农牧业发展培养优秀高技能人才，推进食品质量安全。联盟的愿景是：相互交流、相互合作、共同进步，打造具有国际影响力的农牧业高职教育联合体。

2016 年 10 月，由江苏农牧科技职业学院牵头，广东农工商职业技术学院等全球 18 所农牧院校共同签署了《泰州协议》，发起成立国际农牧业高等职业教育联盟。2018 年 9 月 14 日，来自美国加州大学戴维斯分校、澳大利亚新南威尔士西澳学院、加拿大奥兹学院、比利时列日大学、南非马卢提职业技术教育培训学院等25个国家和地区74所高校的193名代表，在江苏省泰州市讨论通过了联盟组织架构和联盟理事会成员名单及会议议程，正式成立了国际农牧业高等职业教育联盟。

国际农牧业高等职业教育联盟筹备会合影

（2）高职院校要明确国际化办学区位的策略。《推进共建“一带一路”教育行动》强调：“各级学校有序前行。各级各类学校秉承‘己欲立而立人’的中国传统，有序与沿线各国学校扩大合作交流，整合优质资源走出去，选择优质资源引进来，兼容并包、互学互鉴，共同提升教育国际化水平和服务共建‘一带一路’能力。”换句话说，不同类型、不同区位的职业院校，以及针对不同时期、不同国际职业教育市场要实施不同的对策。如近十年，在与美、英等发达国家的职业院校开展竞争时，可以利用中国汉语和学科特色，在较发达国家教育市场上争取以“补缺者”角色输出中国的职业教育；而对东盟等发展中国家职业教育市场，则可以利用中国优势产业特别是在制造技术、高铁技术、工程建设技术、农业技术、通信技术和人力资源中的相对优势积极开拓职业教育项目，输出标准、输出优质职业教育资源。事实上，中国－东盟职业教育交流与合作中，东盟国家如新加坡、马来西亚、泰国等一些先进的教育理念和优质的教育资源值得为我所学、为我所用。同时，根据国民生产总值、人均GDP及教育毛入学率等多项指标，我们还可以将东盟职业教育分成三个层次：第一层次是教育发达国家，有新加坡、泰国、马来西亚、菲律宾；第二层次是教育中等发达国家，有印度尼西亚、越南、缅甸；第三层次是教育欠发达国家，有老挝、柬埔寨等。无论是面向哪一层级教育发展状况的东盟国家，高职院校都可以采取“引进来”“走出去”相结合的战略。

（3）高职院校要提高自身的资源整合力和国际交流能力。据《中国教育报》对“我国高职院校‘走出去’现状调查分析”报道（2014年9月5日第5版），当前高职院校国际化“缺乏具有国际视野的人才，是当前我国高职院校开展对外交流合作的一个瓶颈。建设国际化的高职专业人才队伍，迫在眉睫；在课程设置、教材编写、教学理念上应该更多与国际接轨，质量保障与监控体系亟须建立”等。因此，中国高职院校提升国际化合作与交流能力势在必行，其路径主要有：创新组建职教联盟（专业组织或集团）以增强资源整合力、聚焦优势专业以夯实品牌锻造力与国际竞争力、依托大型跨国企业以扩大国际影响力，以及培养建设一支国际化师资与管理团队。

（4）高职院校要优选国际化项目。项目是国际化办学的重要抓手。除本书前面提到的几所院校的典型经验外，高职院校目前可以通过主动担当或参与“1+X”证书研制来推进国际化项目，在区域乃至国际职业教育市场上树立标准体系，做大做强中国高职教育。因为，随着“职教20条”的颁布，一系列政策、举措相继出台，包括“双高计划”等，尽管这些政策举措同样没有提出高职院校国际化的具体要求，但提质培优的结果可以肯定将有一批中国高职院校实现“国际能交流”“国际有影响”甚至达到国际先进水平，成为世界职业教育领跑者的目标。基于此，更有理由认为“1+X”证书或将是中国职业教育通向国际的重要名片。原因之一，目前职业教育国际交流与合作中，中国缺乏“硬通货”，包括专业标准、课程包等；原因之二，我国现有的职业教育资格证书在国际社会上的通用性较差，不利于高职教育办学“走出去”“引进来”；原因之三，当下按照“职教20条”要求，举全国职教及校企合作力量分期分批开发的“1+X”证书有可能改变这一状况。“1+X”证书制度中，“1”为职业院校人才培养质量的全面反映，是人力资源的重要标志；“X”为若干职业技能等级证书，是毕业生、社会成员职业技能水平的凭证，反映职业活动和个人职业生涯发展所需要的综合能力。同时，“1+X”证书倒逼教材、教法等方面的改革。在“职教20条”背景下所推行的“1+X”证书制度，虽然其初衷是希望通过技术技能人才培养培训模式和评价模式等方面的改革创新，彻底打通学历教育和职业培训之间的壁垒，解决长期以来国内职业教育与经济社会发展脱节等问题，但其结果，由于深度的产教融合与校企合作，以及全面推进教材、教法的改革，将可能形成若干个通往国际的“名片”即具有国际标准的“X”证书，真正成为提升中国职业教育话语权和输出中国模式、中国方案的突破口！当然，能否成功实现，又取决于三个前提，这是特别重要的：一是必须对标国际职业技能标准进行开发，可以是国际职业资格没有的项目，但不能偏离国际通用规则和国际职业技能标准的范式；二是必须是具有国际优势产业（如通信、高铁、港口建设、工程建筑、电子商务、市场营销等）支撑、行业认可度高的；三是必须由行业标杆企业（有实力的社会评价组织或协会）牵头共同研制、有实力持续改进的，拥有这些证书的人员能够“国际流通”、广受欢迎。这也是笔者强调“1 + X”证书制度研制是必须注意的顶层设计的缘故！并大胆提出，应聚焦中国优势产业，联合行业标杆企业和全国高职教育力量，先“抱团”研制若干个优质“X”证书（事实上也不可能包括所有“X”证书）推向国际。展望预期，如果能够有一批中国职业教育“1 + X”证书被国际认可、广泛应用，输出方案，中国也就成为世界职业教育高地了！

综上所述，中国 - 东盟互联互通建设作为一个系统工程，在共建进程中，高职院校利用自身人才培养和科研创新优势，紧密结合互联互通建设现实需要，培养适应“一带一路”倡议发展的高素质技术技能人才，为东盟各成员国提供技术培训，促进更多的师生及技术交流等人文互动，必将成为“一带一路”倡议的重要支持力量。同时，随着美国、日本、澳大利亚等国在东南亚地区展开的实力竞争，东盟国家职业教育也将成为多方角力的竞赛场。对此，中国高职院校应有充分准备。

案例分享 14

服务“一带一路”校企共建海外大学　谱写职业教育“走出去”新篇章

无锡商业职业技术学院积极融入“一带一路”建设，大力实施国际化办学品牌工程，历经校企合作共建海外培训中心、开展留学生学历教育、创办海外大学三个发展阶段，走出一条具有鲜明特色的三步渐进式海外教育合作发展之路。

2012 年，学院联合红豆集团在柬埔寨西港特区创建西港培训中心，免费举办 30 多个培训班，开设 10 多门培训课程，累计培训 6 万余人次，开创了中国高等职业教育走出去服务中资企业海外发展的先河。2018 年 1 月 11 日，在李克强总理和洪森首相共同见证下，学院与柬埔寨劳工与职业培训部、西港特区三方举行加强职业培训合作签约仪式。2018 年 10 月，为了持续稳定地为“走出去”企业提供高素质的专业技术人才，学院、红豆集团西港特区公司与柬埔寨劳工与职业培训部、西港特区公司联合创办了西哈努克港工商学院，成为中国首个校企合作股份制海外应用本科大学。2019 年 12 月，首批 23 名本科全日制学历生已正式开学，开设企业管理、物流管理、信息技术 3 个专业。同时，西港工商学院已纳入柬埔寨国民教育体系，可颁发本科和专科学历，是柬埔寨首个中文大学，培养适应柬埔寨当地经济、文化和社会发展需要的、掌握国际通用技术技能的应用型人才，将凸显“国际化、专业化、信息化和产教融合”四大特色，逐步打造成集“学历教育、职业培训、科技服务、人文交流”“四位一体”的应用技术大学。

值得一提的是，学院通过创新国际化办学，输出中国职教标准，开发制定的企业管理、物流管理和计算机技术 3 个专业人才培养标准，在西港工商学院、中柬友谊理工学院输出的 70 多项课程标准获得柬埔寨教育、青年和体育部认可，为柬埔寨培养高素质应用型专业技术人才提供了帮助，为中国高等职业院校“走出去”输出“中国职教标准”提供了有益的借鉴。

2018 年 1 月 11 日，李克强总理和洪森首相共同见证无锡商职院与柬埔寨劳工组织等合作签约仪式

无锡商职院党委书记杨建新与柬方代表合影

三、农工商学院继续布局东南亚，争当排头兵

“走出去”战略是党中央、国务院根据经济全球化和国民经济发展的内在需要做出的重大决策，是“一带一路”倡议下的必然要求。广东作为改革开放的桥头堡，通过与东盟签署《广东省人民政府与东盟秘书处合作备忘录》，确定农业、信息通信技术、能源与环境、物流基础设施等 11 个重点合作领域，积极实施“走出去”战略。广东农垦作为农业“国家队”，在实施农业“走出去”战略中扮演着示范者角色。农工商学院伴随广东农垦“产业走出去”，创新国际化办学取得了较好的开端。而在新的阶段、新的起点

上，农工商学院继续有担当，全面落实《试点省意见》精神，大力拓展职业教育国际交流与合作，大胆创新“走出去”战略，积极向港澳、东南亚等地区输出优质职业教育资源。

1. 高职院校国际化视野下的农工商学院发展愿景

农工商学院是广东省“一流”院校建设单位。近20年来，顺应国家职业教育发展大潮，农工商学院举办高等职业教育，乘风破浪、弄潮扬帆、励精图治、跨越发展，筑建了学院发展的新台阶。展望未来，学院将充分把握高职教育改革发展的大局大势，以“职教20条”和“扩容提质强服务计划”为指引，以作为类型教育的职业教育为办学方向，以中国特色高水平高职学校和专业建设计划为标杆，以“完善职业教育与培训体系”为重要任务，探索并建立以高职教育为主体、学历教育与职业培训相结合、国内与国际教育合作并举的办学格局，努力将学院打造成为一所“地方离不开、业内都认可、国际能交流”的“一流”高职院校。其中，培育成“国际能交流”、引领性强的高职院校是未来十年的战略目标，并将继续彰显“教育理念国际化、教师培养国际化、学生培养国际化、专业课程国际化、社会服务国际化、标准体系国际化”模式，在“引进、吸收、创新”基础上，主动推进“走出去”教育交流合作，主动对接国家“一带一路”倡议，积极开展与东南亚国家的教育交流合作项目。

案例分享15

拓宽国内外培训，培养国际化团队

广东农工商职业技术学院一直认为送外培训是“强师工程”的重要组成部分，是提升教师综合素质和教学能力的重要途径。近年来，学院在海外师资培训方面采取了一系列举措，包括积极争取国家外专局、省农垦集团公司的支持、帮助，多次成批地组织骨干教师赴美国、澳大利亚、新西兰、以色列、德国等职业教育发达国家进行培训。2019年8月，学院又一次组织了包括省级“一类品牌专业”——市场营销专业骨干教师在内的20名教师赴德参加为期21天的“工业4.0背景下的绿色技能开发”培训。培训既有系统的理论学习，也有丰富的实地参观，实现了理论与实践的有机统一。在理论教学上，有德国经济发展与外贸协会秘书长讲授的“德国职业教育培训中的教师管理”、德国职业教育联盟主席讲授的“德国职业教育中的质量管理”等；实践教学方面，实地考察了波茨坦手工业联合会

(HWK Potsdam) 培训中心、IHK Berlin 柏林工商协会、Peter-Ienne 职业学校等相关机构，全方位了解了德国职业教育体系，使教师们对德国的职业教育“双元制”及其未来发展包括农业科技有了较深的认识。

农工商学院送培教师课余时间与德国授课专家合影

送培教师集体合影

2. 农工商学院继续推进东南亚职业教育交流与合作的思考

中国高等职业教育深入走进东盟是必然的，广东农垦深耕东南亚橡胶园是坚定的，而农工商学院继续推进东南亚职业教育交流与合作也是毋庸置疑的（见图 8－2）。在新的历史阶段，农工商学院继续推进东南亚职业教育交流与合作应该有这样的思考。

图 8－2　杨群祥在 2019（第五届）中国职业教育国际合作峰会做主题演讲

（1）充分发挥农垦海外企业，以及全球华人营销联盟职业教育委员会、东南亚研究所、驻外使馆、马来西亚华人留学总会等平台作用，加强沟通联系，深入研究，主动服务，积极拓展合作领域，与东南亚国家院校建立更多的姐妹校、姐妹专业，实现与东南亚国家院校师生常态化交流、互访。

（2）服务广垦橡胶“产业走出去”，扩大招收海外留学生尤其是华人子弟，培训当地企业员工及其子弟。重点利用现有的三个东南亚学习中心，开设1～2个东南亚学生汉语教学点；在东南亚创办1所职业院校和若干所海外企业职工子弟学校等。主动出击，积极参与“中国－东盟博览会”“中国－东盟教育服务展”等平台活动，组织举办留学夏冬令营、短期汉语培训班、中华传统文化技艺学习等活动，邀请东盟国家有意前来我国留学的学生以及他们的家长参加，在活动中展示学院自己的办学特色、办学优势等，以此达到吸引东盟留学生前来就读的目的。努力争取“中国－东盟合作基金”“亚洲区域合作专项资金”和外国来华留学资助资金，以及东盟国家、合作院校与企业、商会社团类社会力量等为国际化合作项目提供奖教、奖学金，增强在东南亚的影响力和吸引力。

（3）适应“走出去”发展需求，加强师资队伍建设，包括：①选派优秀外语教师前往语言对象国，与合作院校进行课程方面的培训，派出的教师既可以选择进入班级跟学生一起学习、实训实习，还可以直接跟国外的优秀教师取经交流，主动参与对方的教学科研活动；②选派更多优秀专业骨干教师到国外优质大学访学交流、攻读博士学位，到海外企业挂职锻炼，进一步培养国际化“双师”队伍；③加大引进具有海外留学或工作背景的、通晓东南亚语种的专业教师，大胆聘用包括台湾在内的境外高层次人才，优先聘用东盟籍教师前来任教，可采取专职或兼职的方式，吸引外籍教师来院任教与交流，也有助于提高本院教师国际交流与合作能力。

（4）健全国际化办学管理机构，完善跨国学生教育管理制度。设置专门的机构以及配备专门人员，负责留学生的日常管理工作，使留学生们能快速找到解决问题的负责人；制定与完善专门的留学生管理条例，严格按照条例中的规章制度来处理留学生日常管理中遇到的各种问题，便于日后对留学生的管理工作做到有法可依、有章可循。

图8－3所示是2016年10月3日，农工商学院与俄罗斯契诃夫技术学院签订合作备忘录。

图 8－3　农工商学院与俄罗斯契诃夫技术学院签订合作备忘录

（5）主动发声，传播中国职业教育教育。包括：①每年定期召开中国与东南亚国家高职教育国际交流与合作高峰论坛，资助承办高水平的国际学术会议，扩大学院在相关领域中的国际影响力；②继续扩大东南亚语种类的课程教学，开拓更多的东南亚实习项目，推动专业教师赴海外企业技术服务和带动学生海外就业；③主动参与粤港澳大湾区教育交流合作项目，充分发挥专业优势，牵头研制粤港澳大湾区职业教育商科类专业标准等，发挥好职业教育“一带一路”桥梁作用；④在参与亚太经济合作组织（APEC）“职业技能系统开发绿色技能”项目并主持完成“农类专业绿色技能开发”子项目的基础上，拓宽其他专业（如商科类）领域的国际（或地区）标准研制，特色课程培训包建设与推广目前要主动担当与参与“1＋X 证书”研制来推进国际化项目，特别是依托国家级农业队优势和广东商贸流通国际影响力，开展热带作物生产技术、线上线下贸易技术等“X 证书”的研制，力争抢占制高点，辐射带动东南亚乃至全球相关领域职业教育；⑤主动担当，传播中国经验，输出中国职教标准，提升在国际舞台上的话语权，为世界高职教育贡献中国方案。

“一带一路”是人类命运共同体的时代梦想，国际化办学是高职院校“强校提质”的追梦之路。而服务“产业走出去”、实现“东南亚有影响”是农工商人的绿色梦想！这种势能来源于，农工商学院有一批又一批的“大山里的追梦人”！

学子心声

大山里的追梦人

大家好，我叫陈峰，现在在马来西亚广垦橡胶（婆联）有限公司工作。我曾是一名军人，在中国人民解放军部队服役过2年。退役后，在广东农工商职业技术学院学习深造3年。今天站在母校的舞台上与大家分享，看着台下的领导、老师、学弟学妹们，激起了我无限思绪，仿佛又回到了2012年。

7年前，我从脚下的这片土地出发，带着学院杨群祥书记在毕业典礼上的嘱托与祝福，告别相恋三年、感情笃定的同窗恋人，远涉重洋，辗转近3 000公里，来到了马来西亚沙巴州广垦橡胶（婆联）有限公司。说起沙巴，我想大家可能并不觉得陌生，浮现在脑中的第一句话可能是：沙巴是个好地方。不错，沙巴是一个旅游胜地，仙本那的深潜是世界潜水爱好者的天堂，美人鱼岛的沙滩是情侣们乐不思蜀的家园，神山的日出是摄影爱好者流连忘返的胜地。可是你可能想象不到距离沙巴首府亚庇仅200公里一个叫根地咬的地方，大山连绵，雨林茂密，距离赤道也不远，白天气温可高达40度，晚上却要盖着棉被，这里曾是“四不”地方（不通路、不通水、不通电、不通邮）。你可能会说5G都来到我们的身边了，还有这么落后的地方？但是还真有！这就是我工作的战地：广垦橡胶（婆联）有限公司。

天然橡胶是国家非常重要的战略物资，我国的对外依存度达到80%以上，当年，广东农垦积极响应国家“走出去”的倡议，在马来西亚沙巴州政府的邀请下，与当地华人一道，开山辟路砍芭种胶，开启了广东农垦的第二次创业，开始了农垦人海外种胶之梦。

为了广垦人心中的海外橡胶梦，我和我的同事们一起，以超越如今“996”工作法的农业种植产业节奏，起早贪黑，没有节假日、没有休息日地劳动着。只要能下地，我们都是埋身在橡胶地里。7年了，2 500多个日日夜夜，同事们换了一批又一批，而我坚持了下来，到今年，我们广垦婆联已开荒种植近万公顷，已开割面积3 753公顷。有些橡胶树的单株产量达到了10千克，是国内的三倍多，我们的橡胶林被马来西亚政府评为A+级，这是最高的等级。我们的梦想实现在望。

回想这七年来的经历，我总结为“三忍”“三学”。

“三忍”：①忍受艰苦。没有水，我们只能靠天水生活，遇到长期不下雨的时节，我们就得抽取河水使用；没有电，就只能点蜡烛，所以晚上天一黑，基本就只能选择睡觉；没有网络信号，与外界无法联系。放眼过去，除了山林没有别的，用“开门见山”来形容这里的环境是最好不过了。②忍受寂寞。刚到这里的时候基本上与世隔绝。现在条件要好一点了，网络信号有了，但是不稳定，经常是为了打个电话或是发个微信，需要开车到山顶或是半山腰某个地方蹲守着；之前连路都没有，全靠走路。即便如此，信号也有可能随时飘走。我们基地距离城市较远，工作之余自己种一些适合本地生长的蔬菜改善一下生活，看看书打发一些时间。③忍受思念。出来7年，回家的时间屈指可数，陪伴小孩的时间不到一年，妻子一个人撑起了整个家，对家的思念、愧疚时刻拷打着我的内心。

“三学”：①学语言。当地的官方语言是马来西亚语，也通用英语。但我们大多数时候都是与当地土著人打交道，所以在学习英语与马来西亚语的同时，还要学习当地的土著语言，只有这样才能真正融入当地生活，开展好工作。②学风俗。马来西亚沙巴地区也是一个多民族的地方，为了与他们和谐共处，我们要了解当地各民族的风俗习惯，比如穆斯林的一些禁忌等，都需要尊重。③学管理。因为地处偏远，企业的实际情况比较特殊，为做好企业经营，我们都认真学习管理知识，并结合企业自身创造出一套符合实际的管理方法，切实提升企业效益。

人生不易、负重前行，如今我已经从当初的恰同学少年走上了企业的管理岗位，这其中的点滴进步有自己的努力坚持，但更要感谢党的关心、学院的教育、单位的培养、家人的支持。

年轻人，心中永远都要有梦想，永远都要做一个时代的追梦人。

陈峰在柬埔寨基地量测橡胶树围径

面对丰收的木薯，陈峰笑了

[来源：选自《广垦橡胶集团“青春在‘一带一路’闪光”主题演讲比赛决赛集》，有节选。作者是广东农工商职业技术学院作物生产技术专业2012届毕业生，毕业至今先后服务于广垦橡胶集团马来西亚企业、柬埔寨企业。目前是泰华（泰国）树胶（大众）有限公司旗下的同林（柬埔寨）橡胶有限公司总经理助理]

附 录

广东农工商职业技术学院
高职教育国际化办学二十年大事记

（1999—2019 年）

1．2000 年 10 月 20 日，新西兰籍教师 Maureen Gallagher 来学院做学术讲座。

2．2000 年 11 月 6 日，美国学者 Miss Gladys 应邀来学院为商务英语专业学生讲学。

3．2000 年 11 月，美国微软公司正式确认我院计算机科学系为“微软授权培训中心”。

4．2000 年 11 月 22—23 日，中小企业亚太论坛第四届国际研讨会在暨南大学举行，来自全球 20 多个国家和地区的 100 多名专家学者参加了会议。杨群祥副教授应邀参加，其研究成果《构建中小企业技术创新支持系统》入选《中小企业亚太论坛 21 世纪亚太国家中小企业发展与支持系统研究》（中英版）。

5．2001 年 4 月 17 日，英国北林肯郡学院教务处长格兰汉比鲁帕斯来学院访问交流。

6．2001 年 5 月 12—25 日，符坚院长赴德国、法国、意大利、奥地利进行为期 13 天的职业教育专题考察交流。

7．2001 年 5 月 29 日，英国胡佛汉大学驻香港代表来学院访问交流。

8．2001 年 7 月 28—8 月 25 日，教务处处长杨群祥副教授赴德国“F +

U”职业教育中心培训，获德国工商会（IHK）“培训师”资格；考察并形成我院学生赴德实习项目方案。

9. 2001 年 11 月 26 日，德国“F + U”职业教育中心负责人迈霍德博士首次到访我院。双方就两校教师的交流访问、互培企业经理人员以及我院学生赴德实习等教育合作项目进行磋商，并签署了合作协议。

10. 2001 年 12 月 1 日，由黄伦生副院长率 6 名院系领导组成的职业教育考察团前往德国“F + U”职业教育中心进行为期两周的职业教育考察。

11. 2002 年 5 月 27 日，英国爱德思国家学历与职业资格考试委员会大中华地区代表冯培荣博士来学院考察，并与符坚院长签署了 BTEC（HND）项目合作协议书。这是我院首个国际化学历教育合作项目。

12. 2002 年 5 月 27 日，我院 BTEC 中心顺利通过英国专家评审，成为我国首批 HND 层次 BTEC 中心机构，也是华南地区第一家。

13. 2002 年 6 月 15—28 日，杨群祥处长作为广东省中英职业教育合作项目指导小组成员赴英考察职业教育管理及职业资格证书制，并撰写了中英职业教育合作第二阶段工作计划。

14. 2002 年 9 月 21—29 日，德国密特维达应用技术大学教授温泽尔博士应邀来学院考察、讲学。

15. 2002 年 9 月 16 日，我院 BTEC（HND）商业与市场营销、商业信息技术两个专业被确立为广东省中英职业教育合作项目职业资格证书试点（粤教高〔2002〕120 号），明确省内高职院校在校生可以通过转学入读试点班。

16. 2002 年 9 月 25 日，《广州日报》以“中英高职教育合作项目落户广州”为题，报道了学院作为华南地区首个 BTEC 中心通过认证，并被广东省教育厅确立为广东省中英职业教育合作项目职业资格证书试点院校。

17. 2002 年 10 月 22 日，学院举行首批 BTEC（HND）新生开学典礼，41 名学生分别入读商业与市场营销、商业信息技术两个专业。教育部出国留学服务中心负责人来学院参加开学典礼。

18. 2002 年 11 月 15 日，德国“F + U”职业教育中心总裁迈霍德博士第二次来学院访问交流。

19. 2003 年 1 月 2 日，广东省教育厅高教处、外事办负责人和英国驻穗总领事馆文化教育处官员、有关院校教师 34 人来我院观摩 BTEC 课程教学。

20. 2003 年 1 月 20—24 日，广东省教育厅高教处和英国驻广州总领事馆文化教育处共同在我院举办“中英职业教育合作项目第二期教师培训班”。英方选派 4 名教师分四个教学班进行全程授课，学院曾宪明等 4 名教师随堂担任翻译。全省21所高职院校92名教师参加了学习。培训班质量及组织管理获得英方和省教育厅高度评价。

21. 2003年2月16日—5月15日，学院首批22名学生在彭庆环、朱小瑶两位副主任率领下赴德国“F + U”职业教育中心进行为期3个月的企业经营管理实习。同年7月14日—10月12日，车慈慧、邓云两位副教授带领第二批22名学生赴德实习（截至2019年12月31日，已组织19期400多名师生赴德国实习）。

22. 2003年3月12日，杨群祥副教授随广东省教育厅高教处、外事办负责人等一行4人访问考察香港（沙田）专业教育学院，并推广介绍我院BTEC项目。

23. 2003年9月5日，我院BTEC中心接受英国专家外审，获得较好评价，成为广东省第一个获得英国官方认可的BTEC机构。

24. 2003年9月，经国家外国专家局批准，我院获得聘请外国文教专家单位的资格认可证书。

25. 2003年10月21日，BTEC商业与市场专业首次接受并通过英方专业外审。英国专家赞扬我院BTEC学生课业质量好、英语表达能力强和学习积极性高。

26. 2003年11月27日，德国继续教育联合会董事长率团来我院考察访问，洽谈合作办学事宜。

27. 2003年12月1日—2004年9月，学院选派曾宪明副教授等8位教师参加中英职业教育合作项目师资培训班，并先后赴英国进行为期三周的培训学习。

28. 2003年12月9日，由杨群祥副教授牵头主持的《BTEC教育模式的引进与实践》课题获学院正式立项。这是学院首个国际化办学研究课题。

29. 2003年12月15日，广东省教育厅组织专家对我院中德合作项目（“F + U”职业教育培训项目）进行年检抽查，充分肯定了项目所取得的成绩。

30. 2004年3月9—18日，由符坚院长率团一行6名院系领导老师组成的职业教育考察团前往德国考察访问，与德国克莱特教育信息集团签署了建立中德联合学院协议书。

31. 2004年4月6日，我院申报的BTEC HNDin（Business & Finance）新专业顺利通过了英方专家的评审，成为继2002年起中英合作办学以来的第3个专业。

32. 2004年5月22日德国“F + U”职业教育培训中心总裁迈霍德博士

第三次到访我院，就进一步拓展合作领域进行洽谈。

33. 2004 年 7 月，我院首届 BTEC 学生顺利毕业，37 名学生获得 BTEC（HND）证书，毕业率 90.2%。英国爱德思国家学历与职业资格考试委员会大中华地区代表冯培荣博士专程前来参加毕业典礼，并给予高度评价（据统计，截至 2019 年 12 月 31 日，有 16 届 2 000 多名学生获得 BTEC HND 证书）。

34. 2004 年 8 月 26 日，英国爱德思国家学历与职业资格考试委员会北亚洲暨中国地区办事处在我院举办华南地区 BTEC 教育师资培训班。

35. 2004 年 12 月 11—12 日，中国分区 BTEC 周年大会在我院召开。英国爱德思国家学历及职业资格考试委员会北亚洲暨中国地区行政总裁冯培荣博士和来自全国各地包括香港的多家 BTEC 中心的代表 50 余人参加了这次会议。

36. 2004 年 12 月 15 日，英国波尔顿大学教授来访我院。

37. 2005 年 4 月 6—7 日，英国爱德思国家学历及职业资格考试委员会外审专家 Mr. John Caffyn 和北亚及中国办事处市场部有关人员对我院 BTEC 教育中心进行专业外审，认为农工商学院 BTEC 中心是“中国地区办得最好的一间”。

38. 2005 年 4 月 27 日，广东省教育厅、广东省劳动与社会保障厅与英国驻中国总领事馆联合举办“对话与合作——中英职业教育比较研讨会”，杨群祥副院长作主题演讲并接受了广州电视台新闻中心、《羊城晚报》、《广州日报》、《信息时报》和《新快报》等主流媒体的采访。

39. 2005 年 5 月 17 日，英国格林威治大学国际部副主任 Ms Hersha Pandya，中国代表处副主任蒲炎及市场经理李江来我院 BTEC 教育中心考察。

40. 2005 年 8 月 25 日，马来西亚砂拉越州农业部副部长拿督彼德 · 尼亚洛克一行到我院考察访问。

41. 2005 年 10 月 25—26 日，英国爱德思国家学历及职业资格考试委员会中国地区学术总监 Roger Webb、外审专家 John Caffyn 等一行 3 人到我院 BTEC 教育中心进行审查评估，充分肯定了“农工商学院 BTEC 教育中心在中国地区具有示范性作用”。

42. 2005 年 10 月 27 日，马来西亚思特雅国际大学学院（University College Sedaya Intemational，简称 UCSI）校长 PeterT. S. NG，Jim Graham 教授等一行 5 人访问我院，并与我院签署了办学合作协议书。

43. 2006 年 3 月 10—12 日，副院长杨群祥副教授受广东省职业技能鉴定中心委派赴香港（柴湾）专业教育学院，进行国家营销师职业资格培训讲学，并与香港市场营销协会负责人魏秉源进行了深度交流。

44. 2006年6月2日，巴布亚新几内亚驻华大使马克斯·拉伊（Max Ral）到我校访问。

45. 2006年6月5日，英国宝顿大学（The University of Bolton）国际中心主任 Kasey Carver 博士、英国宝顿大学驻广州代表苏淑欢女士等一行5人与我院洽谈专升本项目。

46. 2006年6月7—8日，英国爱德思国家职业学历与学术考试机构外审专家 Mr. John Caffyn 和北亚及中国地区办事处市场部游经理到 BTEC 中心进行市场营销（商业、财务两个方向）及商务信息技术专业外审。

47. 2006年6月26日，杨群祥处长在世界教育协会2006工学结合教育模式亚太地区（上海）交流会上做了题为“构建院内实习公司，培养学生职业素质——高职院校实践教学创新的理论与实践”的演讲，受到与会国内外专家的高度评价。

48. 2006年6月30日，《信息时报》发表《BTEC 推课堂实战竞赛》一文，称赞我校 BTEC 学生能力强、就业好。

49. 2006年9月2日，马来西亚砂拉越州第一副首相兼农业现代化部部长、工业发展部部长、巴丁宜斯里拿督陈康南先生，及其代表团一行20人来我院访问考察。

50. 2006年9月18日，马来西亚黄文斌集团执行董事杨福贤等一行来我校访问考察。

51. 2006年11月10日，原党委书记兼院长符坚教授应邀赴香港参加英国宝顿大学（The University of Bolton）香港毕业生2006年毕业典礼。

52. 2006年11月16—17日，应马来西亚思特雅国际大学邀请，何伟副院长率队代表学院出席马来西亚思特雅国际大学20周年庆祝活动。

53. 2006年12月2日，马来西亚 Limkokwing 大学联合总监柯秦建先生、国际研究员吕波先生到我校洽谈合作事宜。

54. 2006年12月—2007年6月，学院首批44名商学系三年级学生赴澳门进行为期6个月的顶岗实习。据统计，截至2019年12月31日，已组织12期（届）387名学生赴澳门实习。

55. 2006年12月，杨群祥教授主持的“引进国外先进教育模式，推动高职教育教学改革——基于中英职业教育合作项目的实践与推广研究”课题，获广东省高等教育高职高专类教改重点项目。这是我院国际化办学研究首次获得省级重点项目，并获省级财政资助5万元。

56. 2007年2月2日，英国政府教育质量评估机构派遣评估团对我院与英国宝顿大学的教育合作项目进行评估，教育合作项目被专家确认，获得英国政府许可。

57. 2007 年 2 月 4 日，美国新泽西州科技总局局长、AT&T 院士、儒达环球科技有限公司首席执行官李瑞儒博士和儒达环球科技有限公司首席运行官刘立群先生访问我校，并称赞“农工商学院 fantastic（太棒了）!”

58. 2007 年 3 月 16 日，我校与 AIA 国际会计师公会签订《AIA 国际会计师公会与广东农工商职业技术学院求职前培训项目合作意向书》。

59. 2007 年 3 月，杨群祥教授率队 3 人赴台湾参加第三届海峡两岸文教研究学术研讨会，主持阶段会议并作题为“立足行业、自强发展——广东农工商职业技术学院办学之路”的主题发言。

60. 2007 年 4 月 25—26 日，英国波尔顿大学商业学校副校长 Mr. Robert Barrett、教学专家 Ms. Lisa Cove-Burrell 和英国博尔顿大学代表到我校访问。

61. 2007 年 5 月 29 日，英国著名学者 Bob Greenwood 教授到我校讲学。

62. 2007 年 6 月 13 日，德国“F + U”总裁默哈德先生和德国“F + U”校长 Hans-Dieter Sauer 女士以及越南 ICPA（International College Professional Advancement）院长 Nguyen Manh Than 先生访问我校。

63. 2007 年 6 月 19 日，由英国爱德思机构主办、我院 BTEC 教育中心协办的“国际化人才需求与 BTEC 教学模式交流会”在广州举行，国内外专家学者 100 多人参加了会议。

64. 2007 年 9 月—2008 年 1 月，罗小平副教授等 4 名教师赴美国半岛学院进行为期一学期的学习。这是我院选派首批“双语”教师赴国外学习（据统计，截至 2019 年 12 月 31 日，先后选派 7 批 39 名“双语”教师赴国外学习）。

65. 2007 年 9 月 21 日，以泰国农、渔业职业教育顾问、橡胶技术教育合作会主席 Aagganit Klangsang（阿甘尼·克琅桑）先生为团长，董里职业教育人力资源中心顾问、橡胶技术教育合作研究会研究员 Prapon Virapornsawan（帕彭·威拉蓬萨婉）先生、董里农业技术学院校长 Yanyong Rattanamart（彦勇·拉塔娜玛）先生、董里综合技术学院校长 Precha taneesat（裴叉·塔尼萨）先生、董里职业学院校长 prasong Yutong（帕松·于通）先生、董里综合性技工学院校长 Autit Limsuwan（欧迪·林素婉）先生、董里会育职业学院校长 prapum Rodrawee（帕拉菩姆·洛拉蔚）先生、董里芭联职业学院校长 Sunthon Ponrong（顺通·彭隆）先生、董里干东职业学院校长 Hemmapong Taweearn（荷姆玛彭·他维甘）先生等泰国职工技术教育考察团一行 34 人访问我校。

66．2007 年 9 月 27 日，英国剑桥 ESOL 考试部 Mickey Bonin 先生、广东省职业技能鉴定指导中心领导为我院 100 多名师生举行专项职业英语认证（博思）资格考试讲座。

67．2007 年 9 月 28 日，我院与新加坡亚洲管理学院院长周卫国教授、学术委员会副主席鲍尔·费茨派却里克教授（Paul FitzPatrick）达成了初步共识，在我院学生中开展新加坡留学实习项目。

68．2007 年 10 月 22 日，聘任新加坡亚洲管理学院院长周卫国教授为我院客座教授。

69．2007 年 10 月 31 日，美国半岛学院院长 Thomas Keegan 博士及该院国际事务部刘格瑶主任访问我院。

70．2007 年 11 月 9 日，由泰国汇商银行副总裁司哩差·颂芭司哩（Sirichai Sombutsiri）先生、总经理助理素覃缇埔·琵司埔恩（Sutharntip Phisibuntoon）女士、区域经理鹏撒果恩·扎拉撒哇拉攀（Pongsakorn）先生、外联部经理那他颇恩·楚金达（Nattapol chuchinda）先生组成的考察团访问我院。

71．2007 年 11 月 16—18 日，黄伦生院长率队一行 5 人参加“2007 年新加坡亚洲管理学院学术年会”。

72．2007 年 12 月 3 日，英国波尔顿大学商学院院长 Bob Barrett 教授等一行 4 人访问我校。

73．2007 年 12 月 11 日，英国专家 Colin Beeke、David Haskins 及英国爱德思北亚及大中华区区域发展经理马俊先生一行到我校进行 BTEC 外审工作。

74．2008 年 3 月 10—11 日，英国波尔顿大学 Bill Orchard 教授为 2008 级“3 + 1”商业营销班同学讲授现代企业管理课程。

75．2008 年 3 月 11 日，与我校合办“3 + 1”专升本项目的马来西亚思特雅国际大学黄传发校长一行来访我校。

76．2008 年 4 月 17 日，由英国爱德思国家学历与职业资格考试委员会主办，我校 BTEC 教育中心承办的广东省 BTEC 协会第四次会议在我校召开。来自广东商学院、广东教育学院、广东白云学院、顺德职业技术学院、广东城市职业学院和广东省财政职业技术学校等 7 所高校的代表出席了会议。

77．2008 年 4 月 23 日，英国波尔顿大学教授 Lisa 女士来我校参观，并为粤港两地近百名师生做了一场精彩的讲座。

78．2008 年 7 月 17 日，泰国大展工业集团董事长 Thanakorn 等一行访问我校。

79. 2008年7月18日，泰国农业与合作部部长颂萨·碧萨拿南他坤、农业与合作部部长顾问神飒·安披切、农业与合作部部长顾问塔马叻·网黎、农业与合作部常务副次长游坤·林蓝通等一行27人，在泰国驻北京大使馆农业参赞办公室颂蓬·尼穆楚阿、泰国驻广州总领事徐木兰和广东农垦集团公司总经理雷永键等陪同下访问我校，并就“教育合作”有关事宜做了详细的调研。

80. 2008年10月28日，由新加坡国际企业发展局区域总监饶忠明、广州及香港特区总监张德隆、驻广州办事处陈怡文，南洋理工学院国际项目中心高级主任 Danils Chia、策略总监 Chua Gim Peng，特许科技学院主席 David Lee、新加坡东亚管理学院执行主席、校长 Andrew Chua、新加坡资讯教育集团总监 Wang Ying Li Stanley、PSB 学院大中华区区域经理 Andrew Low、莎顿国际学院首席执行官 Lesley Christine Lim、TMC 教育集团主席及执行总裁 Chin Koh Yuen 等组成的新加坡教育机构代表团一行16人访问我校。

81. 2008年11月21日，由香港持续高等教育学会何燕丽院长和曾宪满总经理率领的香港学生考察团到我校开展访问交流活动。

82. 2008年11月28日，德国“F+U”职业教育中心萨克森职业培训与转岗培训中心首席行政官员 Volkmar Meinhold 博士及国际事务部经理 Kathleen Meinhold-Ehrhardt 来访，第三次与我校续签中德留学实习协议。

83. 2009年1月3—5日，黄伦生教授、夏国兴教授参加了2009年1月3—5日在台北举办的“新时代、新视野·海外华人”国际学术研讨会。黄伦生教授应邀担任研讨会学术论文点评学者，夏国兴教授向大会宣读了《新视野下的广东华侨农场安居工程》的学术论文，论文受到专家的好评，并引起两岸学者的关注。

84. 2009年3月3日英国爱德思机构的 Sue Wood 女士和 Allan Gaunt 先生对我校 BTEC 教育中心的酒店管理和商业专业进行了外审。

85. 2009年3月17日，美国泛美大学联合会那士荣博士一行访问我校。

86. 2009年3月19日，我校举办“中英对话，金融危机下的酒店、旅游职业技能教育座谈会”，英国总领事馆文化教育处代表，英国酒店管理、旅游行业技能委员会执行总裁 Brian Wisdom 先生出席了座谈会并做主题发言。

87. 2009年3月18—26日，教务处熊焰处长赴新加坡南洋理工学院，参加广东省高职院校管理人员“办学理念与教学管理”研修班。

88. 2009年4月13—24日，财经系张凯副主任赴新加坡南洋理工学院，参加广东省高职院校经济管理类专业骨干教师“教学教法”研修班。

89. 2009 年 5 月 7—8 日，英国爱德思国家学历与职业资格考试委员会在我校举办的中国地区 BTEC INSET 教师培训。来自香港社会资源发展学会、香港持续进修学院、上海外国语大学、广东教育学院、广东白云学院、广东商学院、广东科学技术职业学院、顺德职业技术学院、上海财智进修学院、安徽经济管理学院、平顶山学院、郑州大学等院校的领导和教师参加了此次培训。

90. 2009 年 5 月 21 日，马来西亚沙联垦殖团组（Sar Union Plantation Sdn Bhd）中沙友好协会理事、古晋华商副会长陈日枝先生，中沙友好协会理事、古晋华商工业主任刘细畅先生，古晋华商资讯主任许庆喜等一行 7 人访问我校。

91. 2009 年 6 月，我校“大学生暑期赴美带薪实习项目”（Work & Travel USA）首批 7 名优秀学生赴美国进行为期 3 个月的实习（据统计，截至 2019 年 12 月 31 日，先后组织 11 批 145 名学生赴美国进行带薪实习）。

92. 2009 年 9 月 17 日，以日本山梨大学石川启二教授为团长的日本职业技术教育考察团一行 10 人来我校访问交流。

93. 2009 年 10 月 10—16 日，我院首次承办广东农垦橡胶集团海外企业优秀员工到国内进行为期 7 天的培训。

94. 2009 年 11 月 16 日，德国“F + U”职业教育中心校长 Volkmar Meinhold 博士、国际项目经理 Kathleen Meinhold 以及中国事务顾问李红老师一行 3 人访问了我校。

95. 2010 年 2 月，“基于广东省中英职业教育合作项目推动高职高专教育教学改革的研究与实践”，获第六届广东省高等教育教学成果一等奖。这是我院国际化办学探索创新经验首次获得省级教学成果奖，也是学院获得的首个省级教学成果一等奖。

96. 2010 年 1 月 19 日，英国爱德思国家职业学历与学术考试机构资深外审专家 Sue Wood 女士来我校对 BTEC 商业专业 5 个方向两个学期的课业进行外审，做出了最高等级“A”级评价。

97. 2010 年 3 月 8 日，马来西亚沙巴州旅游部副部长拿督艾伦一行 5 人到我校参观考察。

98. 2010 年 4 月 20 日，印尼大地第一集团总裁陈洪煊夫妇到访我校。

99. 2010 年 5 月 16 日，联合国教科文组织执行委员会主席、世界大学生体育联合会副主席、全国政协委员、中国教育国际交流协会会长、原教育部副部长章新胜莅临我校指导。

100. 2010年7月8日，印度尼西亚农业部代表团一行来我校参观考察。

101. 2010年8月7—20日，学院选派艺术系主任陈锋等14名中层正职管理干部赴德国F+U职业教育中心进行“职业教育与管理”专题培训。

102. 2010年9月2—28日，廖福保讲师赴美国加州大学圣克鲁兹分校参加“软件工程师实训项目”的培训。

103. 2010年11月19日，泰国军人银行信贷部总经理坡罗马斯（Verasak Prommas）先生一行7人到我校参观考察。

104. 2011年1月15日，泰国泰华农民银行曼谷分行第一高级副总裁撒梅特先生等一行9人到访我校。

105. 2011年3月13日，美国菲齐堡州立大学（Fitchburg State University）副校长Robert Antonucci博士等一行来访，与我校签署了《广东农工商职业技术学院和美国菲齐堡州立大学公派教师培训协议》。

106. 2011年4月7—8日，在“2011年英国爱德思BTEC大中华区年会”上我校BTEC教育中心被评为“BTEC优秀中心”，北亚及大中华区数十家BTEC教育中心此次仅有两家中心获此荣誉。

107. 2011年5月9日，星展银行（印尼）副总裁Denny Setiawan Hanubrata一行到我校参观考察。

108. 2011年8月20日，泰国泰京银行总经理助理Verasak（维拉萨）一行11人到我校参观考察。

109. 2011年8月26日，泰国沙墩府府尹威奈一行8人到访我校。

110. 2011年9月，我院教务处面向全校学生首次开设泰语选修课，先后开设了基础泰语、泰语精读和泰国旅游与文化等选修课。

111. 2011年10月16日，德国“F+U”职业教育中心校长Volkmar Meinhold博士及其中国事务顾问李红老师到访我校。

112. 2012年1月，我校作品入围第九届韩亚国际短片电影节（简称“AISFF”）国际单元最佳国际影片奖（陈南《别说我不乖》）。

113. 2012年3月21日，美国半岛学院副院长Jack Huls及管理学本科教学主任Ed Jaramillo和国际交流中心Leo Harten一行到访我校。

114. 2012年5月9日，德国开姆尼兹工业大学的职业教育专家Bank Volker教授和熊火金博士到访我校。

115. 2012年6月4—15日，罗南林副院长赴新加坡南洋理工学院参加由广东省教育厅组织的“NYP办学理念与院校管理研修班”培训。

116. 2012年6月25日，BTEC教育中心获评大中华区首个师训基地。

117. 2012年10月23日，美国洪堡州立大学（Humboldt State

University，简称 HSU）国际项目中心招生顾问 Steve Arnold 先生前来我校参观访问洽谈合作项目。

118. 2012 年 11 月 13 日，德国“F + U”职业教育中心校长 VolkmarMeinhold 博士一行到访我校。

119. 2012 年 11 月 28 日，我校隆重举行 BTEC 教育十周年庆典活动。

120. 2012 年 12 月 10 日，我院举行广垦橡胶集团海外企业员工培训班，来自泰国、马来西亚、印度尼西亚等国 15 名广垦橡胶集团海外企业优秀员工参加了培训。

121. 2012 年 12 月 19 日，“高职院校国际化研究与实践——基于广东农工商职业技术学院的个案分析”课题获 2012 年度广东省高等职业教育教学改革重点立项课题（A20120101005），资助经费 5 万元。这是我院国际化办学研究与实践第二次获得省级重点教改项目及资助。

122. 2013 年 1 月 3 日，我院首次 10 名学生赴斯里兰卡进行为期半年的海外实习。

123. 2013 年 5 月 29 日，德国“F + U”职业教育中心校长 Herbert Schlaeger 教授一行到我院考察交流。

124. 2013 年 6 月 20 日，澳大利亚博士山学院（Box Hill Institute of TAFE）Marion Ipsen 女士、Ron Lipson 先生、Apsara Sabaratnam 女士 3 位教师到我校参观交流。

125. 2013 年 9 月，我院面向全校学生首次开设柬埔寨语选修课。

126. 2013 年 10 月 20 日—11 月 9 日，熊焰副院长赴昆士兰科技大学参加广东省高等职业院校校长澳大利亚培训班学习。

127. 2013 年 10 月 24 日，德国“F + U”职业教育中心语言培训学院的 Karl-Heinz Rippel 院长一行到访我校。

128. 2013 年 11 月 2 日，泰国泰京银行第一高级执行副总裁 Kittiya Todhanakasem 女士等一行 9 人到我校参观考察。

129. 2014 年 3 月 14 日，美国带薪实习项目美方监管机构 CCI Greenheart（Centre for Cultural Interchange）工作人员和雇主代表等一行 12 人到学院，举行 2014 年大学生暑期赴美带薪实习面试会。来自湖南、江西、湖北、广东等地的一百多名在读大学生参加了面试，此为我校第三次协办美国雇主来华面试会。

130. 2014 年 6 月 17 日，我校与广东省广垦橡胶集团有限公司签署《校企合作框架协议》，成为我校探索海外校企合作、伴随“产业走出去”、服务“一带一路”倡议新的里程碑。

131. 2014 年 6 月 19 日，德国“F + U”职业教育中心学校总校长汉斯·赫伯特·斯雷格（Schlaeger）先生在我校面向全体教师开展培训。

132. 2014 年 7 月 4 日，我校第 15 批赴德国“F + U”职业教育培训实习项目启动，对项目开展多年来的经验及成绩进行了总结。

133. 2014 年 7 月 31 日—8 月 7 日，应澳大利亚悉尼大学、博士山学院新西兰 UNITEC 理工学院邀请，杨群祥教授率队一行 6 人赴澳、新洽谈国际交流合作项目，签订了培训交流、教师访学和学生升学等合作协议。

134. 2014 年 7 月 31 日，我院首次选派 11 名相关专业、泰语基础较好的学生赴泰国乌隆府、沙敦府在广垦橡胶集团泰国各分公司开展为期一个月的海外实习。

135. 2014 年 9 月，我院向全校学生首次开设马来西亚语选修课。

136. 2014 年 10 月 30 日，澳大利亚博士山学院国际项目执行主任 Susan Margaret Maastricht 女士来访我校。

137. 2014 年 11 月 20 日，美国斯卡吉特谷学院院长 Tom Keegan、国际事务主管 Ted Maloney 及刘格瑶先生来访我校。

138. 2015 年 3 月 4 日，泰国驻广州总领事馆农业处钟史密博士等访问我院，并表示希望开展国家间的教育合作。

139. 2015 年 3 月 19 日，新西兰 UNITEC 理工学院国际项目负责人、语言学院专业负责人 Howard Norton 先生到访我校，并落实我院教师赴该校访学的具体细节。

140. 2015 年 4 月 5 日—7 月 2 日，吴红宇教授、王华讲师赴新西兰 UNITEC 理工学院进行为期 3 个月的访学。这是我院组织首批由国外合作大学资助完成的访学项目。

141. 2015 年 4 月 23 日，我校组织教师赴美国半岛学院培训项目总结报告会，对我校推动双语教学工作及师资团队的建设进行了总结。

142. 2015 年 5 月 14 日，英国外审专家 Moria Dryland 女士受培生集团 BTEC 英国总部委托，对中国华南地区运行 BTEC 项目的 7 个院校进行商科外审。

143. 2015 年 5 月 21 日，德国国际剧院管理中心主席妮可拉女士来院做了题为“德国文化与教育”的讲座。

144. 2015 年 7 月 20—27 日，杨群祥教授率队一行 6 人赴泰国博仁大学、泰国广垦橡胶有限公司、柬埔寨广垦橡胶有限公司等考察，签订合作协议。

145. 2015 年 7 月 22 日，“广东农工商职业技术学院——泰国广垦橡胶

（沙墩）学习中心”在泰国沙敦府挂牌成立，并举办首期当地员工培训。

146. 2015 年 7 月 23 日，“广东农工商职业技术学院——泰国广垦橡胶（董里）学习中心、泰国广垦橡胶（泰南）学习中心”先后在泰国董里府、苏勒他尼府挂牌成立。

147. 2015 年 7 月 25 日，“广东农工商职业技术学院——广垦橡胶柬埔寨学习中心”在柬埔寨金边挂牌成立。

148. 2015 年 7 月 26 日，学校与广垦柬埔寨农业科技有限公司、广垦柬埔寨春丰有限公司、广垦国际柬埔寨有限公司签订实习实训协议。

149. 2015 年 7 月 30 日，“广东农工商职业技术学院——广垦湄公河学习中心”挂牌成立。

150. 2015 年 9 月—2017 年 8 月，基础部张寅潇讲师赴美国特洛伊大学孔子学院任教两年。特洛伊大学孔子学院在 2017 年度被评为“全球十佳孔院”。这是我院教师首次被选派参加海外孔子学院教学。

151. 2015 年 10 月 10—17 日，院长黄伦生教授率队一行 6 人应美国斯卡吉特谷学院、美国半岛学院及加拿大 Port Moody Education Institute 邀请，赴美国和加拿大洽谈国际交流合作项目，签署了教师培训、学生实习、跨国交流、合作办学等重要协议。

152. 2015 年 11 月 8—21 日，学院选派董斌、岳海林等 4 名博士赴以色列参加广东省科技厅组织的“现代农业技术集成及创新体系建设研修班”学习。

153. 2015 年 11 月 21—22 日，中国职业技术教育学会 2015 年学术年会在北京举办，杨群祥教授应邀在“职业院校国际化的理论与实践”论坛上做主题演讲。

154. 2015 年 11 月 21 日，新西兰商学院院长黄伟雄先生一行到我校增城校区访问交流。

155. 2016 年，孔凡利博士、李法春教授两位老师经国家留学基金委考核获选派参加高等教育教学法出国研修项目。并先后于 6 月 26 日—12 月 25 日、9 月 1 日—11 月 30 日分别赴德国、新加坡访学。这是我院教师首次获得国家留学基金委资助。

156. 2016 年 2 月—2017 年 1 月，基础部白冰副主任赴广垦国际（柬埔寨）有限公司任综合部部长一年。这是我院首次选派教师赴海外企业挂职锻炼。

157. 2016 年 3 月 3 日，泰国博仁大学中国 - 东盟国际学院中国国际事务主管齐斌助理院长一行 4 人前来我校进行访问交流。

158. 2016 年 4 月 21 日，为了更好地响应“一带一路”倡议，在连续两年组织学生赴泰国农垦企业实习的基础上，正式设立广东农垦东南亚基地实习项目领导小组，领导小组成员由农垦局职能部门、橡胶集团和学院领导组成。

159. 2016 年 5 月 18 日，美国半岛学院（Peninsula College）国际事务办公室主任 Sophia Lliakis Doherty 女士来访我校。

160. 2016 年 5 月 28—29 日，我校院长杜方敏教授应邀出席中德职业教育高峰论坛暨中德职业教育联盟成立大会。来自教育部、部分省市教育主管部门领导和全国 284 所职业院校领导出席了本次大会。

161. 2016 年 6 月 4—12 日，学生处刘军处长赴美国俄克拉荷马州立大学（OSU）参加第八届俄克拉荷马州立大学学生事务国际研讨会及培训学习。

162. 2016 年 7 月 14 日— 9 月 8 日，我院首次选派 3 名学生赴广垦橡胶集团春丰（柬埔寨）公司开展海外实习。这也是我院第四次选派学生赴东南亚国家农垦海外企业实习。

163. 2016 年 10 月 3 日，国际农牧业高等职业教育联盟筹备会在江苏农牧科技职业学院召开，我院作为主要发起单位由杨群祥教授率队一行 10 人参加，并在大会介绍我院“走出去”与国际化人才培养模式的经验，与俄罗斯、澳大利亚、荷兰等国家 5 所职业院校签订框架协议。

164. 2016 年 10 月 27 日，以瓦努阿图共和国瓦库党代主席、政府副总理兼旅游和商务部部长乔・纳图曼为团长的该国政府议会联合考察团一行 15 人，在中共中央对外联络部七局副局长周荣国等陪同下访问我校。

165. 2016 年 11 月 19 日，柬埔寨农林渔业部部长翁萨坤（Veng Sakhon）等一行 12 人到我校参观考察。

166. 2017 年 2 月 3—7 日，邹心瑶博士赴多哈参加 2017 年第九届高级计算智能国际会议，介绍“A New Classification Algorithm for the Bank Customer Credit Rating”论文，并回答了分会场主席及专家学者们的提问。

167. 2017 年 3 月 1 日，全球华人营销联盟（GCMF）主席、执行主席等一行 5 人考察我院和广东农垦集团、广垦橡胶、佳鲜农庄及广垦农产品商学院等，并确定由我院牵头组建全球华人营销联盟营销职业教育委员会及工作方案。

168. 2017 年 3 月 7 日，广东农工商职业技术学院东南亚研究所正式挂牌成立。

169. 2017 年 4 月 18—20 日，马来西亚砂拉越科技大学董事会主席拿督斯里黄顺舸、高级部长、校长拿督哈金等一行 5 人来访我校，洽谈交流合作事宜，并与我校签订了合作的框架协议。

170. 2017 年 5 月 6—8 日，由我院牵头的全球华人营销联盟（GCMF）营销职业教育委员会成立仪式，并举行第一次全体会议、年度论坛以及 2017 年（新加坡）全球品牌策划大赛中国地区选拔赛等，广东省教育厅领导代表致辞，来自新加坡、菲律宾、泰国、马来西亚和中国内地（大陆）、香港、台湾等地区院校、职业教育机构、协会等的专家学者、企业家及师生 800 多人参加了相关活动。

171. 2017 年 6 月 10—17 日，应校企及协会邀请，杨群祥教授率队一行 6 人赴新加坡营销学院、马来西亚砂拉越科技大学、莱拉泰益学院及广垦橡胶（婆联）有限公司等考察交流，签订合作协议，并参加了“全球商业论坛 2017”会议及观摩“2017 年（新加坡）全球品牌策划大赛总决赛”。我院首次派由李蓉源等老师指导的代表队参加并获金奖。

172. 2017 年 6 月 12 日，我校与新加坡营销学院签署合作框架协议，并建立市场营销专业姐妹专业关系。

173. 2017 年 6 月 13 日，在马来西亚沙巴州成立广东农工商职业技术学院南亚热带农业职业技术教育基地——马来西亚学习中心和校外实习实训基地。

174. 2017 年 6 月 23 日，我院承办“一带一路”背景下农牧高职院校国际交流与合作论坛等。广垦橡胶集团总经理杨福云应邀向与会中外专家学者介绍了广东农垦“产业走出去”情况及未来发展，受到高度评价。

175. 2017 年 7 月 13 日，来自保加利亚、南非、斯里兰卡、古巴等 6 个国家的“发展中国家农业南南合作官员研修班”30 名学员，在农业部对外经济合作中心负责人带领下到我校参观，并初步磋商承担援外培训项目的意向及可行性。

176. 2017 年 7 月 25 日—8 月 20 日，我院首次选派学生赴广垦橡胶集团马来西亚婆联公司开展海外实习。

177. 2017 年 9 月 12—21 日，马来西亚砂拉越科技大学食品专业 11 名师生首次到我院开展访学交流。截至 2019 年 12 月 31 日，该校有 3 批共 37 名师生前来学习交流。

178. 2017 年 9 月 21 日，广东省“一带一路”职业教育联盟成立，我院当选副理事长单位，杨群祥教授任副理事长。

179. 2017 年 11 月 7— 9 日，我院承办 2017 年农垦“走出去”高级管理人员培训班，来自垦区企业总经理及后备管理干部 30 人参加了学习。

180. 2017年11月17—28日，刘波副教授带领我校食品加工、食品检测、农产品质量检测等专业的11位学生首赴马来西亚砂拉越科技大学访学交流。截至2019年12月31日，学院已组织三批共67名师生赴该校学习交流。

181. 2017年11月27日—12月6日，应新加坡国立教育学院、马来西亚砂拉越科技大学和泰国博仁大学的邀请，杜方敏院长率队一行6人赴新加坡、马来西亚、泰国推进我校东南亚国际合作项目建设，以实际行动贯彻落实国家“一带一路”倡议，服务广东农垦“走出去”发展战略。

182. 2017年12月3日，粤港澳大湾区职业教育产教联盟在深圳信息职业技术学院成立，我院作为发起单位之一当选为副理事长单位，杨群祥教授任副理事长。

183. 2018年3月2日，我院迎来首批全日制学历的国际留学生。来自马来西亚砂拉越州的3名学生，分别进入到我院电子信息工程技术、汽车检测与维修技术、电气自动化技术专业就读。

184. 2018年3月4—24日，廖福保副教授赴芬兰于韦斯屈莱应用科技大学，参加广东省高职品牌专业负责人能力提升赴芬兰培训班

185. 2018年5月20—27日，我院承担“2018年泰国农村发展研修班”的国家级援外培训任务，来自泰国的稻米种植司、渔业司、农业推广司、合作促进司等24名政府农业官员参加了此次研修学习。

186. 2018年5月14—15日，泰国宋卡王子大学普吉校区国际研究学院院长Dr. Nuwan Thapthiang（梅诺婉）和王怡副院长应邀来访我校，并与我校达成初步合作意向。

187. 2018年5月15日，我校汉语文化游学项目的首批泰国学生顺利结束了为期一个月的学习，并举办成果展演。

188. 2018年6月12日，我校与泰国宗通工业职业学院、泰国办轰工业职业学院、泰国Prek Leap国立农业学院、佛统职业学院、习萨刹那莱工业职业学院、清莱府藤县职业学院、北榄府农业技术学院签订合作框架协议。

189. 2018年6月20日，“一带一路”中泰农业职业教育国际合作团到访我校，访问团由泰国7个农业院校校长、泰国教育主管部门官员以及北京唐风汉语教育科技有限公司副总裁等一行23人组成。

190. 2018年6月22日，在“一带一路”中泰农业职业教育研讨会上，我校与来自泰国的5所农业职业学校签署了谅解备忘录。

191. 2018年6月22—25日，MAG Scholar Conference in Business, Marketing & Tourism（2018年亚洲营销集团学术年会）在马来西亚砂拉越科

技大学举行，我校张乖利博士提交的学术论文成功通过组委会审核，并受邀出席大会。

192. 2018年7月1日，2018年发展中国家现代农业研修班结业典礼在我校举行，29名学员顺利结业。

193. 2018年7月8—12日，学校办公室副主任巢居鹏等受邀赴马来西亚砂拉越州诗巫市出席“2018年一带一路·婆罗洲中国高等教育展”并进行招生宣传活动。

194. 2018年7月15日，我院荣获2017年全国高等职业院校“办学资源”“社会服务”“国际影响力”3个“50强”的荣誉称号。

195. 2018年7月17—23日，巴拿马农业发展研修班的学员我校学习，13名学员均为巴拿马的农业部、教育部、资源部的政府官员。

196. 2018年8月19日—9月8日，学院组织并选派省级教学名师尹凯丹教授、杨君教授等19名专业骨干教师及部分管理骨干赴澳大利亚参加“大数据技术在现代农业生产中的应用”的培训学习。

197. 2018年8月24日，泰国泰京银行第一执行副总裁Ekhachai Techawiriyakul、Saranya Ramkiattisak（执行副总裁）、Ongart Ovatnupat（第一高级副总裁）、Piya Sumranwanich（高级副总裁）、Natthaporn Phanitpharadon（客户经理）、张登勇（泰华公司副总裁）一行6人来我校参观调研。

198. 2018年9月14—16日，国际农牧业高等职业教育联盟在江苏泰州市举行，杜方敏教授率队一行2人参加。江苏农牧科技职业学院当选理事长单位，我院当选副理事长单位。

199. 2018年9月18日，丝路国际联盟主席、马来西亚拿督斯里Izmee博士一行到访我校。

200. 2018年9月5日我校招收首批汉语班丹麦籍国际学生，开展为期一个学期的汉语学习。

201. 2018年10月8—21日，泰国23所职业院校的36名教师汉语研修班的学员在我校开展为期两周的汉语培训和文化交流，并举办了中泰职业教育交流研讨会。

202. 2018年11月1日，哥伦比亚冲突后重建系列主题研修班——减贫能力研修班及阿富汗农村政策与实践研修班结业典礼在我校举行，共64名学员参加了结业典礼。结业典礼由农业农村部对外经济合作中心张倩处长主持。农业农村部对外经济合作中心胡延安副主任等出席典礼。

203. 2018年11月17日，应塞内加尔驻广州总领事馆的邀请，校长杜方敏教授参加了广东省对非投资系列论坛之塞内加尔经济论坛。此次论坛是该国在中国举行的首次经济论坛，吸引了来自非洲多国的高校、研究机构、企业代表、8所驻穗非洲总领馆及广东企业代表、部分高校和研究机构的代表参加。

204. 2018年11月20日，泰国格乐大学管理委员会主席王长明等一行5人到访我校。双方就合作开展学生升学、师生互访、来华留学等议题进行了洽谈。

205. 2018年11月28—12月1日，来自柬埔寨Prek Leap国立农业职业学院校长Thun Vathana、农业科学部主任Chhun Tory和柬埔寨工业技术学院校长Moan Sam Ouern一行3人来访，我校与两所院校分别签署合作框架协议。

206. 2018年10月22—24日，“一带一路”中英教育合作论坛在北京召开，我校当选为“中英现代学徒制教育合作发展联盟”理事单位。

207. 2018年12月16—23日，我校师生在泰国曼谷首次开展了为期8天的泰国高校游学项目。

208. 2018年11月—12月，我校40多名师生开展砂拉越科技大学访学项目。

209. 2019年2月15—19日，邹心瑶博士赴新西兰奥克兰大学参加第二届先进材料、制造及器件国际学术会议。

210. 2019年2月7日，我校热带农林学院师生代表我校受邀参加泰国未来农民第四十次全国代表大会（FFT）。

211. 2019年3月26日，我校2019年春季国际学生汉语班举行开班典礼，10名来自泰国的中小学生参加了本次为期16天的“泰国学生汉语文化体验营”学习。

212. 2019年4月3日，澳大利亚纳维教育集团（Navitas）C & I项目全球副总监Mark Bailey一行3人来访我校。

213. 2019年4月17—26日，校长杜方敏教授率团一行6人出访英国、荷兰、比利时，与当地院校开展校际合作，探讨开展学生交流、教师访学、师资培训、海外留学生招收等相关项目合作，以此促进双方共同发展，贡献高职院校国际化发展建设。

214. 2019年4月22—25日，我校协办2019年南太岛国热带作物生产官员研修班，来自库克群岛、萨摩亚、汤加的农业部、农粮林渔部的政府官员在我校学习。

215. 2019年6月，全球品牌策划大赛总决赛在新加坡举行，由我校孔韬、包映蕾副教授等分别指导的商学院、国际交流学院选派的两支代表队获总决赛第四名、第六名，再次双双荣获得“金奖”的好成绩。

216. 2019 年 7 月 2—9 日，副校长何伟教授率团一行 6 人赴澳大利亚纽卡斯尔大学、皇家墨尔本理工大学以及新西兰的奥克兰大学等交流访问。通过此次出访，学校对澳大利亚、新西兰的职业教育、教育体制等都有了较深入的了解。

217. 2019 年 8 月 18 日—9 月 7 日，学院组织并选派专业负责人黄建辉博士等 20 名骨干教师及部分管理干部赴德国参加为期三周的"工业 4.0 背景下的绿色技能开发"培训。

218. 2019 年 8 月，杨群祥教授主持的"服务'产业走出去'创新'六化'模式提升国际化水平的探索与实践"成果获 2019 年广东省教育教学成果奖一等奖。这是我院国际化办学实践获得的第二个省级教学成果一等奖。

219. 2019 年 9 月 10—12 日，学校协办的第二届"一带一路"热带农业科技合作论坛在海口举行，来自 31 个国家的 322 位专家、学者出席了论坛，共同打造热带农业"科学共同体"和"创新共同体"。我校国际交流学院院长陈慧教授在第五分论坛（"一带一路"热带国家农业农村人力资源开发合作）作"援外培训强特色，服务农业显担当"主题发言。

220. 2019 年 9 月 27 日，比利时托马斯摩尔大学代表 Geert Strobbe 一行来访我校。双方就两校发展情况、学生交换培养、师资团队互访、学历教育合作等方面进行了磋商。

221. 2019 年 10 月 8—19 日，泰国 19 所职业院校的 26 名教师到我院参加汉语研修班学习。

222. 2019 年 10 月 30 日上午，学校协办的 2019 年哥伦比亚冲突后重建系列主题——减贫能力研修班在粤垦路校区举行结业典礼。

223. 2019 年 11 月，我校被确立为"创新创业教育全球联合教研室副理事长单位"。

224. 2019 年 11 月，我院荣获"2018 年高等职业院校国际影响力 50 强"。这是我院第二次获得全国高职院校"国际影响力 50 强"。

225. 2019 年 12 月 1 日，学校举办第三期中国（广东）-太平洋岛国农业技术与管理研讨暨企业对接交流会。来自斐济、萨摩那的专家学者与广东农业企业家、学者及我院领导、骨干教师等，进行深入的农业技术研讨和交流。

226. 2019 年 12 月 5 日上午，新西兰 UP Education 教育集团校长 Richard Kensington 等一行到访我校交流。双方探讨了在教师师资互派、科研项目国际合作、职教模式探讨、学生海外访学实习等方面的合作。

227. 2019 年 12 月 11 日，马来西亚砂拉越科技大学基础学院院长 Wong Sing Sing 博士和国际处 Winnie 博士到访我校。双方就发挥各自优势，为马来西亚当地农民开展蔬菜种植、病虫害防治、畜牧养殖等领域的培训进行交流探讨。

228. 2019 年 12 月 20 日，学校承办广东省“一带一路”职业教育联盟 2019 年度活动，来自国内外 63 所高职院校 166 名代表出席，共同探讨“一带一路”沿线国家和地区职业教育合作与创新发展。

参考文献

[1] 杨群祥. 试论粤港高等教育合作与交流的必要性：兼谈我院办学思路 [J]. 广东农工商职业技术学院学报，1998 (2)：3.

[2] 杨群祥. 高等职业技术教育探析 [J]. 广东农工商管理干部学院学报，1999 (3)：17-21.

[3] 中国教育部高教司高职高专处. 中国高职高专校长赴澳大利亚学习培训团报告 [J]. 教育参考资料，2001 (1/2)：24.

[4] 赵敏. 从牛津大学的导师制看我国施行本科生导师制的必要性 [J]. 南京航空航天大学学报 (社会科学版)，2001 (3)：80-83.

[5] 眭依凡. 大学校长的教育理念与治校 [M]. 北京：人民教育出版社，2001.

[6] 杨群祥. 中德职业教育技能培养模式比较及启示 [J]. 广东农工商职业技术学院学报，2002 (2)：16-21.

[7] 杨群祥，陈赐浩，朱晓虹. 实践先进文化代表 扎实提高教育质量 [J]. 广东农工商职业技术学院学报，2002 (3)：31-36.

[8] 杨开乔，杨群祥. 加强对外交流，推动广东高职教育发展：广东高等职业教育考察团赴英考察综述 [J]. 广东农工商职业技术学院学报，2002 (4)：35-40.

[9] 邓修权，吴旸，上官春霞，等. 核心能力构成要素的调查分析：基于中国期刊全文数据库 [J]. 科研管理，2003 (2)：109-115.

[10] 杨群祥. 高职教育实行导师制的探索与实践 [J]. 广东技术师范学院学报，2003 (5)：88-91.

[11] 屈华昌. 值得借鉴的办学模式：新加坡南洋理工学院的成功办学经验 [J]. 南京工程学院学报 (社会科学版)，2004 (1)：21-24.

[12] 尚慧文，李素琴. 澳大利亚 TAFE 人才培养过程的特征 [J]. 邯郸职业技术学院学报，2005 (4)：1－3.

[13] 李盛兵. 大学国际化评价指标体系初探 [J]. 华南师范大学学报（社会科学版），2005 (6)：113－116.

[14] 赖诗仁. 走出去拓展新空间 [N]. 农民日报，2006－01－22.

[15] 毕晓玉，张晓明. 内向型与外向型：中美高等教育国际化发展模式分析 [J]. 现代大学教育，2006 (1)：84－88.

[16] 顾明远. 世界高等教育发展的基本趋势和经验 [J]. 北京师范大学学报（社科版），2006 (5)：26－34.

[17] 杨旭辉. 高职教育国际化：内涵、标准与策略 [J]. 中国高教研究，2006 (12)：64－65.

[18] 宋春燕. 论澳大利亚 TAFE 质量保障体系 [J]. 广东农工商职业技术学院学报，2008 (8)：16－18.

[19] 杨群祥. 引进国外先进教育模式推动高职教育教学改革：基于中英职业教育合作项目的研究与实践 [J]. 高教探索，2008 (6)：112－117.

[20] 吕林汉. 广东农垦“走出去”发展天然橡胶的基本情况 [J]. 世界热带农业信息，2008 (11)：17.

[21] 袁利平. 教育国际化的真实内涵及其现实检视 [J]. 西华师范大学学报（哲学社会科学版），2009 (1)：82－87.

[22] 张凯，熊焰. 南洋理工学院办学理念对我国高职教育的启示 [J]. 广东农工商职业技术学院学报，2009 (3)：17－20.

[23] 熊焰. 对新加坡南洋理工学院职教理念和办学模式的思考 [J]. 广东教育（职教版），2009 (8)：17－18.

[24] 石伟平. 职业教育的国际交流与合作 [J]. 中国职业技术教育，2010 (9)：27－29.

[25] 杨群祥，吴红宇. 广东农垦企业国际化经营策略分析 [J]. 中国农垦，2011 (1)：51－55.

[26] 奈特. 激流中的高等教育：国际化变革与发展 [M]. 刘东风，陈巧云，译. 北京：北京大学出版社，2011.

[27] 汤霓. 技能促进可持续发展：绿色技能课程体系的构建与实施 [J]. 职教通讯，2012 (22)：28－33.

[28] 刘育峰. 高职院校应关注和开发“绿色技能” [J]. 中国高等教育，2014 (1)：35－37.

[29] 杨群祥，黄文伟. 我国高职院校国际合作能力提升研究 [J]. 广东技术师范学院学报（社会科学版），2014 (8)：99 - 103.
[30] 杨群祥，等. 高职院校实践教学的一种新模式：校内实习公司 [J]. 中国职业技术教育，2015 (5)：5 - 9.
[31] 李影. 解析高等教育国际化中的单向度及对策分析 [J]. 吕梁学院学报，2015 (4)：74 - 76.
[32] 贾剑方. 职业院校教育国际化评价要素研究 [J]. 岳阳职业技术学院学报，2015 (5)：1 - 4.
[33] 李法春，杨忠红，蔡龙文. 基于外向型人才培养的高职院校双语教学体系建构 [J]. 英语教师，2015 (12)：75 - 80.
[34] 李玉静. 绿色技能开发：现代职业教育发展的重点领域 [J]. 职业技术教育，2015 (15)：10 - 17.
[35] 朱海群，杨群祥. 高职院校国际化研究与实践：基于广东农工商职业技术学院国际化的实践思考 [J]. 职教论坛，2016 (36)：61 - 65.
[36] 贾剑方，朱海群，王艳. "一带一路"策略下职业教育课程包国际化输出的思考 [J]. 广东农工商职业技术学院学报，2017 (2)：10 - 16.
[37] 朱海群. 高职院校师资队伍的国际化建设 [J]. 太原城市职业技术学院学报，2017 (5)：38 - 40.
[38] 石伟平. 职业教育国际化水平和国际竞争力提升：战略重点及具体方略 [J]. 现代教育管理，2018 (1)：72 - 76.
[39] 杨群祥. "转型跨越、发展创新"：谱写高职教育新篇章——我国高职教育发展轨迹下的农工商学院办学路线图 [J]. 广东农工商职业技术学院学报，2019 (3)：14 - 20.

后　记

2020年伊始，中华大地百年不遇的疫情让我们重新审视人生、感受生命。一场疫情让人世间的真善美熠熠生辉，也把人类的傲慢无知揉成粉末。一场疫情更加呼唤培育出一代新人！

思绪被拉回到2019年10月，清晰地记得那天是21日晚上，刚与大埔县政府签订完“政府—学校乡村振兴全面战略合作协议”，在率领科技特派员团队一行6人返程途中，接到省委组织部第二天来宣布个人退休的通知，辞别讲话时间是3分钟。百般感慨，万千思绪化作了几句简单的感恩与祝福。至此，郑重地放下了担任整整13年的广东农工商职业技术学院（以下简称“农工商学院”）党委书记的工作，带着从事高等教育33年满满的深情与眷恋、收获和遗憾，开启了人生的新征程。

在高教职业生涯中，因工作岗位的变动，我先后带领团队对市场营销、“三农”与营销、教学管理、职业教育、党建与学校治理等多个领域开展探索研究，但核心仍然是高等职业教育管理。曾先后主持省部级课题11项、出版专著教材12部、发表论文近百篇。其中，高职院校国际化是个人思考的一个重要领域，发表在《高教探索》《中国职业技术教育》《职教论坛》等学术刊物上的相关论文有9篇。疫情的到来改变了日常生活轨迹，虽然未能在一线从事职业教育，但我仍愿用毕生之积累继续解码高职院校国际化的探索创新之路，于是决定首选启动撰写高职院校国际化探索创新的专著。之所以优先选择这一专题，还有一个特别原因是对这一命题的思考与实践，整整跨越高职教育大发展的关键20年，从自己被选派赴德国“F+U”职业教育中心学习，策划学生赴德国实习方案，到具体操盘英国BTEC证书项目，再到提出服务农垦企业走出去，开设东南亚语种课程、组织骨干教师赴海外企业挂职锻炼、开辟学生赴东南亚地区实习基地、创设东南亚地区学习中心和东南亚研究所，以及策划组建职业教育专业国际组织、争取承担职业教育国际标准研制等，与农工商学院团队坚定不移走国际化办学之路，形成了独特的“农工商模式”。

成书是根据2006年度广东省高等教育高职高专类教改重点资助项目“引进国外先进教育模式 推动高职教育教学改革——基于中英职业教育合作项目的研究与实践”（粤教高〔2007〕154－2）和2012年度广东省高等职业教育教学改革立项A类资助项目“高职院校国际化研究与实践——基于广东农工商职业技术学院的个案分析”（粤教高函〔2012〕202－220120101005）的研究成果撰写，并得到农工商学院学术专著资助项目（粤农工商职院〔2019〕35）资助出版。全书以高职院校国际化办学实践为背景，以《国家中长期教育改革和发展规划纲要（2010—2020年）》、教育部《高等职业教育创新发展行动计划（2015—2018年）》（教职成〔2015〕9号）、《广东省人民政府关于创建现代职业教育综合改革试点省的意见》（粤府〔2015〕12号）等对职业教育国际交流与合作的基本原则和主要目标定位，以及相关理论依据为指导，厘清对高职院校国际化的内涵、目标、指标体系、路径等相关命题的认识，并以农工商学院国际化办学为例，按照“请进来”“走出去”（重点是“走出去”）的国际化战略实施路径，分别从办学理念国际化、专业课程国际化、教师培养国际化、学生培养国际化、社会服务国际化、标准体系国际化六个维度进行梳理解码，收录部分已发表的学术论文，并系统纪实了20年来农工商学院国际交流与合作的200多项主要活动。

全书共八章，分别是：第一章高职院校国际化概述；第二章高职院校国际化的个性分析；第三章国际先进职业教育理念的学习与借鉴；第四章国际职业教育先进模式的本土化；第五章高职院校国际化的合作能力提升；第六章高职院校国际化的创新与服务；第七章高职院校国际化的研究与总结；第八章高职院校国际化的未来与展望。同时，在相应章节嵌入了“延伸阅读”“案例分享”“新闻链接”等小栏目，活跃版面，佐证足迹，增强可读性。

本书从内容构思到栏目设计，再到阐述方式或许是一个创新。以时序方式、原版呈现多篇“时任”文章，一来反映了真实的记载，鲜活地再现高职院校办学国际化历程，虽“粗”却“实”，虽“有过时”，却有不乏借鉴意义；二来是能够更真实地反映各时期高职院校办学状况及思考，有些问题的看法或许在今天看可能不怎么样，但放在10年、20年前则是一件非常不容易的事，反映的是超前思维、超前布局，体现的是敢为人先的精神！同时，本书意在解码高职院校国际化办学的探索创新的路径，着力于“原生态”，但时间跨度整20年，且需从纵向看、横切面分析以增强说服力，所以抽丝剥茧论述上难免会重复再现项目情景；语言方面尊重部分个体风格，也难免有些个人化、重复或不够规范等。但在编著过程中，作者尽可能努力建构完整体系、遵循前详后略而又能够真实反映中国高职院校国际化办学的历程，为中国高职院校开展教育国际化提供相关经验，为教育乃至政府管理部门提供决策参考，帮助相关高职院校应对教育国际化挑战，提升开展国际教育竞争和教育资源整合的能力，扩大国际影响力，树立国际化品牌。

在本书撰写过程中，无锡商业职业技术学院、广东建设职业技术学院、广东邮电职业技术学院、国际农牧类高等职业教育联盟、粤港澳大湾区产教联盟、全球华人营销联盟等提供了典型案例及资料；广东农工商职业技术学院熊焰、张凯、李法春、陈光、熊嘉逸、蔡林希、董斌、罗小平、洪升、胡爱清、陶正平、孔繁正、白冰、尹凯丹、杨君、孔韬、赖巧晖、张寅潇、苑丽红、张晓艳、刘波、刘家林、蔡洁、贾剑方、朱海群等同事，以及广东省教育研究院黄文伟研究员、华南师范大学宋春燕副教授、广垦橡胶集团公司总经理杨福云、广东农垦集团公司政策研究室郑云生主任等给予了大力帮助，包括提供论文、观点、心得、新闻、日志、图片及核实资料；此外，还参考了教育国际化相关文献资料。在此一一表示诚挚的谢意！

本书可作为职业院校开展国际化办学的参考资料，也可作为职业教育硕士研究生学习及职业院校领导能力提升培训的参考书。

关于高职院校的国际化办学是新生事物，理论与实践都有待完善，推出首部这样的专著自然缺漏甚至错误不少，敬请专家学者及广大读者给予批评指正！

杨群祥

2020 年 3 月 20 日于夏湾拿